Découvrez l'histoire par les archives de presse

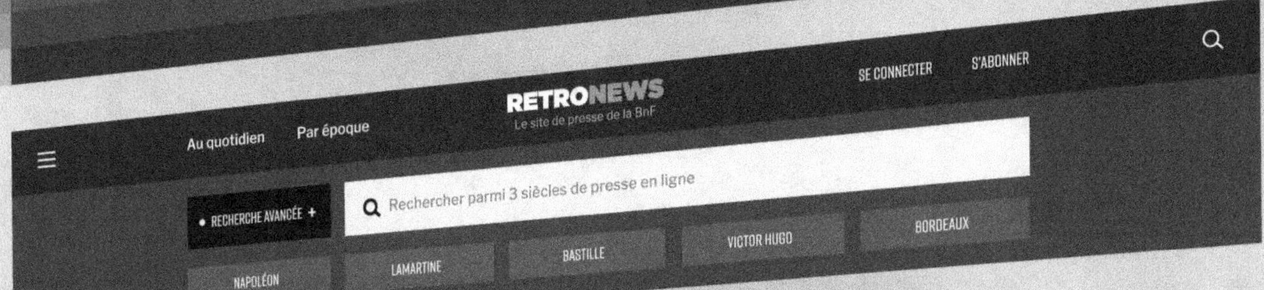

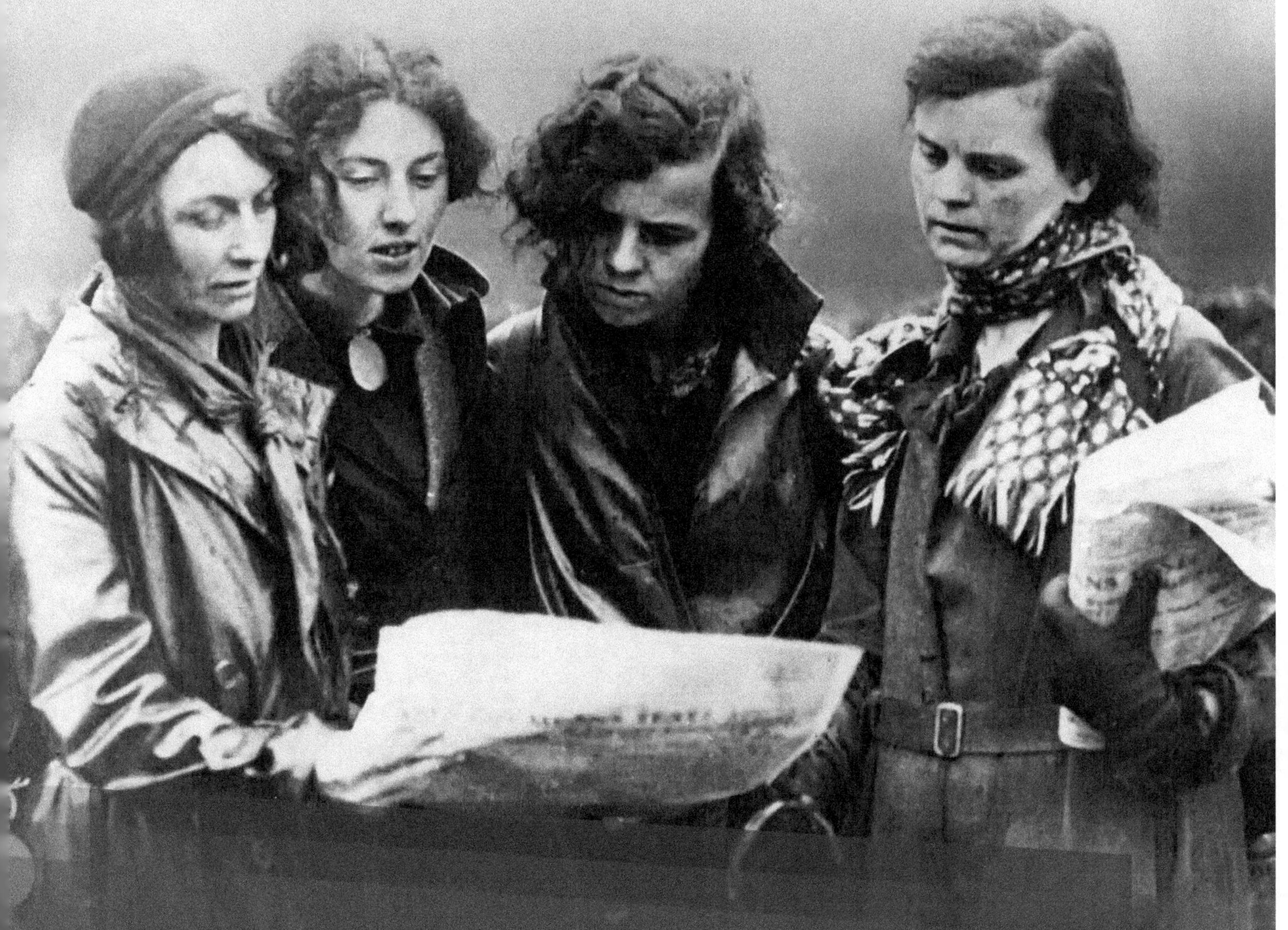

RETRONEWS

Le site de presse de la BnF

www.retronews.fr

Numéro 35. — 7 Novembre 1915   10 Centimes   TOUS LES DIMANCHES

LA JEUNE FRANCE

ABONNEMENTS

ADMINISTRATION

HISTOIRE ILLUSTRÉE DE LA GUERRE 1914-1915

Seine, Seine-et-Oise... 6 fr.
Départements... 7 fr.
Étranger... 9 fr.

3, rue de Rocroy
PARIS (Xe)

LA FORÊT QUI MARCHE

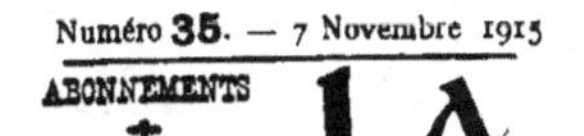

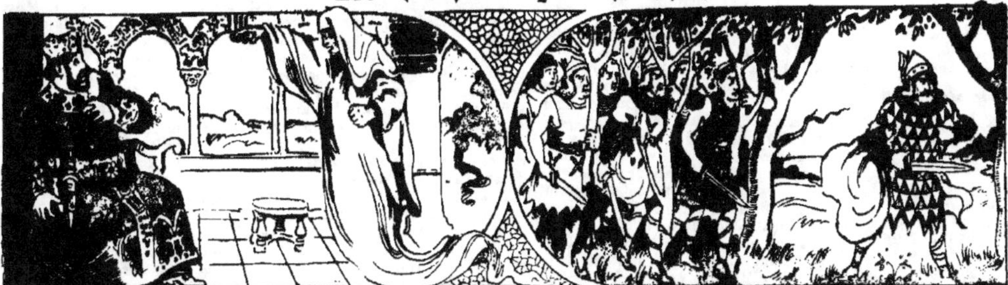

1. — Dans le puissant drame de Shakespeare, quand à l'appel des sorcières le spectre vient annoncer à Macbeth qu'il ne sera vaincu que le jour où la forêt de Birnam se mettra en marche, le tyran se croit au comble de la puissance et s'écrie : « Cela n'arrivera jamais ! Qui peut commander à la forêt de marcher ? » Cependant, la forêt marcha !... Lorsque le vieux Malcom conduisit ses troupes contre Macbeth, il ordonna à ses soldats de couper...

2. — ... des branches aux arbres de la forêt de Birnam et de les porter devant eux pour cacher leur nombre... Alors, à la vue de la forêt en marche, l'épouvante glaça le cœur de Macbeth et il fut vaincu. Sur les hauteurs de la Meuse, au sud de Verdun, dans la dernière quinzaine d'octobre, la forêt marcha aussi contre les boches !... Sur ce point, la bataille faisait rage depuis plusieurs jours. Deux fois nos poilus avaient tenté d'emporter d'assaut les hauteurs...

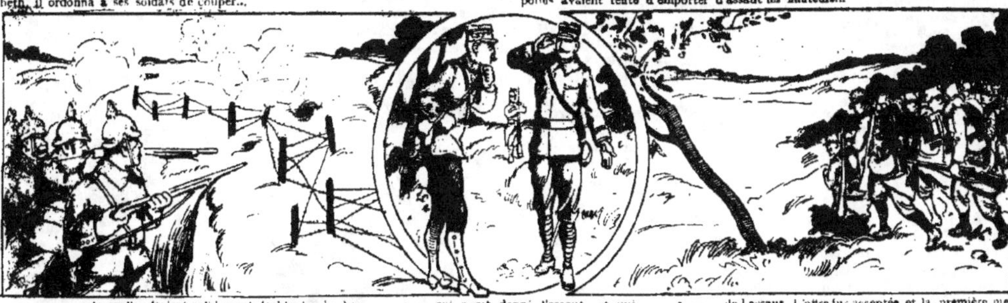

3. — ... sur lesquelles étaient solidement établis les boches. Et deux fois ils avaient été repoussés, car les retranchements des soldats de l'empereur des apaches étaient solidement établis et, en outre, ils étaient protégés par des canons lourds habilement dissimulés. C'est alors qu'un officier du régiment...

4. — qui avait donné l'assaut... et qui s'était nourri de Shakespeare... offrit au général commandant de prendre la position boche sans coup férir... à condition que carte blanche lui fût donnée pour la conduite...

5. — ... de l'assaut. L'offre fut acceptée et la première mesure ordonnée par l'ingénieux officier fut de faire reculer nos troupes, de leur faire abandonner leurs lignes. Les batteries furent aussi reculées, et les boches ne se tenaient pas de joie en voyant nos poilus battre en retraite.

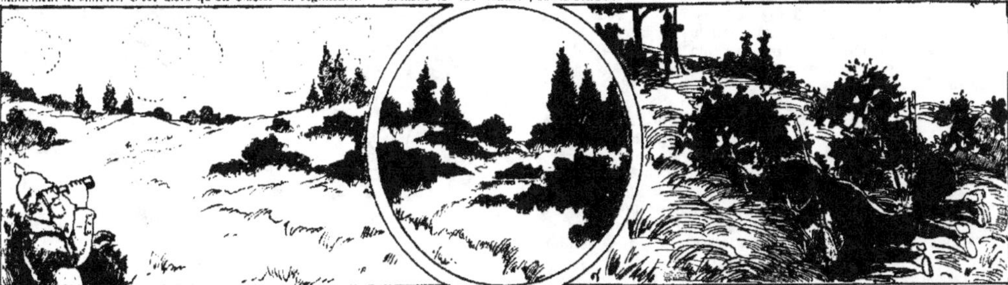

6. — ... De sorte que, bientôt, la vallée s'étendant au bas des collines sur lesquelles étaient solidement accrochés les boches parut déserte... il n'y avait, au fond, qu'une plantation de jeunes sapins et beaucoup de grands buissons, qui rompaient la monotonie de la vallée. Mais, lorsque la nuit fut venue, sapins et grands buissons se mirent lentement en marche...arbres...

7. — ... et arbrisseaux avaient été coupés à ras de terre et derrière chacun s'abritait un zouave moustachu qui se déplaçait avec de grandes précautions. Et la forêt continuait à marcher !... Maintenant, elle avait dépassé le fond de la vallée et, lentement,...

8. — ... progressivement, elle commençait à escalader la pente des collines... Seulement, lorsque la sentinelle boche était en vue, la forêt s'immobilisait. D'ailleurs, à travers la nuit brumeuse, le boche en faction ne pouvait distinguer que la forme indécise des buissons et des arbres épais. Et puis, comme malgré sa kultur il n'avait jamais lu Shakespeare, il ne pouvait pas deviner la ruse de nos poilus.

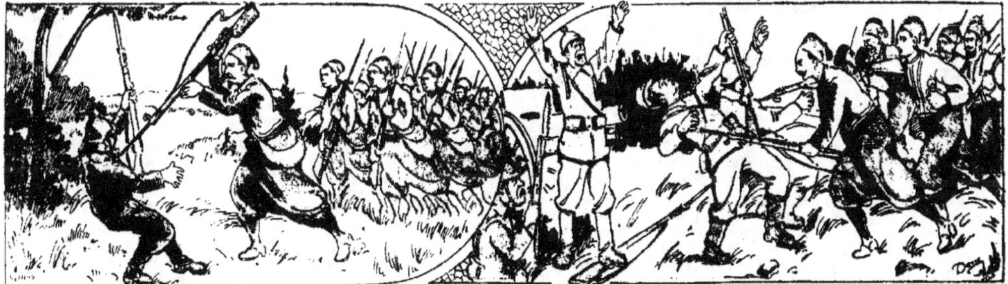

9. — La sentinelle boche continuait donc sa route, sans être en rien alarmée, car nul bruit ne troublait le calme de la nuit. Et, chaque fois qu'elle tournait le dos, la mouvante forêt en profitait pour avancer encore de quelques mètres. Cependant, comme la forêt s'approchait davantage... comme elle n'était plus qu'à quelques pas... le boche finit par être inquiet. Il lui semblait avoir vu un mouvement, le reflet de la lune sur une baïonnette. Alors, le doigt sur la gâchette de son fusil, il cria : « Wer da ? » Mais il n'eut pas à répéter sa question... L'instant d'après il gisait sur le dos, la poitrine trouée d'un coup de baïonnette... Malgré cela, il avait eu le temps de tirer un coup de fusil et cela avait donné l'alarme, les boches s'étaient réveillés...

10. — Seulement, les soldats de l'empereur des apaches s'étaient réveillés trop tard !... Avant qu'ils se fussent frotté les yeux, nos poilus avaient sauté dans leurs tranchées et leur frottaient les côtes, clouant au sol fantassins et artilleurs groupés en hâte autour de leurs canons inutiles. Et ceux qui ne furent pas tués sur-le-champ s'enfuirent à toutes jambes, dans un sauve-qui-peut épouvanté, dévalant le long des défilés, vers le bas de l'autre versant de la colline. Puis, tandis que ceux-là filaient plus vite que des zèbres, nos poilus s'installaient dans la tranchée qu'ils venaient de conquérir et, peu après, ils y étaient rejoints par le gros des troupes françaises immédiatement prévenues de la réussite de l'audacieux coup de main.

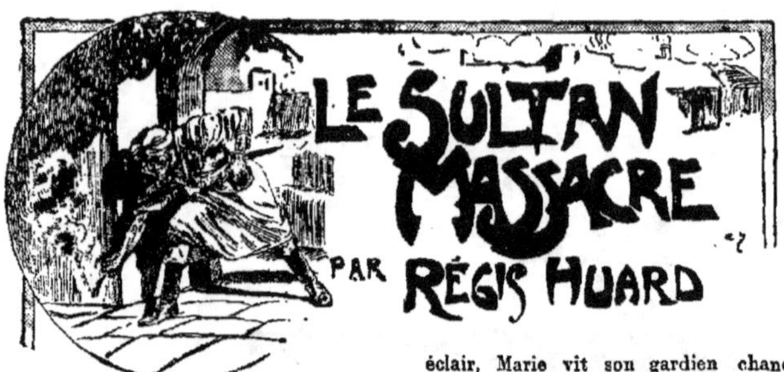

RÉSUMÉ DES CHAPITRES PRÉCÉDENTS

Aux territoires du Tchad (Centre africain) en 1900. En pleine lutte entre les troupes du sultan Rabah (le sultan Massacre) et les Français.

C'est l'écrasement pour les rabhistes et la mort pour le sultan.

Les Français viennent par surcroît d'enlever Dikoa, la capitale évacuée par les deux fils de Rabah. Mais Hassein, le plus jeune des fils du sultan, est resté dans la ville pour faire sauter la poudrière.

Il en est empêché par Marie, jeune esclave du Congo, sauvée jadis par les deux sergents de la « coloniale » Durantin et Kermarec et qui est prisonnière à Dikoa depuis quelques mois.

Hassein décide de se cacher et de faire une nouvelle tentative pendant la nuit. Mais il voit que tout est perdu, alors il se propose de faire sauter la citadelle sous les pieds des vainqueurs. Il dispose à cet effet un cordon de poudre qu'il compte allumer au moment propice. Une petite esclave noire qui avait été sauvée autrefois par Kermarec qui l'avait baptisée Marie et qui est tombée entre les mains des rabhistes, aperçoit Hassein en train de préparer le mauvais coup. Elle est d'ailleurs tout à fait oubliée dans le désarroi et elle est errante dans la poudrière.

CHAPITRE XXVI

LA FORTUNE DE MARIE (Suite.)

Si Marie avait eu conscience que des événements graves se déroulaient, c'eût été simplement par ce fait qu'à plusieurs reprises sa maigre ration lui fit complètement défaut. Elle resta même des heures entières sans gardien. Celui-ci devait courir la ville en quête d'une nouvelle impatiemment attendue.

Tout le monde avait oublié Marie et ce n'est certes pas dans cette partie du palais qu'on viendrait la chercher.

Passivement, la pauvre petite Madjia acceptait cela, attendant des jours meilleurs.

Elle était maintenant maigre à faire peur.

A coucher sur le sol sans couvertures, presque sans vêtements, elle était recouverte d'un masque gris, masque de poussière épaisse et de cendre du petit foyer qu'elle entretenait pour avoir chaud la nuit.

Et dans ce masque gris, des trous humides qui étaient les yeux et la bouche : un vrai masque de Pierrot, mais combien tragique !

Ce matin-là, elle était encore allongée sur le sol, près du petit feu de branchages, quand elle entendit un bruit lointain encore et très sourd.

A ce bruit répondirent d'autres bruits qui venaient de la ville et qu'elle connaissait bien, cette fois : la fusillade !

Les rumeurs augmentèrent. Le bruit de la lutte parvenait directement jusqu'à elle.

Plusieurs fois dans la matinée, des hommes vinrent en courant. Ils entraient avec des guerbas de cartouches et couraient vers la ville.

Marie comprit que c'était la bataille. La ville était attaquée : ce ne pouvait être que les blancs.

Alors un espoir la secoua, la dressa debout. Son blanc et son ami devaient être là, parmi les assaillants.

Et si la troupe pouvait enlever la ville, ils viendraient tout de suite ici... C'était pour elle la délivrance, le salut !

Il lui sembla que la bataille battait son plein... A un moment donné, elle entendit des bruits qu'elle ne connaissait pas, des cris lointains qui venaient de l'extérieur du palais... Dans ce coin silencieux, elle était seule avec son gardien, un bazinguer qui faisait les cent pas entre la porte du réduit aux poudres et celle de sa case, mais sans se soucier d'elle... Tendant l'oreille, Marie cherchait à deviner ce qui se passait : la fusillade était toujours aussi nourrie et toujours ces bruits inconnus et parfois en l'air, au-dessus de la cour, de gros points noirs qui passaient avec de « bzzz... ».

Tout à coup, ce fut le vacarme effroyable, une détonation qui retentit dans la cour avec des bruits de déchirements... Dans un éclair, Marie vit son gardien chanceler, s'abattre à terre... Elle ferma les yeux, affolée... Quand elle les ouvrit, elle ne vit plus rien qu'un gros trou dans le mur à côté d'elle et le garde, à terre, baigné dans son sang, mort.

Ce que Marie ne comprenait pas, nos lecteurs l'ont deviné. Un obus venait de tomber dans la cour. Il n'avait pas touché la poudrière, ce qui eût épargné du travail à Hassein, mais avait provoqué l'affolement et l'écrasement final des troupes rabhistes.

La peur atroce qui secouait Marie se calma. Quand elle fut en état de réfléchir, elle pensa qu'elle n'était pas en sûreté.

Très lentement, sur la pointe des pieds, comme si elle craignait d'attirer l'attention en faisant le moindre bruit, elle sortit sous la véranda et marcha dans la direction de la porte de la poudrière... Elle arriva devant le réduit où elle avait vu entrer des gens qui ressortaient chargés. Elle jeta un coup d'œil sur l'alignement des sacs mystérieux pour elle, sur les guerbas et les paquets placés dans tous les coins.

Elle vit des cachettes, des coins sombres et il lui sembla qu'elle serait là beaucoup plus en sûreté en attendant la fin de la bataille.

Elle entra et des yeux chercha une place où elle pût s'accroupir à la manière indigène.

A ce moment, elle entendit des bruits de pas sous la véranda. On venait ici sans doute.

Une peur soudaine la figea sur place, elle eut cependant la présence d'esprit de gagner le recoin d'ombre formé par le paquet de fusils à pierre. Et là, tremblant de peur, retenant sa respiration, elle attendit.

Nous savons que le visiteur était Hassein et ce qu'il venait faire dans le réduit aux poudres. Nous l'avons vu préparer l'explosion qui devait anéantir une partie de la ville au moment même où les Infidèles y entreraient.

Nous avons vu Hassein se retirant quand tout fut prêt et Marie sortant de sa cachette dès qu'elle se vit hors de danger.

La petite Mandjia n'avait pas la moindre idée de ce que pouvaient contenir les sacs et de ce qu'était venu faire le visiteur.

Cependant, à la vue du cordon de poudre et au souvenir des bruits qu'elle avait entendus de sa cachette, elle comprit que l'homme était venu travailler.

Cette petite poudre noire, elle se rappelait en avoir vu dans son village. C'était, avec un fusil, le cadeau d'un grand chef blanc à Masoundo, le chef du village, c'était ce qu'on appelait maintenant, dans toute l'Afrique sauvage, boudrou, la substance précieuse qui fait partir les fusils... Elle regarda le cordon préparé par Hassein et il ne pouvait lui venir à l'idée qu'il s'agissait là des préparatifs d'une formidable explosion. Elle regardait sans comprendre, sans inquiétude, sans se douter qu'elle avait à deux pas d'elle la mort, et la mort la plus terrible qu'on pût imaginer.

Mais soudain, elle eut une idée. Elle s'étonna de n'y avoir pas songé plus tôt... Elle allait être délivrée bientôt, ses amis venaient, c'était sûr... Mais alors, cette poudre, ce serait un trésor. Elle savait par l'échange facilement contre tout ce que l'on désire. Elle l'avait assez vu là-bas dans les villages des vallées de l'Oubangui et plus loin, sur les bords du fleuve Chari... on pouvait avec cela acheter des vivres et des pagnes, des flèches et des sagaies. Pour une petite cuiller de poudre on pouvait tout demander.

Alors, Marie prit une décision soudaine. Elle s'accroupit près du cordon de poudre au milieu du trajet qu'il faisait entre la porte et les sacs, balayant le dur pisé qui faisait le sol du réduit, soufflant en même temps dans le creux de ses mains pleines de poudre, et elle mit dans un coin du pagne le fruit de cette récolte d'un nouveau genre.

La provision grossissait à vue d'œil et Marie comprit que si le contenu ne manquait pas, c'est le contenant, au contraire, qui allait lui faire défaut.

Elle avait là une belle provision : elle était riche maintenant pour de longs jours.

C'était un nombre incalculable de poulets et de cabris, de quoi assurer la subsistance de tout le village pendant des mois.

Et malgré sa détresse et sa misère, malgré le danger, la jeune sauvage sourit de plaisir. Elle oubliait tout devant ce trésor si miraculeusement trouvé là... Quelqu'un qui eût été moins aisé à la vue du cordon de poudre soigneusement balayé, disparu sur la moitié de sa longueur entre les sacs et la porte, c'est Hassein.

Mais à ce moment il préparait avec Fad' el Allah une décisive partie.

Ils n'avaient laissé aux portes de la ville que le nombre d'ascars strictement nécessaire pour tenir tête aux Infidèles pendant quelque temps. C'étaient les meilleurs d'entre leurs soldats, ils étaient condamnés sans doute à la mort par les balles ou l'explosion, mais ce sacrifice était nécessaire. Car tout le reste de l'armée, Fad' el Allah en tête, allait sortir, profiter du désarroi pour gagner la route de Deguemba et se rallier à Niébé... Cette solution, qui n'était qu'un pis-aller quelques jours avant, devenait la seule possible pour refaire l'armée rabhiste et reprendre l'offensive.

Et dès que l'armée aurait franchi la brèche taillée dans le mur de la ville, dès qu'Hassein aurait vu la tête de colonne engagée sur la route, il devait alors dégager les portes en se retirant lentement, attirer les blancs dans la ville, jusqu'au centre, jusqu'au palais de Rabah, jusqu'au moment où...

Nos lecteurs savent quel rôle devait alors jouer le cordon de poudre que Marie avait trouvé tout à fait de son goût.

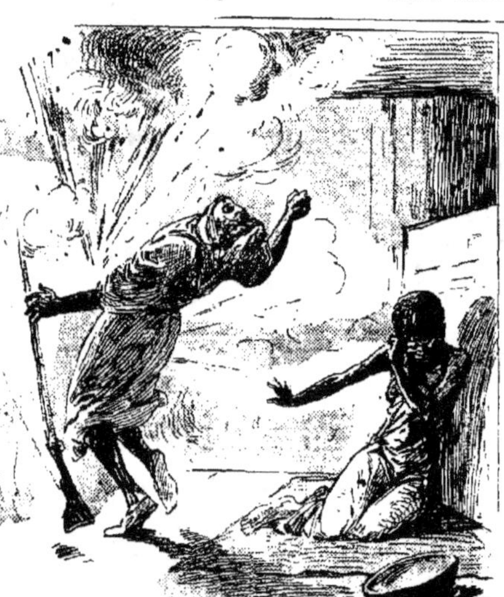

Elle ferma les yeux, affolée.

L'heure était venue. Par une grande brèche ouverte sur la face de la ville opposée à la face attaquée, les débris de l'armée rabhiste venaient de sortir, gagnant rapidement la brousse, laissant la ville aux mains des infidèles. La défense n'était plus possible et Hassein le savait. Quelques minutes encore et les soldats des blancs allaient forcer les postes et donner l'assaut.

Hassein avait passé la consigne aux ascars. Il devait, d'un cri, donner l'ordre de se replier et tenter de gagner la brousse par la face opposée de la ville, celle par où était sorti Fad' el Allah.

Rapidement, il battit le briquet de silex qu'il avait dans sa cartouchière, enflamma la bourre de coton... Il arriva dans la cour et se précipita vers la porte du réduit.

Mais, sans même regarder dans l'intérieur, il n'eut qu'une hâte : poser la pincée de bourre allumée à l'extrémité du cordon de poudre dans le couloir.

Dès qu'il vit la poudre enflammée, d'un bond il se jeta dans la cour et courut vers la sortie.

Mais, arrivé tout près de la porte qui donnait sur la place, il hésita.

Des pensées coururent rapides dans son cerveau... L'explosion aurait dû se produire déjà. Pourquoi était-elle retardée ? N'avait-il pas pris toutes les précautions ?...

Et maintenant sa situation était grave... Sortir sur la place d'où il entendait venir les clameurs et les cris de victoire des Sénégalais, c'était se jeter dans les bras des ennemis, être pris ou fusillé.

Retourner à la poudrière ? Voir ce qui retardait l'explosion, y remédier ?... Mais plus Hassein se remémorait toutes les précautions qu'il avait prises, plus il était sûr que l'explosion, retardée par quelque cause, allait se produire dans quelques minutes.

Il attendit, indécis, entendant grandir les bruits et les cris du dehors... La poudrière ne sautait pas !...

Il revint alors sur ses pas en courant, traversa les galeries, déboucha dans la cour et arriva à la porte du réduit... Il examina le cordon de poudre et ne put s'empêcher de jeter un cri de surprise.

Le cordon avait brûlé depuis le couloir jusqu'à la moitié de la distance entre la porte et les sacs de poudre : des traces noires en étaient la preuve. Mais de là jusqu'aux sacs, plus rien, sur le sol des traces de balayage et plus un grain de poudre.

Derrière lui quelqu'un était venu détruire son travail...

Mais quel être mystérieux avait pu le faire puisque tous les hommes étaient en route avec Fad' el Allah ou aux portes de la ville ?

Hassein ne se doutait guère que l'auteur de ce travail était à quelques pas de lui, caché dans le recoin ombreux, derrière le paquet de fusils.

La pauvre fille attendait toujours la fin du combat et l'arrivée de ses amis. Elle attendait, encore apeurée, un peu confiante tout de même, car les coups de fusil se faisaient moins nombreux et plus espacés.

Elle avait entendu venir Hassein et s'était cachée...

Entendant le visiteur s'enfuir, elle s'était hasardée à pencher la tête. A son grand effroi, elle avait vu le feu courir, courir sur le sol du couloir vers la porte, puis entrer dans le réduit se dirigeant vers les sacs. Mais soudain elle l'avait vu, à moitié route, s'arrêter net, là où elle avait recueilli la poudre, puis s'éteindre... Elle était restée là, effrayée, tapie contre le mur... Elle allait cependant, s'enhardissant, se lever, quand elle entendit qu'on venait à nouveau...

Retenant son souffle, se faisant toute petite, elle était restée dans son coin...

Hassein n'avait pas encore résolu le problème qui se posait devant lui. Il ne cherchait pas à le résoudre d'ailleurs, car d'autres nécessités impérieuses et urgentes sollicitaient toute son attention et son sang-froid.

Il songeait que la première pensée des infidèles serait de pénétrer dans le palais de Rabah et de le fouiller. S'il avait le temps de faire sauter la poudrière en jetant sur un sac vidé à terre un tampon de coton enflammé, il n'avait plus celui de fuir.

Or Hassein, bien qu'il fût prêt à l'ultime sacrifice et qu'il fût d'un courage à toute épreuve, tenait à ne risquer sa vie que s'il ne pouvait faire autrement. Il estimait que son devoir était de rejoindre son frère et de reprendre son commandement. D'ailleurs, n'avait-il pas le devoir de protéger sa mère et de retrouver sa fiancée ?...

Hassein songeait que son plan était déjoué. Il lui était impossible de gagner une des portes sans risquer d'être fait prisonnier ou fusillé.

Il était à peu près certain que l'un des premiers soins des infidèles serait de visiter les réserves de munitions prises à l'ennemi, mais qu'ils n'en feraient ni l'inventaire ni le transport, en admettant qu'ils ne fassent de la ville leur centre d'occupation.

Hassein était donc assuré de pouvoir trouver jusqu'à la nuit un abri certain...

Et alors, il avait le temps de tout préparer cette fois pour une explosion nocturne.

(*A suivre.*)   RÉGIS HUARD.

RELIURE JEUNE FRANCE

Nous mettons à la disposition de nos lecteurs qui désirent conserver la collection de JEUNE FRANCE, une très jolie reliure noire, façon toile, avec lettres dorées pour le prix modique exceptionnel de **2 fr. 75**, en mandat-poste.

Envoi franco gare contre 3 fr. 35

S'adresser à l'administration de JEUNE FRANCE, 3, rue de Rocroy, Paris

LES MALICIEUX KETJES, par JO VALLE (Suite.)

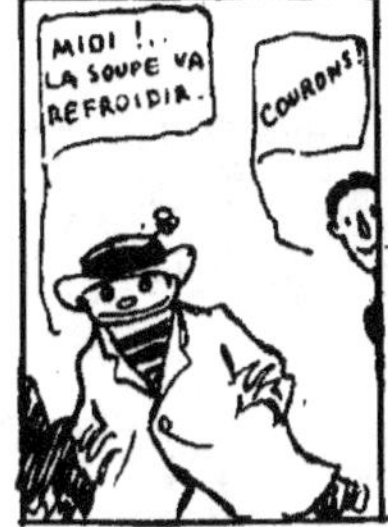

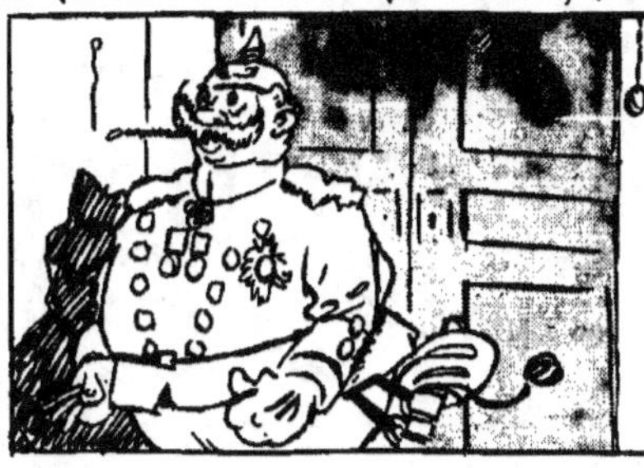

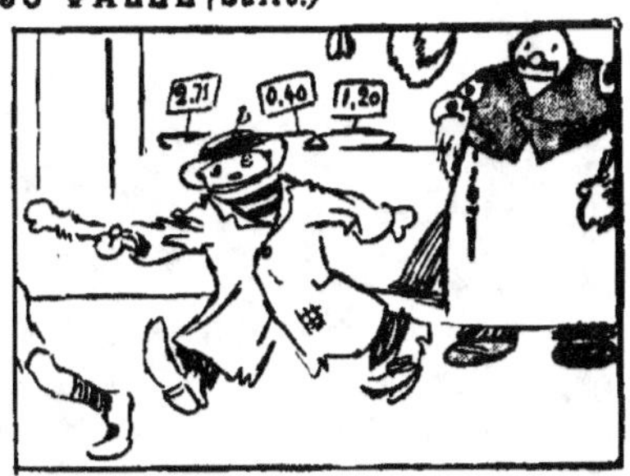

1. — Karl et Jef, ayant entendu sonner au clocher de Sainte-Gudule les douze coups de midi, se hâtaient de regagner leurs logis respectifs afin de ne pas...

2. — ... arriver trop tard à la soupe. Chemin faisant, ils remarquèrent dans l'avenue Louise un coquet hôtel particulier dont la porte venait de s'ouvrir pour livrer passage à l'officier supérieur qui l'avait choisi comme résidence. Ils notèrent le numéro dans leur mémoire afin de faire une zwanze de leur invention à ce boche galonné. Dans le courant de l'après-midi...

3. — ... ils rendirent visite à leur ami le boucher qui leur donna un os de gigot auquel restaient quelques lambeaux de viande. Ayant enveloppé cet appât dans un morceau de papier, ils retournèrent à la tombée du jour avenue Louise et, tandis qu'ils se trouvaient seuls, ils attachèrent avec une ficelle l'os de gigot à la chaîne de la sonnette de l'hôtel où...

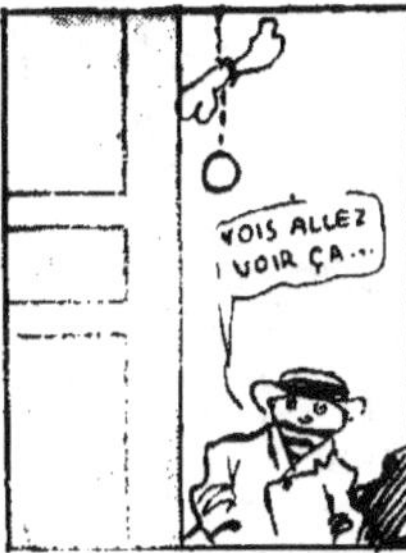

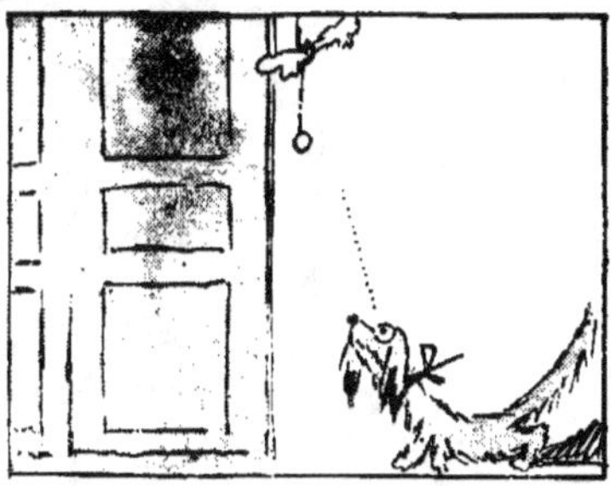

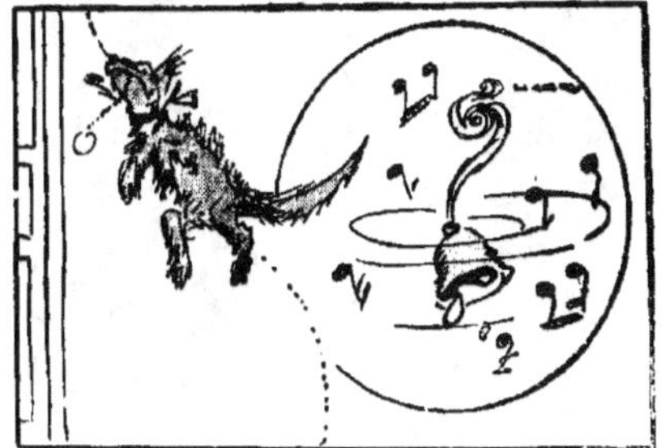

4. — ... logeait le commandant. Cet os avait été attaché assez haut pour que des chiens même de forte taille fussent obligés de sauter afin de l'atteindre. L'appât mis en place, les deux espiègles gamins...

5. — ... mirent une distance raisonnable entre eux et l'hôtel du commandant-major. Après vingt minutes d'attente, ils aperçurent un chien épagneul qui, attiré par l'odeur, venait stationner devant la porte. L'os de gigot se trouvant hors de portée pour lui, il se ramassa sur ses pattes de derrière et bondit afin de saisir, d'un coup de gueule...

6. — ... la gourmandise convoitée. Il ne parvint... qu'à agiter énergiquement la sonnette. Au bruit de la porte que l'ordonnance ouvrait, il s'empressa de déguerpir. Le boche, furieux de s'être dérangé inutilement, refermait l'huis en maudissant les facétieux gamins qui s'amusaient à tirer la sonnette. A peine avait-il regagné...

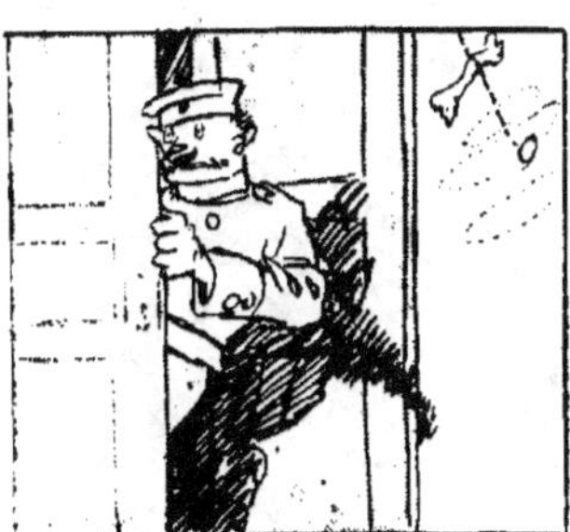

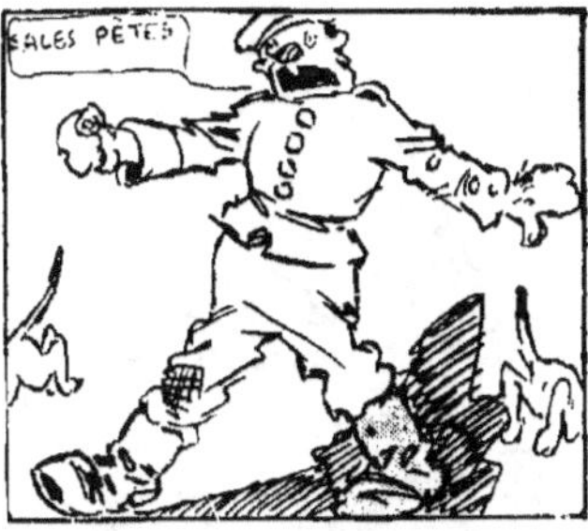

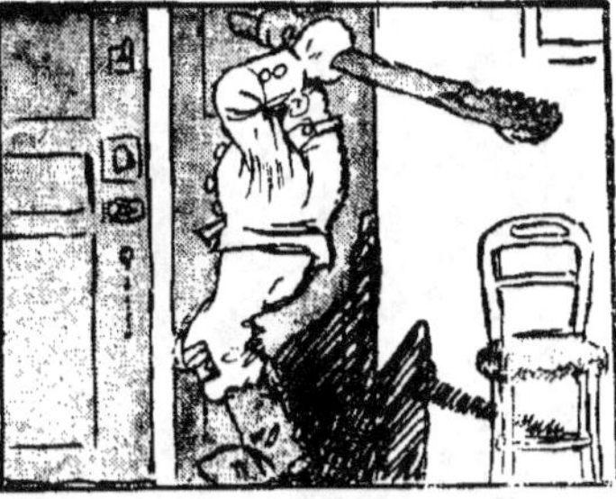

7. — ... son poste, qu'il entendit carillonner de nouveau. Il se leva de mauvaise humeur et, toujours mangeant, vint ouvrir. Il arriva à temps, cette fois, pour remarquer trois chiens dont l'un tenait quelque chose dans sa gueule et qui s'enfuyaient à son approche. « Ah! ce sont...

8. — « ... ces sales bêtes qui s'amusent à me faire marcher, fulminait l'ordonnance. Eh bien, qu'elles y reviennent encore et je leur enlèverai pour longtemps l'envie de recommencer. » Ce disant, il s'était armé d'un solide gourdin et se tenait aux aguets derrière la porte. Il entendit bientôt...

9. — ... des jappements joyeux et, pour la troisième fois, la sonnette carillonna frénétiquement. « Chacun son tour » ricanait l'ordonnance, et la trique haute il entr'ouvrit doucement l'huis pour asséner un coup de sa matraque sur la silhouette qu'il distinguait imparfaitement dans l'ombre. Un...

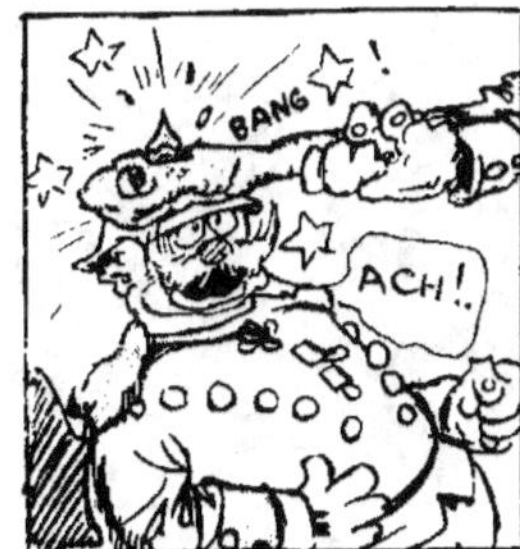

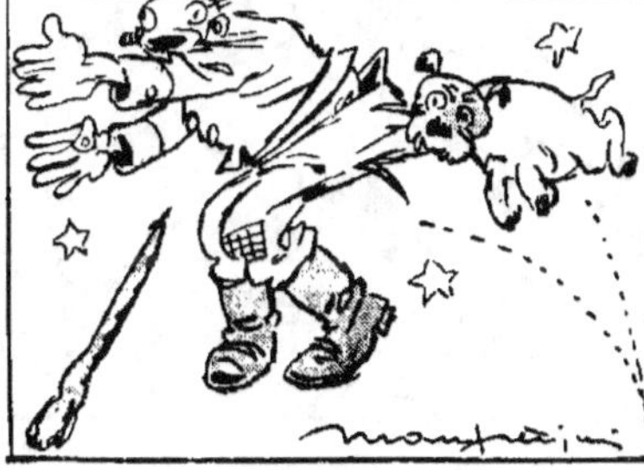

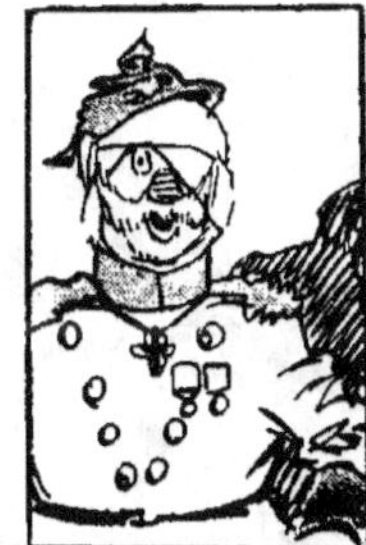

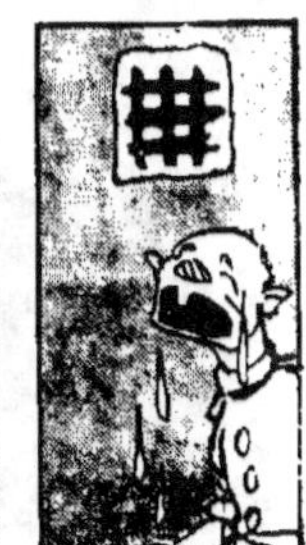

10. — ... mugissement de douleur lui répondit en même temps qu'il poussait des hurlements de gorge saigne vif. Dans sa méprise, c'était sur la personne de son chef qu'il avait laissé tomber sa matraque et le chien de ce dernier...

11. — ... pour défendre son maître, s'était jeté d'un bond sur l'ordonnance et lui plantait ses crocs dans le fond de son pantalon. Aux cris poussés par les deux hommes, une escouade de boches accourut, s'occupa de relever le major dont la tête carrée était sérieusement endommagée et délivra l'ordonnance qui avait le bas du dos dans un pitoyable état.

12. — A la suite de cette aventure, l'officier et son subalterne furent transportés à l'hôpital, que l'ordonnance quitta pour faire connaissance avec la prison, et les deux ketjes...

13. — ... convinrent, en se tordant de rire, que le succès obtenu par leur os de gigot avait dépassé leurs espérances...

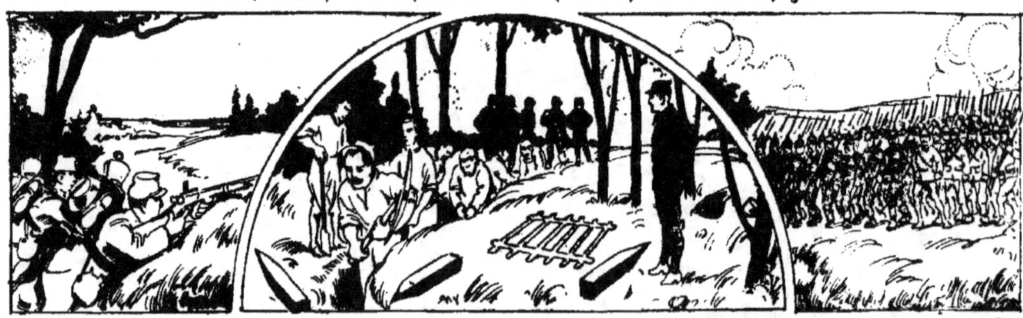

1. — Dans la forêt de l'Argonne, nos poilus tenaient les boches continuellement en haleine, se faufilant à travers leurs positions et faisant le coup de feu, sous les taillis, dans les...

2. — ... chemins creux... paraissant et disparaissant... étant partout et nulle part... Ils s'étaient installés au Four de Paris, qui commande la voie ferrée de Varennes et, bien décidés à garder cette prise glorieuse, tout de suite, ils avaient installé des chausse-trappes, des fossés recouverts de planches fragiles, des barricades, des pièges de toute sorte. Mais, malgré toutes ces défenses, les boches qui tenaient à la position, essayèrent dans les derniers...

3. — ... jours d'octobre, de reprendre le Four de Paris; ce fut un four, et comment! Ils tentèrent donc l'assaut et nos poilus les virent déboucher à de x kilomètres s'avançant en masses profondes.

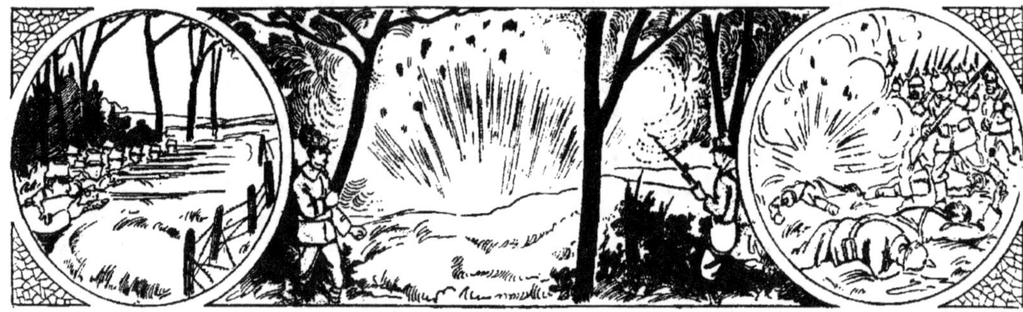

4. — Puis, approchant toujours, la horde s'engageait délibérément sur les sentiers pleins d'embûches. A ce moment, le commandement : « Feu de salve ! par peloton, feu ! » retentit dans nos rangs et nos poilus firent terriblement...

5. — ... valser les premiers rangs des boches. Cela n'arrêta pourtant pas leur marche. Ils continuaient à aller de l'avant quand une lueur formidable illumina le sous-bois, suivie d'un roulement de tonnerre; puis, immédiatement, des masses de terre... et aussi des corps, des membres déchiquetés étaient projetés en l'air. Nous venions de faire sauter une mine !...

6. — La première ligne des boches était anéantie !... Cependant, les soldats de l'empereur des apaches n'étaient pas encore assez étrillés, car une nouvelle vague ennemie déferlait, passant sans pitié par-dessus morts et...

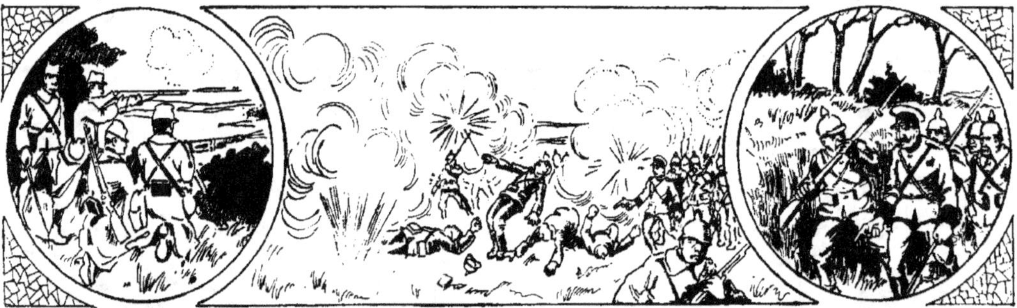

7. — ... mourants ! Alors, de notre côté, retentit l'ordre : « Mitrailleuses, feu !... » et le tac-tac-tac terrifiant des mitrailleuses crépita et, au fur et à mesure que la tourmilière boche avançait elle était fauchée, couchée à terre, mieux qu'avec une faux gigantesque... Malgré l'effroyable hécatombe, il en venait...

8. — ... toujours !... Alors, au tac-tac-tac des mitrailleuses s'ajouta le grondement puissant des canons et, l'une après l'autre, les lignes boches s'effondrèrent... Il en tomba tant et tant, qu'enfin les ennemis reculèrent... Ils déguerpirent, dans une déroute affolée... et ils laissaient derrière eux un amoncellement de cadavres s'élevant à hauteur d'homme !.. Cependant, malgré ce si sanglant échec, les boches ne désespéraient pas de se réemparer du Four de Paris.

9. — En effet, quelques jours plus tard, ils essayèrent de revenir à la charge et de surprendre nos poilus. Pour ce faire, un régiment de wurtembergeois s'engagea de nuit dans un chemin creux, tellement étroit que c'est à peine si deux hommes y peuvent passer de front.

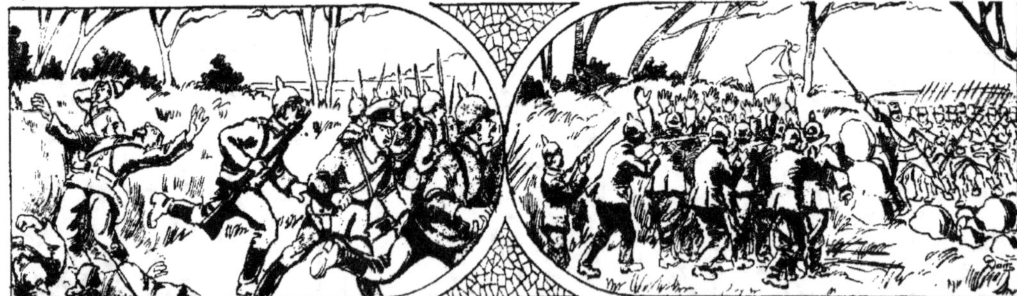

10. — Mais nos poilus avaient été avisés du coup de Jarnac qui se préparait. Aussi, prirent-ils leurs dispositions en conséquence et ils allèrent se poster au-dessus du chemin creux dont les bords, surplombés de roches, offrent une admirable cachette à une troupe se défilant. A l'aube, les Wurtembergeois arrivaient à quelques centaines de mètres de la sortie du défilé, quand ils furent accueillis du haut des escarpements par une fusillade nourrie. Ils essayèrent d'abord de se défendre, de répliquer, mais ils ne voyaient rien !... Alors, dans leur effarement... pour échapper aux invisibles tubes qui, à chaque coup, faisaient mouche sur eux... ils tournèrent les talons, se précipitant vers l'issue du chemin par où ils étaient venus. Mais, là, une grande déception leur était réservée !...

11. — Nos poilus n'avaient pas perdu leur temps. Ils avaient bouché l'étroit chemin par un mur de roches, derrière lequel ils avaient installé une mitrailleuse qui, dès que les Wurtembergeois approchèrent, égrena sur eux son tac tac tac meurtrier. Les boches n'avaient plus qu'à se rendre. Ils hissèrent un drapeau blanc. Mais à peine nos poilus s'avançant ils sans défiance que les soldats de l'empereur des apaches abaissaient leurs fusils et qu'une décharge couchait par terre dix des nôtres. Un cri de rage partit des lignes françaises... et les sur-boches payèrent cher leur traîtrise !... Un boche qui, quelques heures après survolait ce coin de forêt pour voir ce qu'il était advenu... put apercevoir plus de poilus cadavres entassés... c'était tout ce qui restait du régiment wurtembergeois.

COMMENT NOS POILUS ENTRÈRENT EN LORRAINE ANNEXÉE

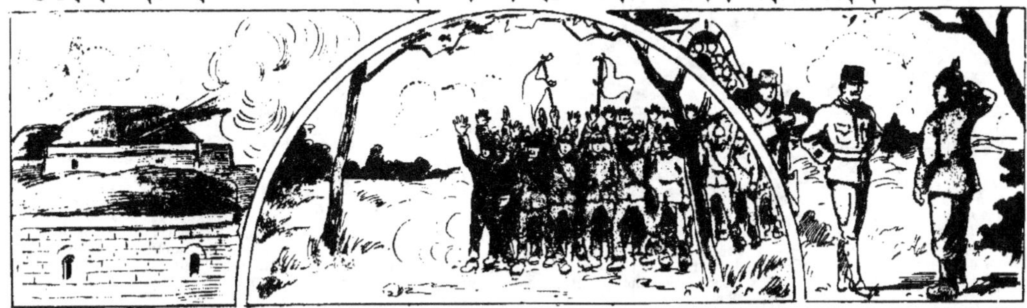

1. — C'est aussi dans les derniers jours d'octobre que nos poilus foulèrent à nouveau le sol de la Lorraine annexée. Ce jour-là, le fort de Manonviller ouvrit un feu violent sur Paroy[?]la, afin d'obliger les boches, cachés dans le sous-bois, à se montrer...

2. — ... à la lisière et à se démasquer. Or, à peine notre canonnade avait-elle commencé, qu'une cinquantaine de boches furent signalés sur la route de Manonviller. On se préparait à leur faire une réception soignée quand on s'aperçut qu'ils arrivaient en agitant des drapeaux blancs et en levant les bras en l'air. On les laissa donc approcher et ils expliquèrent qu'originaires du duché de Posen, et slaves par conséquent, de langue et de cœur, ils n'avaient accepté que bien à regret d'être soldats de l'empereur des apaches et que, s'étant trouvés de patrouille ce matin-là et avant aperçu nos lignes, ils avaient profité de l'occasion pour tuer leurs officiers et...

3. — ... venir se constituer prisonnier. Puis, ils donnèrent de précieuses indications sur la composition des troupes boches et expliquèrent que si elles se tenaient terrées dans les bois, c'est parce qu'elles manquaient de munitions pour leurs canons.

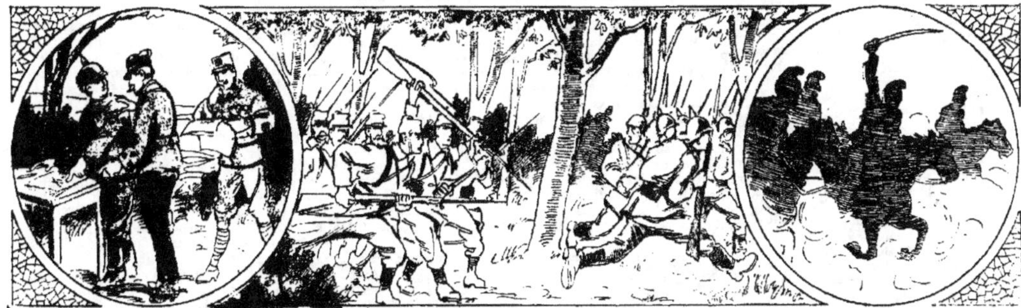

4. — C'était là d'utiles renseignements. Aussi notre commandement n'hésita pas à attaquer sans avoir, au préalable, procédé à l'habituel arrosage d'obus. Une colonne se mettait immédiatement en route et, après avoir descendu la vallée de la Vezouse, elle atteignait la lisière des bois. Nos poilus se...

5. — ... jetèrent résolument à travers les taillis et les boches, qui ne pouvaient faire usage de leurs canons et qui ne se souciaient guère d'engager un combat à la baïonnette, sur un terrain où la mobilité et la hardiesse des nôtres leur donnaient un avantage redoutable, prirent le parti de détaler en vitesse. Dans ce même temps, nos cavaliers opéraient une diversion, au nord de la forêt, à l'est d'Einville. A midi, ils parvenaient au centre même de Paroy, sans avoir rencontré d'autre résistance qu'un escadron hongrois qui, d'ailleurs, n'avait pas tardé à se rendre. La forêt...

6. — ... se vidait comme par enchantement; à mesure que les nôtres avançaient et, à trois heures de l'après-midi, il n'y avait plus un boche dans la partie occidentale. Cependant, comme nos poilus approchaient de la frontière, à la hauteur du Sanon, ils se butèrent contre un régiment bavarois...

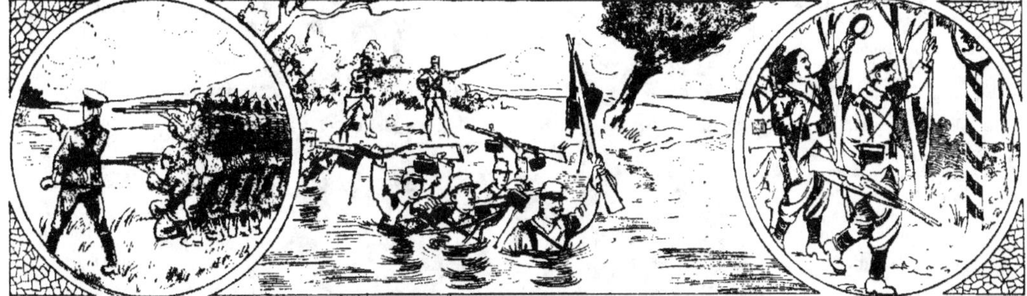

7. — ... qui était posté là, défendant la route sur laquelle filait le gros des troupes boches et qui accueillit nos avant-gardes par une vive fusillade. Sa résistance était facilitée par le canal de la Marne au Rhin, à l'abri duquel ces Bavarois arrosaient les nôtres avec leurs mitrailleuses.

8. — Sur ce, pour offrir moins de prise à la rafale de fer, nos poilus s'égaillaient en ordre dispersé... après quoi, très crânement, ils se jetaient dans le canal, tenant fusils et cartouchières au-dessus de leurs têtes et, parvenus sur l'autre rive, ils s'élancèrent sur les boches, baïonnette au canon. Devant l'audace d'une telle attaque, les Bavarois battirent en retraite; mais, malgré que nos poilus y missent de l'entrain, ils ne purent rejoindre ces boches aux pieds agiles... ils marchèrent donc sur leurs talons et ils parvinrent ainsi au poteau frontière...

9. — ... et ce furent de frénétiques hourrahs d'allégresse ! Mais nos poilus durent s'arrêter, la nuit était venue... Cependant, ce soir-là, ils eurent la grande joie de camper sur la terre lorraine et de voir, dans l'ombre, briller au loin, les lumières attirantes d'un village annexé.

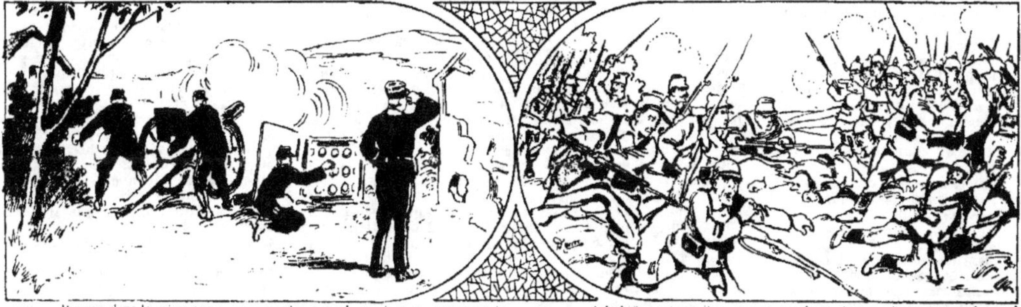

10. — Presque dans le même temps, un peu plus au sud, nos troupes ouvraient le feu sur une colline commandant le Ban-de-Sapt où étaient établis les boches, tandis que ceux-ci tentaient une attaque de nos positions, avec trois compagnies d'infanterie bavaroise. D'un côté et de l'autre, les mitrailleuses commencèrent leur musique... mais les nôtres chantèrent mieux et frappèrent plus juste! En cinq minutes, les mitrailleuses boches furent détruites et les Bavarois, désemparés par notre mitraillade se réfugièrent dans l'école et les maisons du village. Alors, nos poilus chargèrent...

11. — ... à la baïonnette et ils y mirent un tel entrain que, vingt minutes plus tard, ils occupaient le village de Ban-de-Sapt. Les batteries boches parvinrent à s'éclipser, mais, des deux batteries de mitrailleuses des boches, une douzaine de barbares à peine restèrent debout; ils furent faits prisonniers, ainsi que plus de deux cents blessés boches laissés sur le carreau, tandis que les Barbares qui avaient gardé l'usage de leurs jambes en profitaient pour passer la frontière, de sorte que, depuis Sainte-Marie-aux-Mines jusqu'au plus au nord à Badonviller, la boucherie était boutée hors de France.

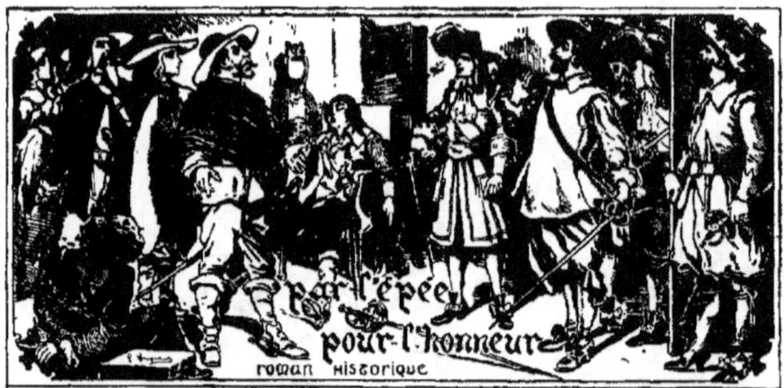

RÉSUMÉ DES CHAPITRES PRÉCÉDENTS

A la fin du XVIIe siècle, à Londres, dans la boutique de l'apothicaire égyptien Ramsès, entre une dame masquée, Mary, femme du comte français Hector de Treffanges. Ramsès lui raconte qu'il a reçu la visite d'un inconnu — actuellement endormi dans une chambre voisine sous l'influence d'un narcotique — qui s'est donné comme le fils disparu de Noémie de Treffanges, première femme du comte Hector, assassinée avec ses enfants dans des conditions mystérieuses. Soudain, l'homme paraît; il a été réveillé et délivré par Nelly, fille adoptive de Ramsès; il accuse Mary d'avoir tué Noémie pour prendre sa place; mais une trappe s'ouvre, où il disparaît. Peu après arrivent trois hommes : Claude Duval et Ned Cornil, célèbres «routiers», et Adalbert de Ranson; la comtesse leur échappe mais ils délivrent l'homme enfoui sous la trappe, qui raconte comment sa mère fut assassinée par Mary, puis il meurt des suites de sa chute. Mais on frappe à la porte « au nom du roi »; ce sont des mousquetaires envoyés par la comtesse, et conduits par un séide de celle-ci, le sinistre colonel Blodson, que Claude désigne au jeune Adalbert comme son père.

CHAPITRE IV

LE COLONEL BLODSON

— C'est mal, dit le routier, de se réjouir ainsi en présence d'un mort, mais que voulez-vous? je suis ainsi fait... Oui, oui, messieurs les mousquetaires, on vous entend ; n'ébranlez pas la maison du diable, elle vous dégringolerait sur la tête... Ainsi fait, dis-je, que chez moi, la gaieté ne perd jamais ses droits. Eh bien ! avez-vous distingué cet organe tonitruant qui commandait d'aller chercher des pics pour desceller les gonds? Oui, n'est-ce pas? L'avez-vous reconnu, Adalbert?... Non?... C'est donc que la voix du sang n'est qu'une invention des poètes, car cet organe c'est celui du colonel Blodson, votre père respecté.

— De mon ... du colonel Blodson ! Comment est-ce possible? Que ferait-il là?

— Sait-on, avec un pareil homme? Ah! jeune adolescent, vous pouvez vous vanter que l'auteur de vos jours n'est pas un personnage ordinaire... Ça, que faisons-nous? Ecoutez-moi ce vacarme ! Toute la garde de Sa Majesté doit être là, appuyée sans doute de quelques milliers de miliciens, sans compter les chevaux ni les canons...

— Eh ! mordioux, fit, avec un redoutable accent méridional, une voix caverneuse, issue — pour la première fois depuis l'entrée des trois compagnons — de la profonde poitrine de Ned Cornil, nous avons nos épées et je compte bien, Claude, que tu ne vas pas amener pavillon avant même l'abordage.

— Il n'y aura pas d'abordage, trancha le routier avec calme. Ouvre, mon ami Ned, et laisse ta puissante colichemarde (1) en repos pour l'instant. Et que tous ici tiennent leur langue, sauf moi. »

D'un air indigné, mais avec une discipline parfaite, Ned obéit. Il avait à peine tiré les verrous, que la boutique était envahie par une vingtaine de mousquetaires, l'épée nue au poing. A leur tête s'élançait un homme de haute taille sans uniforme, qui ordonnait :

— Bas les armes, messieurs, au nom du roi.

— Eh ! colonel, répliqua à son tour la voix ironique de Duval, de quelles armes parlez-vous? De celles, sans doute, que ces messieurs du guet brandissent d'un air si belliqueux? »

L'homme s'arrêta, comme médusé. Vêtu de gros drap beige, âgé de cinquante ans environ, il était de formes athlétiques, et eût, à bon droit, passé pour un splendide type de spadassin ; son visage rude, rougeault et bronzé, les deux cicatrices qui s'y croisaient, sa courte et dure barbe « poivre et sel », ses membres puissants et sans élégance, contribuaient à donner à sa personne une particulière expression de violence et de force : il eût semblé une brute si ses yeux d'un gris d'acier n'avaient témoigné d'une réelle intelligence, apparemment, il est vrai, mise au service de passions sans frein.

Il se calma promptement, et dit d'un ton qu'il s'efforçait de dégager :

— Vous, monsieur Rownelson? Je ne m'attendais guère... Quelle est cette scène étrange? Quoi, un homme mort ! Et ce vieillard ligoté ! Et cette trappe !... Que signifie cela?

— J'allais justement vous poser la même question, colonel. Vous devez le savoir, car enfin, ce n'est pas sans motif que vous alliez faire le siège de cette maison?

Il y eut un silence. Les mousquetaires, dans leurs beaux uniformes bleu et argent, avaient rapidement entouré Ned, fanfaron et altier, qui n'avait d'yeux que pour le colonel ; mais il semblait que celui-ci évitât de le regarder, et il tressaillit quand Claude ajouta :

— A propos, colonel, voici le jeune homme : vous l'avez déjà reconnu, assurément? Nous étions allés où vous saviez, espérant vous y rencontrer, mais...

— Ah ça ! messieurs, fit l'un des soldats qui portait les insignes du grade de cornette, allez-vous bientôt fini de causer de vos petites affaires? Il y a eu mort d'homme, puisque le corps du défunt est là, sans compter ce vieillard qu'on a traité de façon peu amicale. Il faut me suivre, messieurs.

Ramsès, que les soldats avaient délivré, s'avança écumant de rage.

— Oui, oui, monsieur l'officier, grinça-t-il, emmenez-les ;

ils ont violé le domicile d'un paisible particulier, ils se sont livrés sur lui à d'indignes sévices, ils ont...

— La paix ! intima le cornette en se reculant avec dégoût. On vous connaît, monsieur l'Egyptien, réservez votre déposition pour le juge ; il saura probablement démêler ce qu'il faut en admettre.

Ramsès se dissimula derrière les soldats, non sans jeter un regard chargé de haine à Claude, qui y répondit par un gracieux salut. L'officier donna ordre que trois de ses hommes restassent à la garde de la maison ; puis il invita ses prisonniers à sortir.

— Pardon, dit Claude en désignant Nelly, et cette jeune fille? Elle n'est pas en sûreté ici, car l'Egyptien a, en notre présence, proféré contre elle des menaces de mort.

— C'est ma fille ! hurla Ramsès. Personne n'a le droit de me l'enlever.

— Est-ce vrai? demanda Claude, en se tournant vers elle.

— Non, répliqua-t-elle fermement. Du moins, je ne le crois pas ; c'est lui qui se dit mon père, mais...

— Eh bien ! conclut le cornette avec impatience, que risque-t-elle, puisque des mousquetaires restent ici? Marchez, monsieur, cette scène a assez duré. »

Le routier français jeta vers Nelly un regard singulier. Il hésita ; enfin, docilement, précédé et suivi de soldats, il franchit avec ses deux compagnons le seuil de la boutique. La rue, déserte un moment auparavant, était maintenant pleine de monde et, sous la clarté rougeoyante des torches que tenaient trois soldats en faction au dehors on apercevait une houle de têtes curieuses et hostiles.

A cette époque, il existait à Londres deux partis bien tranchés, celui de la cour — les royalistes — et celui du « peuple », dont les adeptes, assez divisés en matière politique, ne se sentaient unis que dans une animosité commune, non pas précisément contre l'institution royale, mais contre le pouvoir du roi. Ils acceptaient bien un roi, sauf ceux, plutôt rares, qui se réclamaient de l'idée républicaine, mais à la condition qu'il n'exerçât aucune autorité, que, suivant une formule postérieure et célèbre, il régnât et ne gouvernât point — ce que, bien entendu, réprouvaient les royalistes, partisans du pouvoir absolu. Telles étaient les divergences des doctrinaires ; mais la multitude des artisans, des ouvriers, des petits commerçants ou bourgeois ne voyaient pas si loin, d'autant que

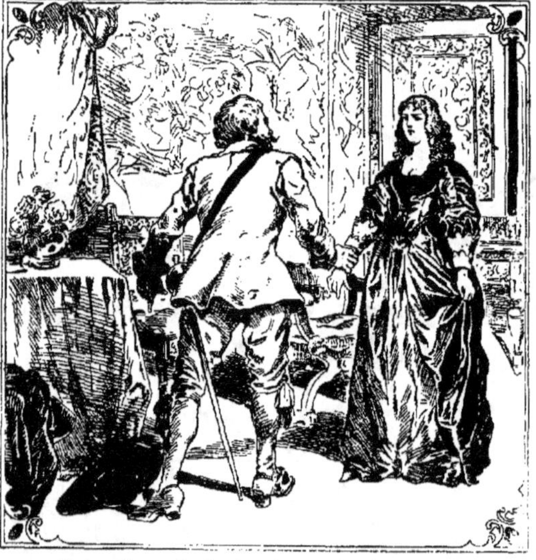

— Ce jour-là sera le dernier où le soleil luira pour vous

ces questions théoriques étaient primées dans leurs esprits par les querelles religieuses ; ils ne songeaient pas à ce que pourrait ou devait être le roi, mais à ce qu'il était, ou du moins leur paraissait, à travers les prédications enflammées des orateurs démagogiques : un tyran. Et tout ce qui, de près ou de loin, touchait à la personne royale, à la Cour, à la justice, à l'armée, était un suppôt du tyran, et comme tel voué à l'exécration populaire. On peut dire qu'à cette date, seules l'absence de chefs à la tête du parti du « peuple » et la force des armes, maintenaient le roi Charles II sur son trône.

Ces rapides considérations nécessaires à l'intelligence de notre récit, expliquent facilement que l'apparition des prisonniers fût salué par une manifestation de sympathie : on ignorait absolument ce qu'ils avaient fait, mais ils bénéficiaient de l'inimitié que l'on portait aux soldats. Ce fut donc une rumeur menaçante qui répondit à ces mots que Claude, à peine le seuil franchi, proféra à voix très haute, en anglais, bien entendu.

— Voilà comment, au siècle où nous vivons, on traite les vrais amis des pauvres gens : à eux la prison, aux autres, les honneurs et la fortune !

— Par le diable ! monsieur, intima le cornette des mousquetaires, allez-vous vous taire ! Je vais vous faire bâillonner si vous prononcez encore une parole.

Mais, certain désormais que l'officier n'avait pas reconnu en lui le fameux coupeur de routes qu'il était, Claude ne tint aucun compte de l'injonction.

« Entendez-vous? Me bâillonner, parce que j'ai dit la vérité ! Mais l'heure de la justice sonnera tôt ou tard, et c'est avec joie que nous offrons nos tourments à la cause sacrée du peuple !

Ces phrases redoublèrent les clameurs ; autour de la petite troupe, plusieurs centaines de personnes dont un bon nombre, arrachées de leurs lits par le brouhaha, étaient à peine vêtues, se pressaient et se bousculaient, toutes de condition modeste, ainsi qu'il était normal dans

ce quartier ouvrier. Les mousquetaires, l'épée au poing, s'ouvraient avec peine un passage, précédés à une dizaine de pas par le colonel Blodson, qui clamait de sa voix de stentor. :

— Allons, place !... Laissez passer la justice du roi !... Arrière, tous !...

Mais, si le cornette, inquiet, n'avait été trop occupé à contenir la foule, il aurait constaté, entre deux formules comminatoires, que le colonel en prononçait d'autres, à demi-voix, qui démentaient celles-ci.

— Triste besogne, disait-il, de manière à être ouï des plus proches ; mais quoi, il faut bien gagner sa pauvre vie, hélas !... De si braves gens, sacrifiés ainsi à la rancune d'un des séides du tyran...

C'en fut assez ; comme une traînée de poudre, le bruit se répandit qu'il s'agissait là d'arrestations purement politiques ; et, en quelques secondes, la colère du populaire se déchaîna. Il produisit une violente poussée, qui refoula subitement les soldats, les séparant les uns des autres, et rompant la cohésion de leur troupe en vain tentèrent-ils de se reformer et de ressaisir leurs prisonniers ; au milieu du tumulte, des vociférations, des injures, deux des torches sur trois avaient été éteintes ; on ne distinguait plus qu'un fouillis de gens qui se heurtaient et tourbillonnaient en désordre, tantôt reculant devant la menace des épées, tantôt submergeant les mousquetaires débordés ; finalement, le chef de ceux-ci, reçut à la tête, d'un garçon boucher, un coup de bâton qui le renversa : effrayés, ses hommes empoignèrent leurs pistolets et les braquèrent sur la cohue qui reflua de toutes parts dans les ruelles et les maisons, non sans multiplier les insultes et les malédictions.

« Les prisonniers, où sont les prisonniers? » s'affola le cornette quand il recouvra ses sens.

Nul ne lui répondit, jusqu'à ce que pestant, jurant, tempêtant, hors d'haleine, sans chapeau, les habits en désordre, le colonel Blodson parut, sortant d'une rue étroite.

— Mes compliments, monsieur, dit-il au cornette avec fureur. Les oiseaux se sont envolés, à la faveur du désordre que vos hommes n'ont pas su réprimer, et ils sont loin, s'ils volent toujours. Quand j'avais l'honneur de porter l'uniforme militaire, nous entendions autrement notre devoir.

— Vous pouvez garder vos observations pour vous, colonel, riposta l'officier.

— Soit, monsieur. Je ferai mon rapport à qui de droit.

— Au diable ton patron, si tu veux, grommela tout bas le cornette. Allons, vous autres, dit-il à ses soldats, fouillez-moi ces rues, et appréhendez tout rebelle qui s'opposera à vos recherches.

— Pensez-vous qu'ils vous attendent, comme des benêts, au prochain carrefour? ricana Blodson. Ils sont loin, vous dis-je. Adieu, monsieur, je n'ai plus rien à faire ici.

Et il tourna le dos, d'un pas leste, cachant un sourire narquois sous les ailes rabattues de son feutre.

Nous retrouverons tout prochainement Claude Duval et ses deux compagnons, si heureusement échappés à la poigne de ces messieurs du guet ; pour le moment, c'est le colonel en personne qu'il nous faut suivre, à travers les rues qu'il arpentait à vive allure ; après une demi-heure, il arriva dans le quartier voisin de Somerset-House, où résidait alors la reine, et s'arrêta devant une imposante et vaste demeure, entourée d'une haute muraille, que dépassaient les cimes de quelques arbres. Il n'en souleva point le marteau, mais pénétra à l'intérieur par une petite porte dont il possédait la clef. Un gardien armé, accouru, le salua et lui laissa traverser le jardin éclairé par des lampes, au bout duquel, au sommet d'un perron, un domestique en grande livrée vert-pomme l'accueillit.

« Madame la Comtesse? » demanda-t-il d'un ton bref.

— Elle vous attend, colonel », répondit le serviteur en le guidant par un large couloir, puis une antichambre et deux salons tous meublés avec une rare somptuosité, et en un style oriental, qui semblait prévaloir par tout le logis. Au bruit des pas, une porte s'ouvrit et une femme s'y encadra : c'était la comtesse de Treffanges en personne, encore vêtue de ce même costume que nous lui avons vu chez Ramsès, dépouillée seulement de son manteau. Elle fit signe au colonel de pénétrer dans la pièce — un étroit boudoir encombré de bibelots, de tablettes, de sellettes, de vases, tableaux, tapis et sièges — et referma la porte. Ils étaient seuls, tous deux face à face et sous la vive lumière d'un grand lustre d'argent ciselé, elle se montrait dans toute la richesse de sa taille haute, droite et vigoureuse, ses yeux noirs brillaient d'un éclat presque insupportable dans son visage mat, aux traits énergiques et sévères ; elle n'était plus jeune, et pourtant elle était encore belle, d'une beauté redoutable qui n'avait rien de la grâce féminine.

« Eh bien? interrogea-t-elle sèchement.

— Madame, répondit le colonel, j'arrive porteur d'une mauvaise nouvelle. La mission que vous m'aviez confiée a complètement échoué.

— Que racontez-vous?

— La vérité ! Le peuple, irrité par la vue des uniformes, a arraché les prisonniers aux mains des mousquetaires dont le chef a été à moitié assommé, et les trois Français se sont enfuis. »

Elle ne dit rien, mais enveloppa son interlocuteur d'un regard si pénétrant qu'il baissa involontairement les yeux.

— Ah ! fit-elle enfin. Et on ne les a pas poursuivis?

— Seul, j'ai pu me dégager et m'élancer sur leurs pas ; mais, dans le tumulte et l'obscurité, je les ai perdus de vue.

— Vraiment ! Et Ramsès?

— Il est resté dans sa boutique. Mais ce n'est pas tout. Quand nous y avons pénétré, nous y avons trouvé, outre les trois hommes que vous m'aviez chargé d'y arrêter, une trappe ouverte, et auprès de cette trappe un cadavre, celui de quelqu'un qui venait de trépasser peu auparavant.

Cette fois, elle tressaillit et se mit aussitôt à observer l'aspect du mort et la façon dont il était vêtu ; puis un sourire cruel écarta ses lèvres ; sans mot dire, elle réfléchit, s'approcha d'une table où était placée une écritoire, et traça quelques mots sur une feuille de papier qu'elle plia et cacheta. Au serviteur, venu à son appel elle chuchota un mot après lui avoir remis la missive, et revint au colonel, qui, respectueux, attendait qu'elle voulût bien s'occuper de lui à nouveau.

— C'est étrange, colonel, ce te évasion, prononça-t-elle

lentement. Il me semble que, depuis quelque temps, vous n'êtes guère heureux dans les missions que je vous confie. L'âge vient, les membres et les facultés s'engourdissent.

— Dois-je conclure, madame, que mes services n'ont plus l'heur de vous agréer?

— C'est sans doute, continua-t-elle, sans répondre directement. l'arrivée de votre fils qui vous impressionne si fort?

Le colonel recula de deux pas ; sa figure d'ordinaire colorée, devint livide ; soudain, il serra les poings, un flot de sang envahit ses joues et il dit d'une voix étranglée :

— Mon fils? Qui vous a dit?... Par tous les diables, vous êtes sorcière, en voilà une preuve de plus... Mais je veux savoir qui vous a si bien renseignée.

La comtesse redressa vivement sa belle tête altière pour laisser tomber cette phrase méprisante :

— Monsieur Blodson, vous m'interrogez, je crois? »

Il y eut un silence ; tout à coup, le colonel fit un saut en avant, asséna sur une table un coup de poing si formidable qu'il ébranla même les tableaux appendus aux murs.

— Assez, cria-t-il. Voilà deux ans que nous jouons la comédie, c'est-à-dire depuis que je suis rentré à votre service ; mais les sources de ma vocation théâtrale sont taries. Enfer et furie ! femme, que vous croyez-vous donc? Vous prenez-vous pour une vraie comtesse, pour une authentique dame de haut lignage... Ah ! ah ! ah ! Il y avait longtemps que je n'avais ri de si bon cœur. Fille sans nom, aventurière échappée d'on ne sait quels bouges, sorcière en rupture d'on ne sait quels sabbats, regardez donc vos mains, couvertes de sang ! Allez, vous pouvez, vous aussi, user, à effacer les marques de vos crimes, tous les parfums de l'Arabie : ce sera en vain... Maintenant, que méditez-vous? Vous m'avez fait espionner, j'en suis sûr, comment sauriez-vous que j'attendais mon fils ? Pourquoi?

Un instant, Mᵐᵉ de Treffanges avait reculé devant cette puissante explosion de fureur ; mais quand Blod-

son se tut, elle était redevenue très calme et souriait.

« Pourquoi? répéta-t-elle. C'est simple, colonel : parce que je me méfie de tout et de tous, et que j'ai pour principe de faire espionner mes espions eux-mêmes. Quant à ce fils, j'ignorais que vous eussiez jamais eu un héritier de votre nom. Est-ce donc chose honteuse pour l'avoir cachée jusqu'ici?

Il se mordit les lèvres, et, relevant les yeux, rencontra ceux de la comtesse. Alors, il devint une fois de plus cramoisi, et s'approchant de son interlocutrice, lui saisit brutalement les poignets.

— Madame, fit-il d'une voix sourde, j'avais tort de vous reprocher le sang qui rougit vos mains, car les miennes aussi se sont baignées dans celui de bien des créatures humaines ; mon poignard et mon épée se sont enfoncés dans plus d'une poitrine, non pas seulement à la guerre, ce qui n'est que normal, mais pour bien d'autres besognes que la morale courante qualifie d'infâmes : vous en savez quelque chose, puisque, en maintes occasions, c'est vous qui avez armé mon bras. Jadis, vaillant et loyal soldat, je suis, aujourd'hui, un spadassin à gages, prêt à tuer pour quelques sacs d'or. Comme autrefois, je veux bien vous servir, mais écoutez-moi ; depuis vingt-cinq ans que je vous vis pour la première fois, j'ai appris à vous connaître et je viens de lire dans vos yeux une menace... pour mon fils : je vous connais, vous dis-je ! Eh bien ! je vous jure que si, un jour, vous touchez à un cheveu de sa tête, ce jour-là sera le dernier où le soleil luira pour vous.

— Eh ! monsieur Blodson, qui songe à des projets hostiles contre ce jeune homme? Et pourquoi donc essaierais-je de lui nuire, je vous prie? Est-il seulement en Angleterre, à l'heure qu'il est?

Leurs yeux se rencontrèrent, mais le colonel détourna les siens. Il la lâcha, essuya la sueur qui ruisselait sur son front et ramassa son chapeau qu'il avait jeté à terre.

Sans répondre, il se dirigea vers la porte, puis revenant sur ses pas :

« Je le répète, acheva-t-il, d'un ton menaçant, je ne demande qu'à rester votre allié, mais prenez garde ! Vous êtes puissante et moi, je ne suis rien ; mais devant la pointe d'une épée ou la balle d'un pistolet, tous les humains sont égaux. Adieu, madame.

— Vous n'êtes pas, ce soir, dans votre sang-froid, colonel, observa-t-elle en souriant, à votre prochaine visite, cela sera oublié, j'espère.

Sans un mot, il salua et sortit du boudoir. La comtesse demeura un long instant immobile, et murmura enfin avec un sourire indéfinissable :

— Pauvre Blodson ! Qui donc lui eût attribué un sens paternel si développé? Ne serait-ce pas grande pitié de priver un fils d'une tendresse aussi touchante ! Et pourtant... Un fils ! Le fils du colonel Blodson ! Est-ce son fils...? Il faudra que je sache...

... Quant au colonel, après avoir quitté l'hôtel de Treffanges, il avait gagné les bords tout proches de la Tamise, et hélé l'un des bateliers, qui, à toute heure de jour et de nuit, y stationnaient.

— Homme, ordonna-t-il, conduis-moi à Whitefriars, en face l'hôtellerie de Tom Bradley. Tu connais?... Bon. Va, et ne me trouble point de ton verbiage.

Il s'enveloppa de son manteau, et en releva le col de manière que rien de son visage ne parût ; ce n'était point qu'il eût froid, d'autant que la température était clémente ; c'était pour cacher des larmes qui montaient à ses yeux, et qu'il ne parvenait point à refouler. Et certes, il avait tort de se cacher ainsi, car plus d'un de ses contemporains eût payé à prix d'or ce spectacle incroyable : le colonel Blodson, l'un des hommes les plus sinistres de cette sinistre époque, pleurant...

(A suivre.)
Gaston Choquet.

L'AÉRONAUTE INCONNU

J'étais à cette époque, c'est-à-dire en novembre 1870, me conta mon grand-oncle, capitaine dans un des régiments de ligne de l'armée de la Loire. Nous étions campés près de Blois.

Or, une nuit, ma compagnie ayant été désignée de grand'garde, une de mes reconnaissances m'amena un homme souillé de boue, grelottant.

— Mon capitaine, m'expliqua le sous-officier commandant la patrouille, voici un particulier qui nous est tombé du ciel dans une grande machine ronde, là, à moins de deux cents mètres.

— Du ciel?... demandai-je sans comprendre.

L'inconnu eut un sourire navré et, à travers ses dents serrées, proféra péniblement :

— En ballon...

Et, tout à coup, il se laissa aller à sangloter éperdument.

Mes soldats avaient allumé un feu de bois mort.

— Vous permettez, mon capitaine, reprit l'homme ; j'ai l'âme glacée...

Il se dirigea vers le brasier. Le sous-officier, la baïonnette en avant, lui barra la route.

— Soyez sans crainte, ajouta le prisonnier, je suis Français... Votre chef, tout à l'heure, saura pourquoi je me trouve ici...

Je fis un signe.

Et voici ce qu'il m'apprit :

Durant l'investissement de Paris, lui et son frère, tous deux ingénieurs-propriétaires, à Vaugirard, d'un important atelier de constructions métalliques, privés depuis de longues semaines des nouvelles de leurs parents, habitant la province, avaient formé l'audacieux projet de franchir les lignes prussiennes dans un aérostat de leur invention. Le gouvernement de la Défense nationale mis par eux-mêmes, au courant de leurs intentions. avait accepté de les charger d'une mission officielle pour la délégation de Tours.

Moins de trois semaines plus tard, le ballon et la nacelle étaient prêts pour le départ.

Dès les premières heures, le voyage s'accomplit sans encombre. Les lignes ennemies, qui pourtant saluèrent l'aérostat de nombreux coups de fusil, furent rapidement dépassées... Et les aéronautes, après avoir jeté l'ancre qui s'arrima dans un petit bois, s'apprêtaient à descendre, quand, soudain, d'un taillis, surgit un Bavarois.

Prompt comme l'éclair, celui-ci épaula et fit feu... Un râle tomba de la nacelle... L'aîné des deux frères, penché au-dessus du garde-corps, venait de recevoir la balle en pleine figure. Le projectile était sorti derrière le crâne après avoir traversé le cerveau.

Avant que le plus jeune se fût précipité pour le retenir, le corps bascula dans le vide et venait s'écraser aux pieds d'une section de casques à pointes, accourue au bruit du coup de feu...

Immédiatement, et malgré l'ancre, mal arrimée sans doute, l'aérostat, subitement déchargé, piqua droit dans le ciel nuageux... Une brusque secousse

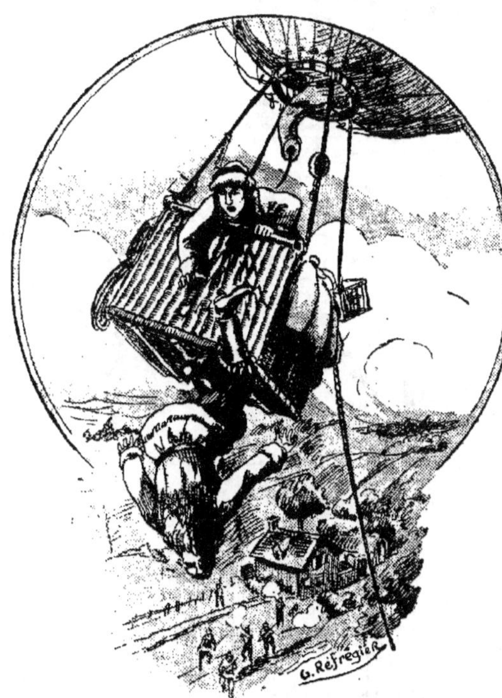

Avant que le plus jeune pût le retenir, le corps basculait dans le vide.

l'arrêta... Des clameurs d'effroi, accompagnées de détonations, retentirent en bas... Inconsciemment, l'aéronaute jeta un bond immense. Le ballon, de nouveau allégé, fit un bond immense.

Les cris d'épouvante continuant, le survivant du navire aérien se pencha au-dessus de la nacelle, éclaboussée de sang. Il aperçut alors, suspendu à l'ancre, au bout du câble de cent mètres, un sous-officier bavarois, gesticulant des bras et des jambes, le fusil à la main.

Une des branches de l'ancre s'était glissée sous le ceinturon du Prussien, vers la boucle du ventre, et l'Allemand avait été enlevé comme un fétu. Un irrésistible besoin d'implacable vengeance germa aussitôt dans l'esprit de l'aéronaute.

— Ah ! brigand, cria-t-il au Bavarois, ta peau va payer la mort de mon frère...

Et, saisissant un chassepot, à tout hasard emporté, il visa l'homme. Mais sa précipitation le lui fit manquer.

Le Teuton, en entendant siffler la balle à son oreille, comprit d'où venait le danger et cessa de vociférer et de gesticuler, s'agrippant de la main gauche au long câble il réussit à se maintenir, dans une position à peu près verticale. Il épaula à son tour et fit feu...

Un duel atroce commença... un duel sans merci parmi les nuées, qui dura plus d'une heure Mais la situation du Bavarois était par trop désavantageuse; les difficultés du rechargement de son arme ne lui permettaient que trop peu souvent de répondre aux coups de fusil de son adversaire. Et un projectile du Français vint enfin lui briser le crâne. Il demeura une chose inerte, ballottée au bout de la corde oscillante.

Et l'aérostat, entraîné par le vent, fila au hasard, avec, sous lui, un cadavre ballant, et, dans sa nacelle, un homme qui pleurait...

La nuit vint... une nuit claire, sans lune, mais criblée d'étoiles.

Au loin, des feux de bivouacs, sur le sol, piquèrent les ténèbres de lueurs rouges.

Le ballon, par suite de la déperdition de son gaz, descendait peu à peu... Et, soudain, en pleine flamme d'un feu de campement prussien, tandis qu'à l'entour reposait une section, parut le cadavre meurtri, pareil à un gigantesque gibier au-dessus d'un brasier... Le sang qui coulait de sa bouche fit crépiter les brandons... La section épouvantée, hurlante d'affolement, s'enfuit de tous côtés.

Le câble, rongé par une flammèche, lâcha sa proie qui vint dans un poudroiement d'étincelles, s'écraser au milieu des braises vives.

— Où suis-je tombé, mon capitaine?... me demanda l'aéronaute lorsqu'il eut achevé son récit. Quelle distance me sépare de Tours, car il me reste, maintenant, à achever la mission que m'a confiée le gouvernement de la Défense nationale... Depuis plus de deux heures, je marche au hasard. J'ai aperçu votre feu, de loin ; il m'a guidé jusqu'ici...

Je le renseignai...

Et, sans qu'il m'eût dit son nom, après m'avoir simplement montré, comme preuve de la véracité de ses dires, un large pli qui portait ces mots : « République française », l'inconnu, oubliant sa douleur fraternelle pour ne plus songer qu'à son devoir patriotique, me salua et s'enfonça parmi la nuit.
Jean Sente.

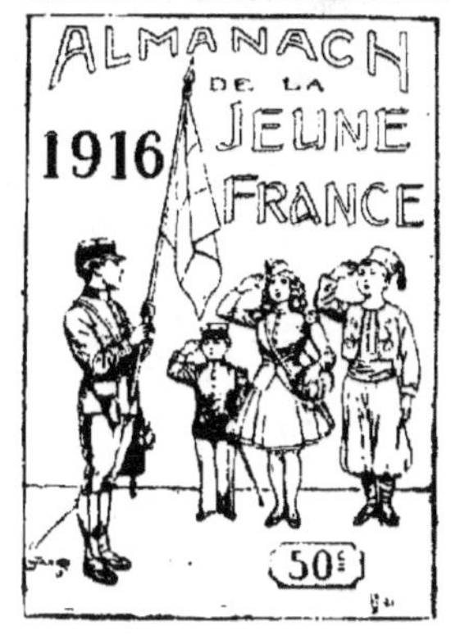

DEMANDEZ
EN VENTE PARTOUT :
L'Almanach
DE LA
Jeune France
50 CENTIMES
Envoi franco contre 0 fr. 60
Adresser commandes et mandats à la Jeune France, 3. rue de Rocroy. Paris.

LE VANDALISME BOCHE EN ALSACE

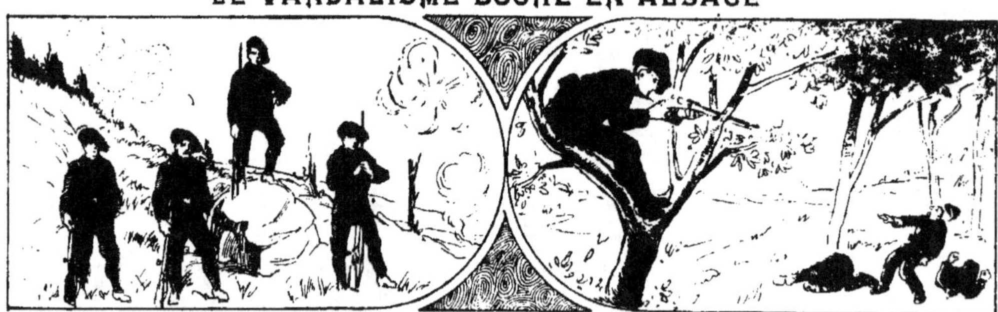

1. — Nos poilus s'étaient toujours maintenus en Alsace et, à fin octobre, ils y étaient plus solides que jamais, tenant les cols de la Schlucht et du Bonhomme et, dans la vallée de Munster, la ville de Sulzerne; puis un peu plus loin, la ville de Thann. Les boches avaient cependant fait des *kolossals* efforts pour nous déloger. Mais, en vain! Ils avaient affaire à forte partie, aux chasseurs alpins, aux *diables bleus* qui n'ont pas leurs pareils pour les combats dans les montagnes car, outre que leur agilité est extrême...

2. — ... ils savent se retrancher très habilement, tirer parti des difficultés du terrain, masquer leurs positions et, aussi, escalader les arbres à la manière des écureuils pour, de là-haut, canarder à plaisir la vermine boche. Un soldat boche, fait prisonnier, a exhalé la frayeur qu'inspirent ces vaillants: « Souvent, a-t-il écrit, le soir, quatre ou cinq alpins s'approchent d'un bataillon, dans l'obscurité, poussant des hourras et s'élançant en avant si furieusement qu'on croit à une attaque sérieuse. Et ils disparaissent aussi vite qu'ils sont venus...»

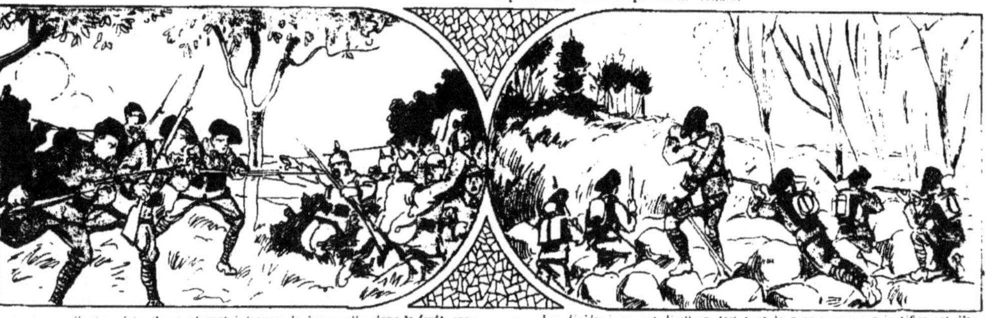

3. — ... d'autres fois, ils se glissent à travers la broussaille, dans la forêt, sans aucun bruit et agissent avec la plus grande énergie et initiative. Ni sifflet, ni commandement qui puisse nous avertir de leur arrivée. Ils nous tombent dessus, soudainement, avec la fureur de bêtes sauvages. Et le boche continue: « La fusillade semble venir de tous les côtés et nous croyons souvent avoir été fusillés par nos propres troupes, par derrière. Nous combattons toute la journée, dans l'attente d'une embuscade et on ne peut pas mettre la tête dehors sans entendre une balle siffler...»

4. — Les *diables bleus* ont d'ailleurs fait tout le nécessaire pour justifier cet éloge peu suspect de partialité. Ainsi, tandis qu'ils ne perdaient presque pas un homme, ils réussissaient à mettre hors de combat, en quelques semaines, environ 17.000 boches surtout grâce à leur artillerie qui tire avec une précision merveilleuse, si merveilleuse qu'un jour, nos poilus ayant entrevu à la jumelle un groupe d'officiers boches d'état major, paradant au loin, ils lui envoyèrent un obus qui, tombant au milieu du groupe, le mit en capilotade.

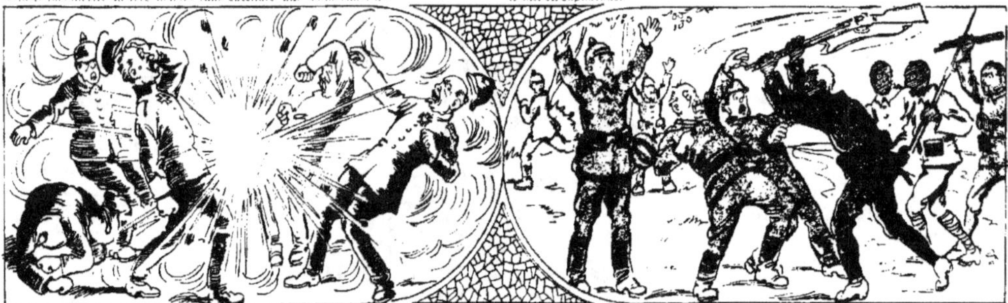

5. — Un passe-temps qui amusait fort les Alpins consistait à exploiter l'effroi inspiré aux boches par les turcos. Pour cela, à quelques-uns, ils entraient dans une ferme, se barbouillaient de suie la figure et les mains; puis, s'approchant de l'ennemi, ils fonçaient sur lui, baïonnette en avant, en poussant des cris sauvages... Et les boches de prendre la poudre d'escampette!... Cependant, quelquefois, au lieu de fuir les français, les boches venaient vers eux, les bras levés, en chantant la *Marseillaise*; en ce cas, c'étaient deux, trois ou quatre Alsaciens, enrôlés de force dans...

6. — ... l'armée de l'empereur sur des apaches et qui, à la première occasion, venaient vers les nôtres, disant: Nous sommes Alsaciens, on nous force à servir une cause qui est contraire à nos idées et à notre cœur, nous voulons marcher avec vous... Quant à la population, elle accueillait nos poilus comme des libérateurs et, d'elles, les boches s'en vengeaient quand ils le pouvaient. C'est ce que fit, le 25 octobre, un bataillon du 125e régiment de la landwehr wurtembergeoise; il attaqua le village de Sengern occupé par deux sections de *diables bleus*...

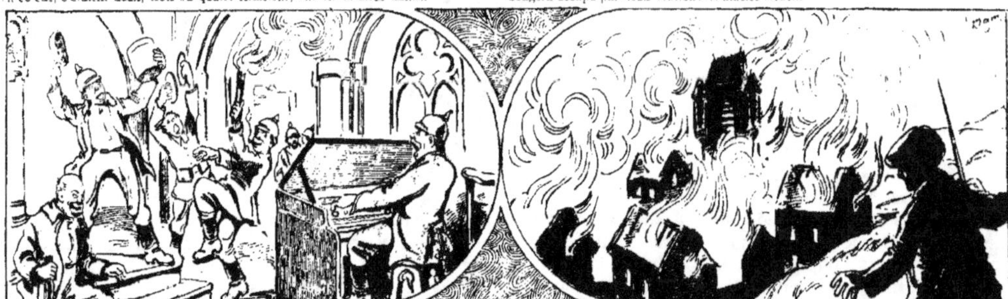

7. — ... qui, exposés au feu de 4 mitrailleuses et de deux canons de 77 durent abandonner momentanément le village où entrèrent les boches, suivis d'une voiture chargée de fûts de pétrole, apportés spécialement de Colmar et aussi de bouteilles vides réquisitionnées à l'avance. Ces bouteilles, remplies de pétrole, furent déposées devant les maisons, par 3 ou 5, suivant l'importance de l'immeuble et les boches, armés de bratchkas, allumèrent l'incendie au signal de leur chef. Celui-ci, un *ober-leutnant* s'était réservé l'église dans laquelle il pénétra à la tête de dix hommes.

8. — L'*Echo de Paris*, qui a raconté ces faits, ajoute que les boches démolirent l'orgue, les confessionnaux, le maître-autel, puis entassèrent le tout dans la nef avec les objets du culte et y mirent ensuite le feu après l'avoir arrosé de pétrole. Tandis que s'accomplissaient ces scènes de vandalisme, nos *diables bleus* s'étaient rapprochés et, ayant contre-attaqué le village, ils en chassaient les boches... mais l'œuvre de dévastation était accomplie: 25 maisons du petit village étaient la proie des flammes!

Numéro 36. — 14 Novembre 1915   10 Centimes.   TOUS LES DIMANCHES

LA JEUNE FRANCE

HISTOIRE ILLUSTRÉE DE LA GUERRE 1914-1915

ABONNEMENTS
Seine, Seine-et-Oise.. 6 fr.
Départements........ 7 fr.
Étranger.............. 9 fr.

ADMINISTRATION
3, rue de Rocroy
PARIS (X°)

LE TERRIER DU KRON-PINCE-MONSEIGNEUR

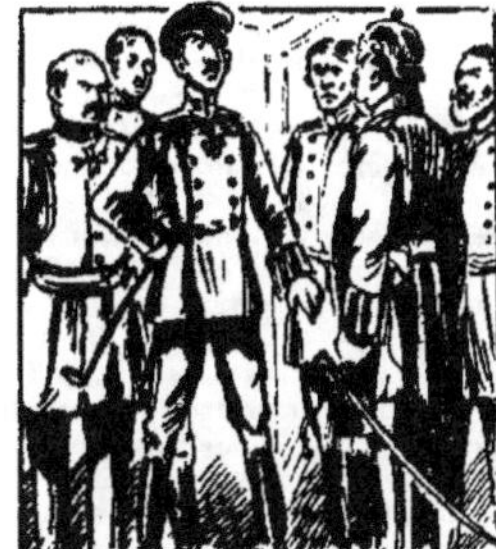

1. — L'héritier présomptif de l'empereur des apaches porte les stigmates de la dégénérescence et, avec son père, il partage la criminelle responsabilité d'avoir déchaîné la guerre, car il s'était fait le chef du parti militaire boche...

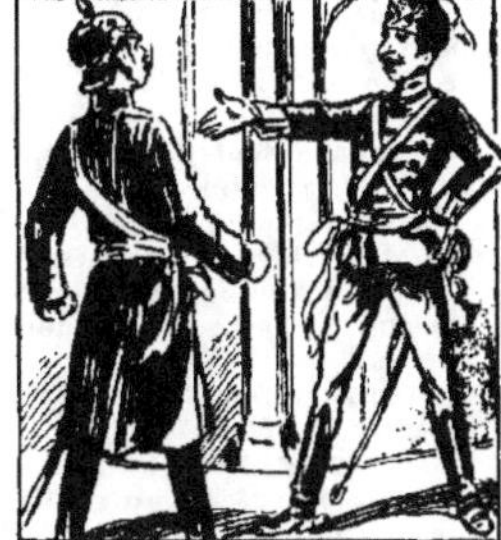

2. — ... qui ne rêvait que meurtres et pillages. Ce grand dadais, qui se costume volontiers en *hussard de la mort*, ne se gêne pas dans l'intimité pour insulter son père... en outre, il est avéré qu'il est un détestable mari.

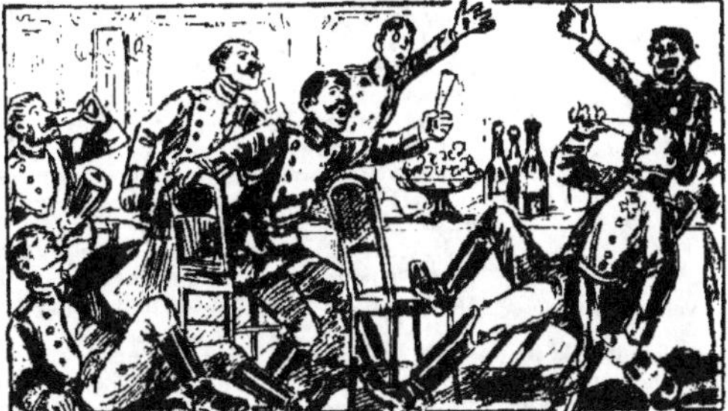

3. — Lors du crime contre la Belgique et le Luxembourg, le *Kron...pince-monseigneur* commandait une armée d'invasion et à Luxembourg il se singularisa par une conduite scandaleuse. Quand il quitta le Luxembourg, ce fut en disant : *Et maintenant nous allons cracher sur la tête des Belges*. Il vint parader à Bruxelles et s'installa au château du roi Albert, à Laeken; là, il donna un banquet où furent servis jusqu'à l'ivresse les vins chapardés dans les caves du roi.

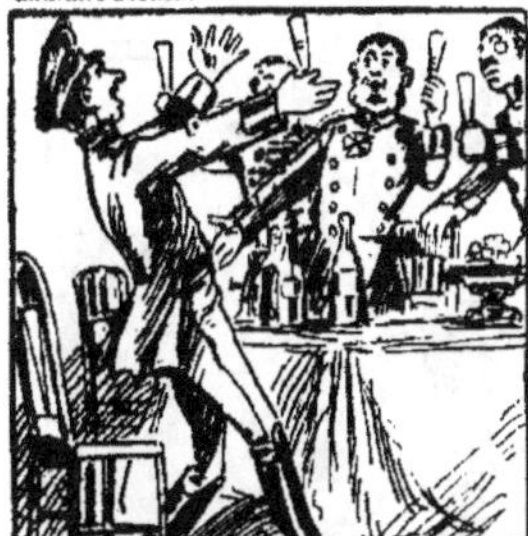

4. — Non content de mettre au pillage les caves du roi, le *Kron...pince-monseigneur* porta un toast à l'annexion de la Belgique à la Boche et tous les officiers apaches qui l'entouraient, poussèrent des « Hoch! » d'ivresse et...

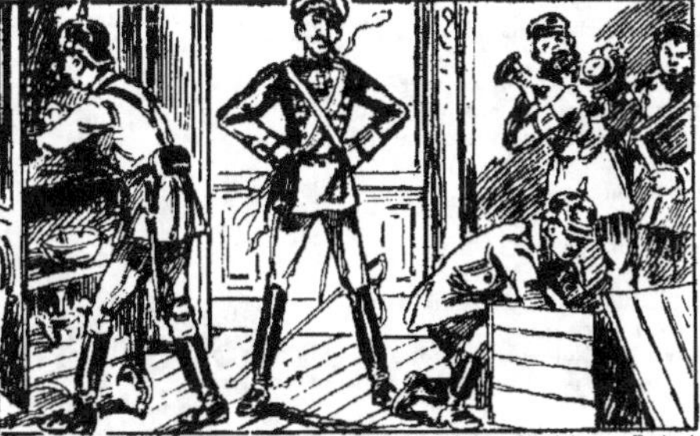

5. — ...d'approbation. Quand la fourmilière boche dévalait sur Paris, le *Kron...pince-monseigneur* commandait une des hordes vandales qui se rua sur la Marne où elle mit à sac les caves de vin de champagne. Quant à lui, il passa deux jours au château de Baye, près de Champaubert, temps qu'il mit à profit pour dévaliser le château.

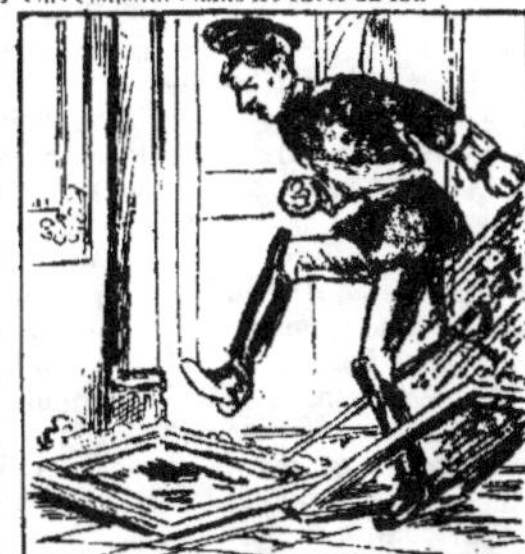

6. — Puis, pour signer son passage, l'héritier apache écrasa de sa botte, au seuil de la chapelle attenant au musée saccagé, les portraits du tsar et de la tsarine.

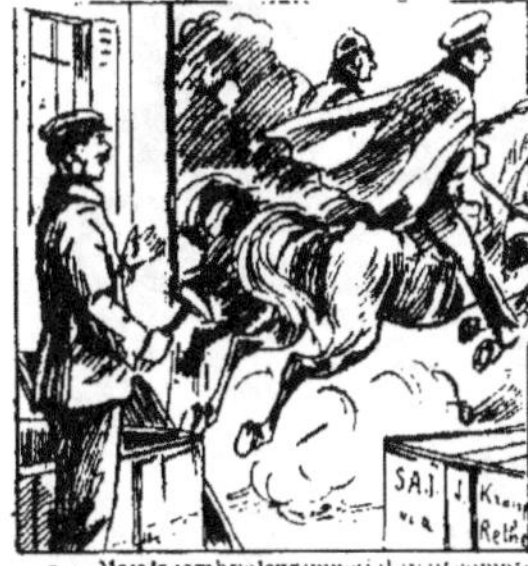

7. — Mais le cambrioleur impérial avait compté sans Joffre!... Quand l'armée française arriva le *kron...pince-monseigneur* prit la fuite, abandonnant ce qu'il n'avait pu encore faire expédier vers Rethel et il se retira avec sa horde dans l'Argonne.

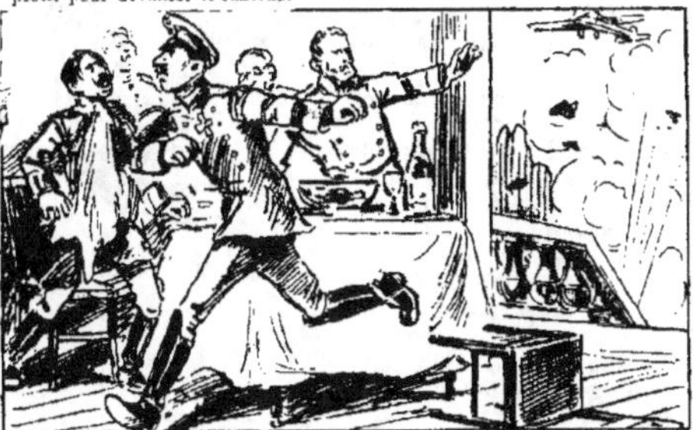

8. — ...qui allait être le théâtre de ses exploits de vandale. Son quartier général fut établi à Revigny, où tout de suite l'héritier apache et ses officiers réclamèrent du champagne! Mais quelqu'un troubla la fête... un aviateur français vint survoler Revigny et laissa tomber une bombe qui vint éclater dans la cour, juste à côté de la salle du festin... Alors, les officiers apaches et l'impérial cambrioleur eurent peur et s'enfuirent...

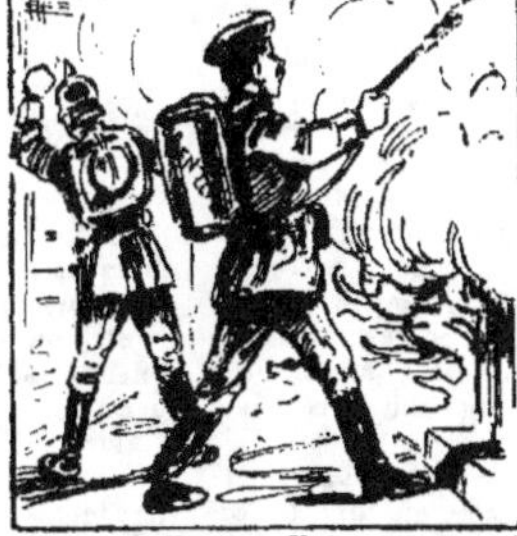

9. — ...à Villers-aux-Vents, non sans avoir donné l'ordre d'incendier de fond en comble Revigny... Pompes à pétrole, pastilles inflammables et autres ingrédients incendiaires eurent tôt fait de transformer la petite ville en un énorme foyer...

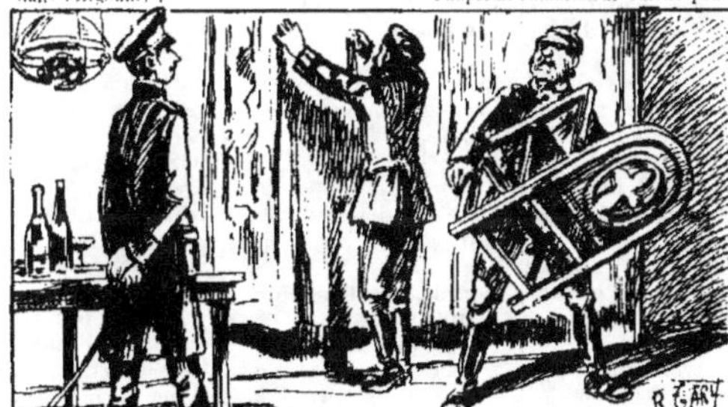

10. — A Villers-aux-Vents, le *kron...pince-monseigneur*, rendu prudent par ces successifs déboires, se fit installer un terrier souterrain, à l'arrière de la plus grande maison du village. Pour meubler ce terrier, qui était une immense chambre à laquelle on accédait par un escalier creusé en pleine terre, le cambrioleur impérial fit dévaliser toutes les maisons. Et, comme on ne trouva nulle part un fauteuil assez beau pour recevoir dans ses bras le rejeton apache, on alla en voler un à la petite église du village.

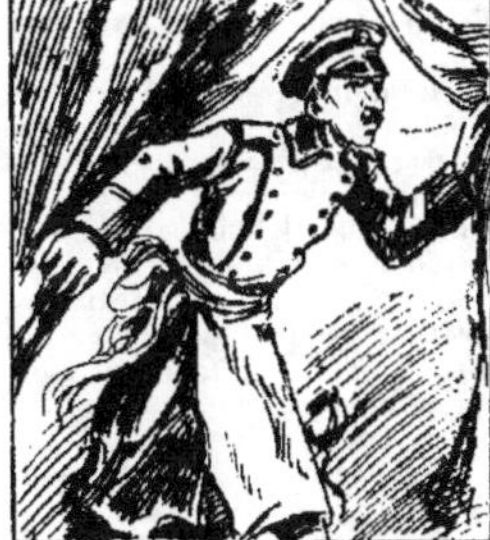

11. — On eut soin de ménager dans cette bauge un *couloir de fuite*... derrière une tenture se dissimulait un trou de sortie qui, à travers champs, allait aboutir aux tranchées boches... C'est par ce couloir que, quelques jours après, à l'approche des Français, le *kron...pince-monseigneur* se sauva...

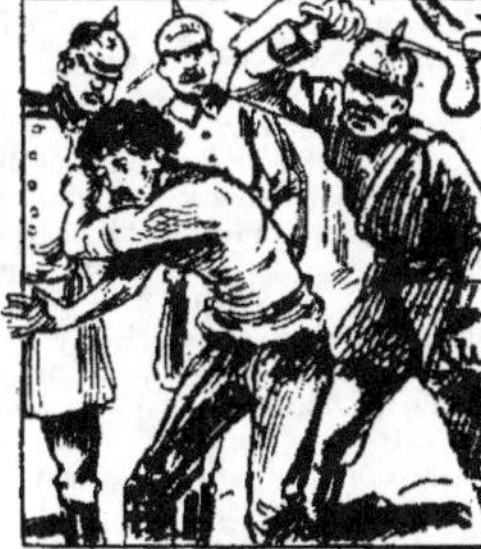

12. — ...une fois de plus. Mais, il ne partit pas sans avoir fait incendier Villers-aux-Vents, emmener des otages, et l'innocent du village qui se mit à rire quand on voulut l'interroger sur le mouvement des troupes françaises fut promené presque nu, à travers les rues et flagellé.. après quoi on le fusilla!

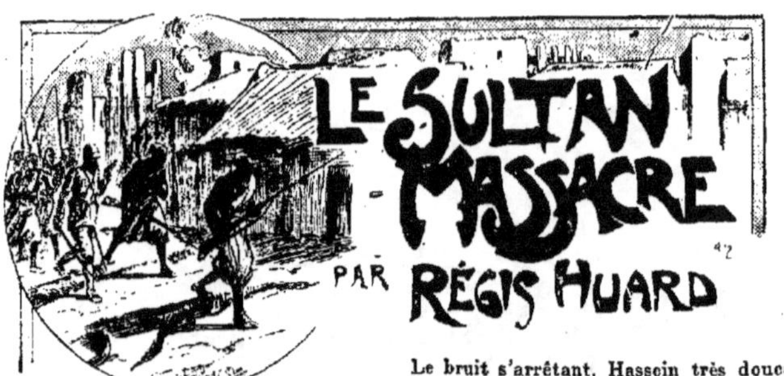

RÉSUMÉ DES CHAPITRES PRÉCÉDENTS

Aux territoires du Tchad (Centre Africain) en 1900. En pleine lutte entre les troupes de Rabah (le sultan Massacre) et les Français.

C'est l'écrasement pour les rabhistes : le Sultan est tué : Dikoa, la capitale, enlevée par nos tirailleurs.

Les deux fils aînés de Rabah sont obligés de tenir la brousse.

Le troisième, Hassein, est traqué et se cache dans la poudrière de Dikoa.

XXVI

LA FORTUNE DE MARIE (*Suite.*)

Une seule chose était à craindre : la présence d'une sentinelle dans la cour et à la porte... Mais Hassein n'était pas homme à s'inquiéter de pareils obstacles, surtout par une nuit noire... Il passerait devant les sentinelles, et alors, bien que ses chances de salut fussent très réduites, il les gardait toutes...

A la faveur de l'ombre et du désarroi causé par la catastrophe, il pouvait facilement, s'il n'était pas gravement blessé, gagner la brousse et rejoindre son frère... S'il était tué, tant pis... Allah le recevrait comme un brave...

A cette pensée pourtant, le cœur du jeune homme se serrait. Il pensait à Mastoura, à la pauvre vieille sultane fuyant comme une esclave, sans asile, sans pain peut-être...

Il pensait aussi avec un frémissement de tout son être, avec la rage au cœur, à Hadjia sa fiancée, celle qui était toute sa vie... Arrachée de lui en plein bonheur, enlevée lâchement et par qui... par celui qui était son frère, celui dans les veines duquel roulait le même sang et qui était son ennemi mortel !...

A ces souvenirs, Hassein eut un moment de défaillance, mais sa nature reprit le dessus, il se raidit...

Sa décision était prise : il allait demander à ce réduit une cachette sûre et, à la nuit, il reprendrait le travail si mystérieusement détruit une heure auparavant. Il fit quelques pas à droite et entra dans l'ombre du réduit. Il passa à deux pas de Marie mais sans la voir. Celle-ci, mourante de peur, accroupie sur le sol, s'était aplatie contre le mur comme si elle eût voulu y entrer... Hassein n'était pas encore habitué à l'ombre, aussi aurait-il pu frôler la jeune fille sans même l'apercevoir.

Il monta sur un amas de guerbas, cherchant à gagner la muraille, au fond du réduit. Il pensait que, pour éviter l'invasion des termites, on avait dû ménager entre le mur et les sacs un couloir étroit, mais dans lequel il pouvait se glisser...

En admettant même que les blancs eussent l'idée de venir jeter un coup d'œil dans ce couloir, il pensait que, couché à terre, dans l'ombre, il passerait inaperçu.

Ses calculs ne l'avaient pas trompé, et Hassein trouva bien l'étroit couloir qu'il attendait. Un homme pouvait à peine s'y glisser, mais dans de pareilles circonstances, il fallait s'en contenter...

Le jeune homme profita donc de la cachette et s'y tint, attendant les événements.

La pauvre Marie, voyant que le visiteur, après avoir escaladé les sacs devant elle et s'être éloigné, ne reparaissait plus, respira plus librement... En réfléchissant, elle pensa que c'était un rabhiste qui venait chercher un asile qu'il ne trouvait nulle part ailleurs. C'était donc que les soldats de Rabah étaient en fuite, que les blancs avaient pris la ville...

Mais alors, ils pouvaient venir d'une minute à l'autre...

Marie se souleva doucement, se mit debout, avança la tête pour voir du côté de la porte... Ne voyant rien d'anormal, elle s'enhardit et fit quelques pas vers la lumière...

Mais cela ne se fit pas sans bruit et Hassein crut qu'il l'avait suivi, qu'on venait... Mais qui? Un ascar ayant eu la même idée que lui?... un tirailleur commençant déjà la fouille du palais?...

Le bruit s'arrêtant, Hassein très doucement, évitant même le frôlement de sa gandourah contre le mur, atteignit le sommet de sacs et, s'aplatissant, rampant, voulut s'assurer de ce bruit de pas.

Soudain, il eut un haut-le-corps, un brusque recul... Là, au-dessous de lui, une femme lui tournait le dos, regardant la porte... Et cette femme, il n'avait pas besoin de voir son visage pour la reconnaître. Ces cheveux courts souillés de boue, de poussière... C'était la sauvage Mandjia, l'esclave du sergent blanc, c'était Marie !

Hassein redescendit donc le long de la muraille pour s'y cacher à nouveau, sûr que tôt ou tard, et bien avant la nuit, le passage serait libre...

Il avait bien jugé, car le premier soin de Kermarec, dès qu'il fut entré dans Dikoa, fut d'entraîner Durantin et quelques tirailleurs.

— Tiens, viens, mon vieux, il faut retrouver Marie.

— Mais sais-tu où elle est nichée?...

— Je m'en doute, s'ils ne l'ont pas tuée... Dans le palais de Rabah, dans les coins déserts...

Et dix minutes après, les deux sergents et leurs hommes faisaient irruption dans la cour de la poudrière. Durantin parlait très fort.

— Ne te fais pas de mousse, Kermarec, on la retrouvera.

Marie reconnut cette voix et d'un bond fut sur le pas de la porte du réduit.

A ce moment, Durantin regardait de ce côté. Il eut un cri joyeux.

— Tiens, Marie !... Coucou, la voilà !...

Kermarec se redressa et s'élança vers Marie.

Durantin gouaillait pour cacher son émotion.

— Elle a besoin d'un bain sérieux et d'un remplumage à hauteur... Mais c'est égal, on est heureux de se retrouver vivant...

Kermarec, lui, ne trouvait plus de mots pour peindre sa joie...

— Allons, en route, fit Durantin... on n'a pas volé la croûte et le plumard.

Mais Marie voulait parler... Elle regarda Kermarec, lui montra le coin de son pagne où était nouée la poudre ramassée... Elle dit quelques mots que personne, pas même les tirailleurs, ne purent comprendre... Elle montra du doigt la poudre étalée, amoncelée sur le sol, tout en causant sans plus de succès.

Alors, elle se tourna à demi, et du doigt montra aux deux sergents la muraille derrière les sacs de poudre.

Elle voulut parler, hésita, puis soudain, dans un éclair de pensée, elle trouva les mots qui pouvaient faire comprendre qu'elle avait quelque chose d'intéressant à dire :

— Là... Là... un z'homme !

Et du doigt, elle montrait le haut des sacs...

— Un rhabiste doit être couché derrière ces sacs... Nous avons mieux à faire, on pourrait le laisser se débrouiller...

Durantin semblait partager le même avis, et il allait donner le signal du départ, quand il sembla se raviser.

— Mon petit gars, fit-il à Kermarec, c'est peut-être pas prudent de laisser un pouilleux derrière nous... Ça m'a tout l'air d'être une poudrière, ce capharnaum, et tu sais, nous ne sommes pas assurés. Un accident est si vite arrivé.

— Tu as raison.

— Espère un peu... je vais grimper là-haut et tâcher de voir le bout du nez de ce bougnoul...

Tout en parlant, il commençait, sous le regard de Kermarec et de Marie, l'ascension du tas de sacs...

Hassein avait été surpris par l'arrivée des deux sergents, alors qu'il était encore à plat ventre sur les sacs, cherchant à voir ce qui se passait dans cette poudrière où il se croyait seul et en sûreté quelques minutes auparavant... Il s'était tapi contre les sacs, retenant son souffle...

Bien qu'il ne pût voir ce qui se passait au-dessous de lui, il avait parfaitement compris que Marie venait de révéler sa présence et qu'il courait un danger immédiat si les deux sergents manifestaient l'envie de rechercher l'homme signalé.

Mais que pouvait-il faire? Bouger, c'était signaler sa présence et se condamner sans retour.

Il se tapit donc comme s'il eût voulu rentrer dans les sacs, crispant les poings comme pour mieux retenir son souffle, mais gardant les yeux bien ouverts pour voir l'ennemi dès que sa tête arriverait à sa hauteur.

Il entendit un bruit de frôlement qui lui prouva qu'un des arrivants commençait l'ascension... Les secondes lui parurent des siècles... Ses nerfs étaient tendus : toute sa volonté semblait concentrée dans le regard. Il attendait, sentant malgré toute sa puissance sur soi-même, son cœur battre à grands coups précipités...

Soudain, deux mains vinrent s'accrocher aux rebords de la pile des sacs à un mètre de ses yeux braqués.

Le sommet d'un casque de toile bleue apparut à la hauteur des mains, puis l'ancre dorée de la coiffure, puis...

Hassein poussa un cri de rage et d'un bond fut debout sur les sacs...

Là, là, devant lui, deux yeux, dont l'étonnement ne peut se traduire, le regardaient...

Et ces yeux, ce visage qu'il voyait maintenant complètement, c'étaient ceux de ce blanc maudit, de cet ennemi acharné que le mauvais sort semblait s'acharner à mettre sur sa route pour le perdre... C'était le sergent blanc, l'homme du duel sur le charnier de Niellim, le prisonnier de Kouno !...

Une envie folle de se précipiter sur ce visiteur inattendu, de couper ces mains...

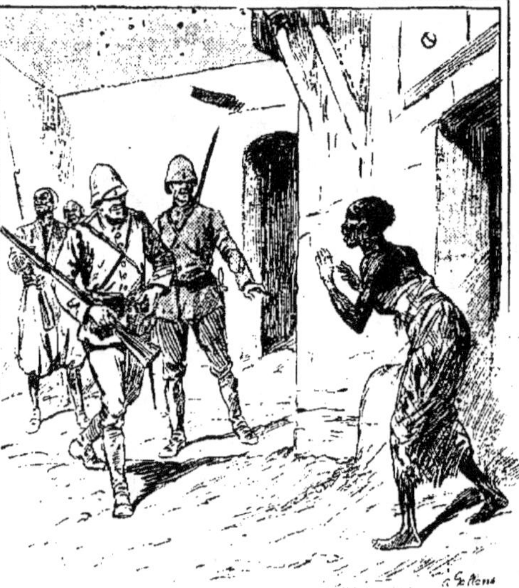

— Tiens, Marie !... Coucou ! la voilà...

Mais une pensée lui traversa l'esprit : le démon blanc lui échapperait bien vite et ne tomberait pas de bien haut !...

Hassein vit qu'il était perdu, qu'il allait être fait prisonnier dans quelques minutes. Une malédiction sortit de ses lèvres. Sa rage n'avait d'égale que la stupéfaction de Durantin.

Celui-ci se laissa tomber à terre et, presque balbutiant, se tourna vers Kermarec :

— Ben, mon vieux... Ben, m... alors !

— Qu'y a-t-il?...

— Ah ! non, c'est à croire qu'il y a un bon Dieu... Le pouilleux est là-haut sur les sacs et sais-tu qui il est?

— Non... dis vite...

— Notre ennemi mortel... L'officier de Rabah, l'homme au papier...

Kermarec, à son tour, eut un véritable air de triomphe et ses pensées multiples ne purent trouver pour s'exprimer que ces simples mots :

— C'est vrai?

— Quand j'te le dis !

— Mais il faut le prendre...

— Et comment !... Mais mon vieux Breton, tu connais le loustic... Y va en faire des chichis... si tu crois qu'il va tendre les poignets pour qu'on l'amarre...

— Il le faut pourtant et il faut l'attraper vivant...

— On peut le blesser d'un coup de flingot...

— Tu n'es pas fou, Kermarec, dans une poudrière...

— C'est vrai, bon Dieu !... Alors quoi?...

Les deux sergents réfléchirent. Ils cherchaient la meilleure solution pour approcher Hassein. Non qu'ils eussent peur, même d'un combat singulier, mais nos lecteurs se doutent quel plaisir ils auraient eu à le prendre vivant...

Kermarec eut une idée et, se tournant vers Durantin, il lui glissa à l'oreille :

— Laisse-moi faire... Je pense réussir. Tu monteras quand je crierai : Viens.

Kermarec se rappelait que Mamadou Kamara lui avait indiqué le dispositif généralement adopté par Rabah pour l'aménagement de ses poudrières... Il croyait se rappeler qu'il était de règle de laisser toujours un espace entre les murailles et les piles et les sacs de guerbas... il pensait donc qu'il y avait le long des trois côtés de la salle un étroit couloir...

Il pouvait donc s'y laisser glisser, atteindre l'ennemi par derrière, pendant que les deux sergents l'attaqueraient, si besoin était, par devant.

Il mit son fusil aux mains de Marie, s'assura que sa baïonnette jouait bien dans le fourreau et s'engagea dans le couloir qui, en tournant trois mètres plus loin, le mettait en face de Durantin, de l'autre côté de l'amas de poudre. Il se glissa le long de la muraille, évitant de faire le moindre bruit, mais aussi peu qu'il en fît, c'était suffisant pour éveiller l'attention d'Hassein...

Celui-ci comprit qu'il allait être attaqué en avant et en arrière. Il était gêné dans ses mouvements par suite de ce plancher inégal et mobile et qui ne lui donnait pas une assiette suffisante pour risquer un corps à corps à deux contre un...

Il se sentit irrémédiablement perdu, certain d'avance que ses ennemis acharnés ne lui pardonneraient pas.

Alors il eut une pensée : disparaître, ne pas tomber vivant entre les mains des deux sergents... oui, mais il voulait que sa mort fût utile à la cause des siens, qu'elle fût un dernier sacrifice...

Il allait faire sauter la poudrière, ensevelissant ainsi avec lui ses ennemis, et une partie de l'armée des Français ! Il se fouillait et eut malgré sa terrible situation un sourire de triomphe. Il ne s'était pas trompé. Il avait encore dans sa cartouchière sa pierre, sa tige de fer, une grosse pincée de bourre de coton... C'est plus qu'il n'en fallait pour mettre à exécution son projet.

Sans perdre une seconde, sans hésitation, mais sans hâte, il prit toutes ses dispositions... Il examina les sacs à ses pieds, palpa l'étoffe grossière, et quand il sentit une couture, d'un coup sec de ses ongles rentrés dans l'étoffe, il fit un trou et arracha un morceau d'étoffe...

Le sac de poudre était là, à ses pieds, béant, prêt à recevoir la houlette de coton en feu...

— Ah ! le beau brasier ! la belle minute finale ! pensait-il...

A ce moment, les bruits de frôlements, de glissements se rapprochaient de lui; en dessous de lui, dans l'étroit couloir, là, tout près de lui. Il avait dix fois le temps d'allumer le brasier...

Il assujettit la bourre de coton sur la pierre...

Soudain, deux mains blanches se posèrent sur le bord des sacs, du côté opposé à celui par lequel était arrivé le sergent tout à l'heure...

Hassein battit la pierre d'un coup sec de la lame de fer... Une étincelle jaillit sans allumer la bourre...

Il allait frapper encore. Il avait déjà la main levée, quand, involontairement, son regard se fixa sur le côté où on venait... Il eut un cri étouffé, véritable exclamation de surprise qui l'arrêta net dans son opération de mort...

Comme tout à l'heure, un casque de toile bleue, puis un visage venaient d'apparaître à la hauteur des mains... et ce visage, il le connaissait : c'était celui de l'autre ennemi, le sergent, le prisonnier de Dikoa, mystérieusement disparu la veille à la bataille de Kousseri !... Tout s'acharnait donc contre lui !

(*A suivre.*)

RÉGIS HUARD.

LES MALICIEUX KETJES, par JO VALLE *(Suite.)*

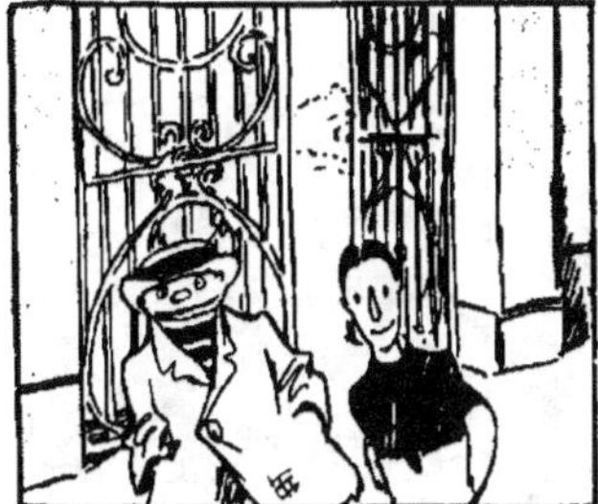

1. — Karl et Jef revenaient un matin de faire une commission pour leur ami le boucher lorsque, passant le long de la grille d'un square, un ronflement sonore attira leur attention. Revenant sur leurs pas, ils pénétrèrent dans le jardin, désert à cette heure de la journée, et aperçurent...

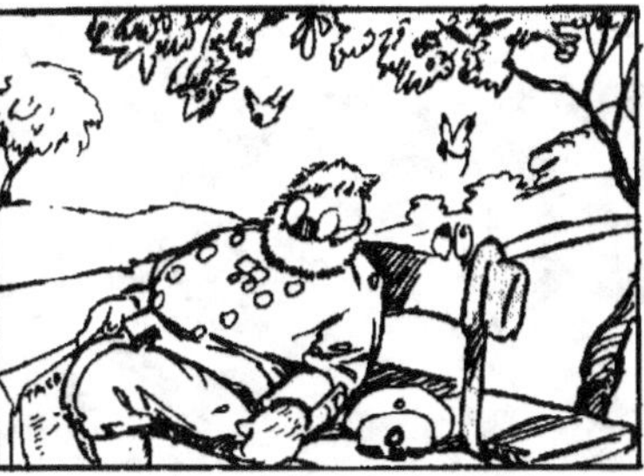

2. — ... un capitaine qui s'était endormi en lisant les communiqués menteurs de sa gazette allemande. Sa tête reposait sur le dossier du banc. Sa casquette était posée à côté de lui et, dans son sommeil, il avait involontairement dérangé la superbe perruque blonde masquant la calvitie aussi complète que précoce dont il était affligé.

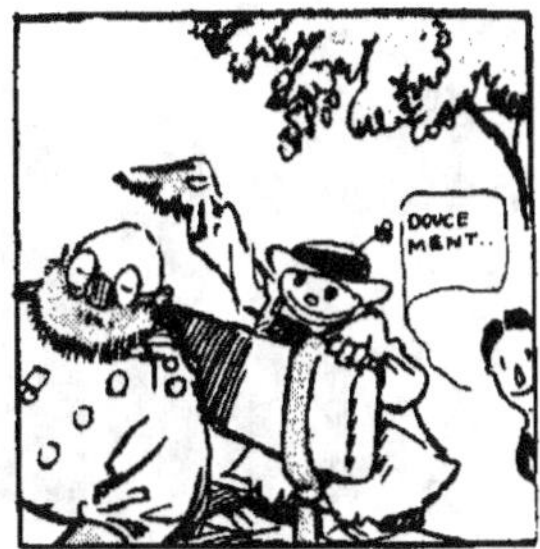

3. — Sur la pointe des pieds Jef s'approche du dormeur et d'une main habile lui subtilise sa perruque qu'il dissimula rapidement au fond de sa poche. Ayant réussi ce tour d'escamotage sans réveiller le capitaine, Jef, suivi de Karl...

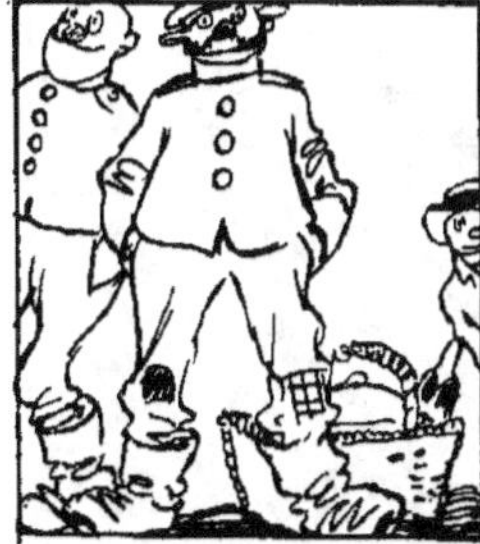

4. — ... s'empressa de décamper et reprit en courant le chemin du logis. Deux cents pas plus loin ils s'arrêtèrent près d'un groupe de soldats. Ceux-ci revenaient de chercher d'un grand restaurant le déjeuner cuisiné pour plusieurs.

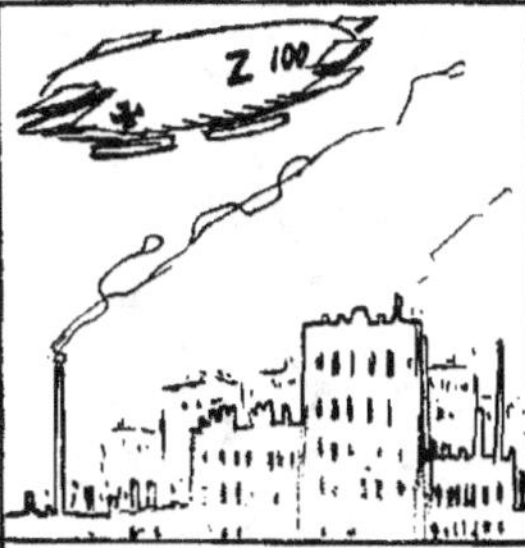

5. — ... ces soldats qui prenaient leurs repas ensemble. Soupières plats contenant le menu étaient disposés dans deux paniers. Les boches qui étaient allés les chercher venaient de les poser provisoirement à terre pour suivre du regard, dans les airs, les évolutions d'un...

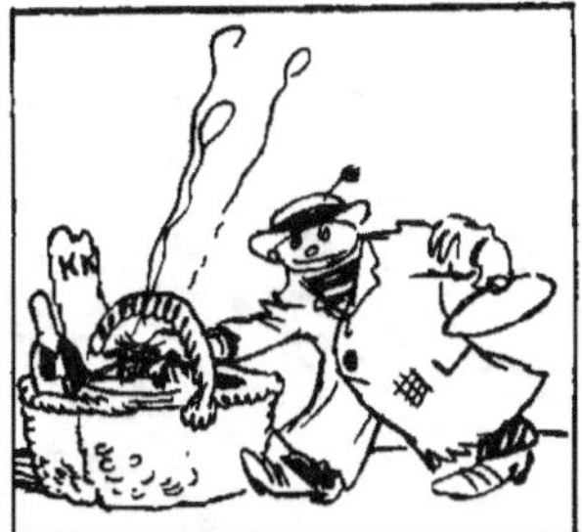

6. — ... gigantesque zeppelin. Cependant qu'ils s'absorbaient dans cette contemplation, Jef sortit subrepticement de sa poche la perruque blonde empruntée au capitaine et, soulevant sans bruit le couvercle de la soupière, il la plongea dans ce récipient. L'excitait, il se mit à regarder, lui aussi, les évolutions...

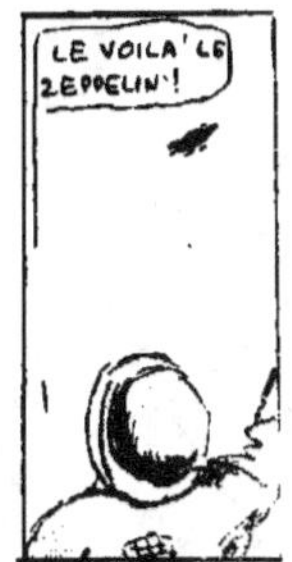

7. — ... du dirigeable qui n'était déjà plus qu'un point imperceptible à l'horizon. Dans l'intervalle, le capitaine endormi dans le square...

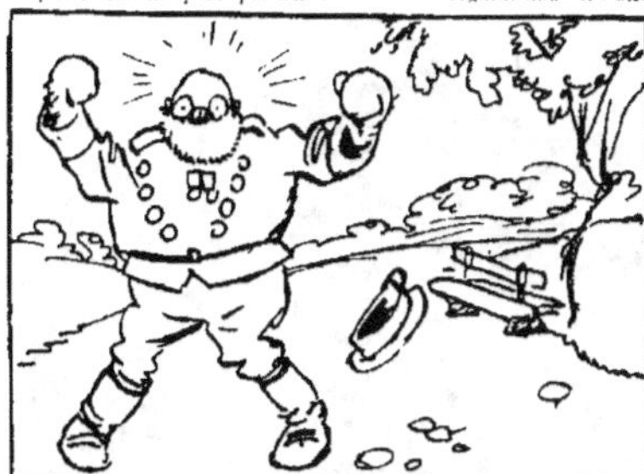

8. — ... s'était réveillé. Il cherchait partout sa perruque sans pouvoir la retrouver. De guerre lasse et supposant qu'elle avait été enlevée par un coup de vent, ils se coiffa de sa casquette et se dirigea vers le local où les autres officiers l'attendaient pour se mettre à table.

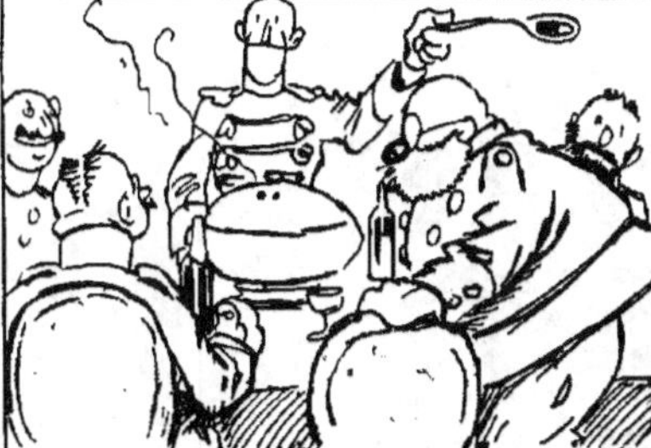

9. — Ceux-ci, quand il retira sa coiffure, remarquèrent l'absence de sa chevelure postiche, mais n'y firent point la moindre allusion. En revanche, ils se mordaient les lèvres pour ne pas éclater de rire. Un lieutenant venant de découvrir la soupière et, plongeant la louche, il faisait remarquer le parfum appétissant du potage.

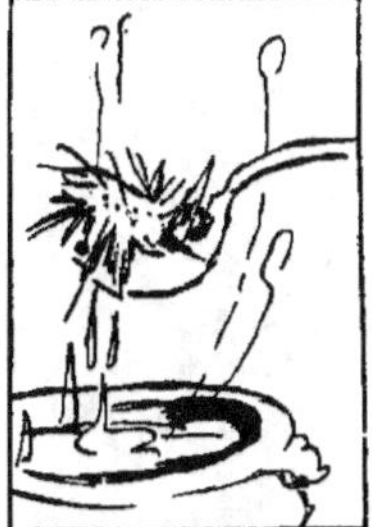

10. — Soudain, les convives laissèrent échapper en chœur une exclamation d'horreur et de dégoût. Avec la cuiller à pot, l'officier avait dragué un paquet...

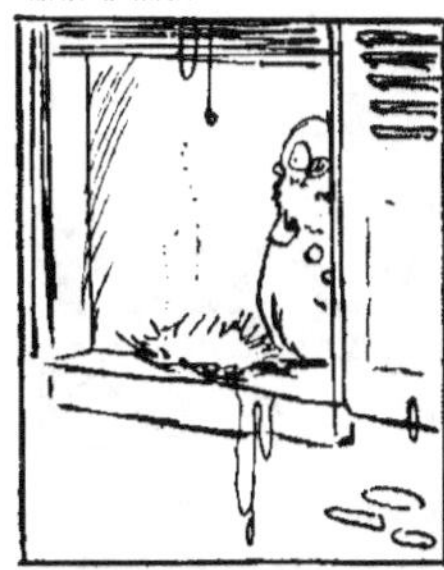

11. — ... de glace dans lequel chacun reconnaissait la chevelure postiche du capitaine. Ma perruque ! s'écria celui-ci en piquant de la crème et son bien à la pointe de sa fourchette pour la faire sécher au soleil sur le rebord de la fenêtre.

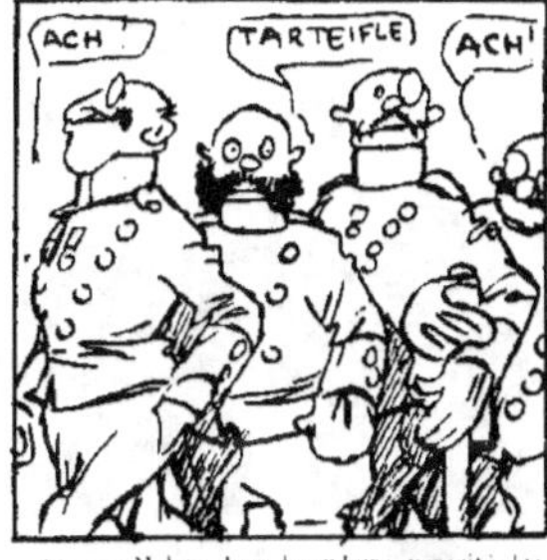

12. — Malgré leur légendaire voracité les autres convives sentaient que cette découverte avait mis plusieurs bémols à leur appétit et, le cœur aux lèvres, ils quittaient la table les uns après les autres. Le capitaine, prodigieusement agacé, fit une enquête afin de découvrir les auteurs.

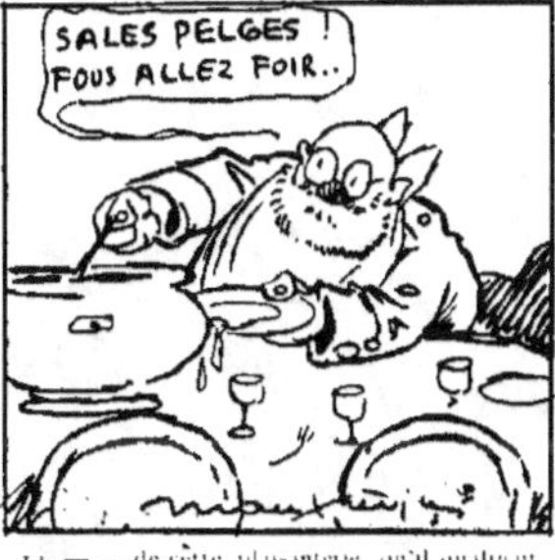

13. — ... de cette plaisanterie qu'il qualifiait de colossale. Comme la plupart des enquêtes, la sienne ne donna aucun résultat. Il termina seul son dîner et, soupçonnant les Bruxellois de lui avoir joué ce mauvais tour qui le ridiculisait aux yeux des officiers de son régiment, il jura de tirer de...

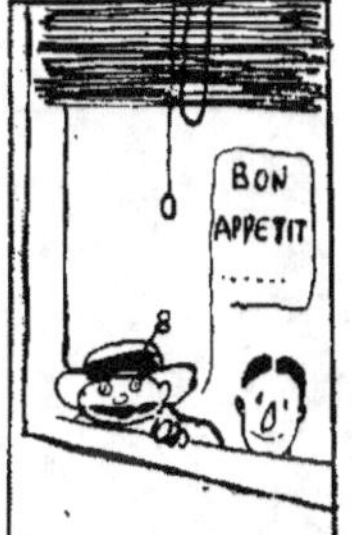

14. — ... ces misérables Belges une éclatante vengeance cependant que les deux ketjes, embusqués non loin de là, se payaient sa tête et une double pinte de bon sang.

RELIURE **JEUNE FRANCE** — Nous mettons à la disposition de nos lecteurs qui désirent conserver la collection de JEUNE FRANCE, une très jolie reliure noire, façon toile, avec lettres dorées pour le prix modique exceptionnel de **2 fr. 75**, en mandat-poste. Envoi franco gare contre **3 fr. 35**.
S'adresser à l'Administration de JEUNE FRANCE, 3, rue de Rocroy, Paris

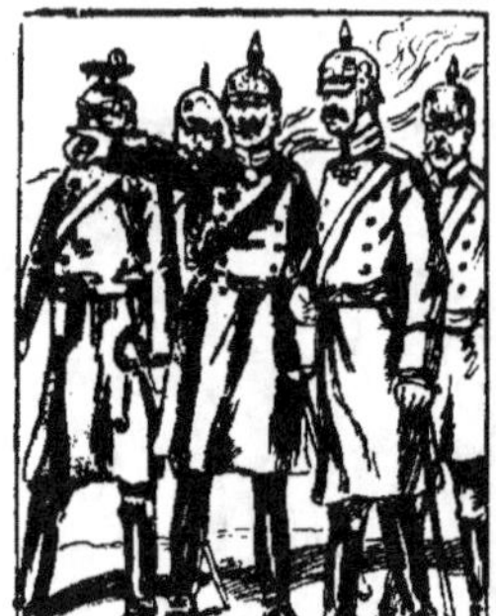

1. — L'empereur des apaches qui, maintenant, avait pour grand objectif de s'emparer de Calais et de Dunkerque, ramena vers les Flandres ses hordes libérées par la prise d'Anvers. Mais les poilus belges, anglais et français leur opposèrent une barrière...

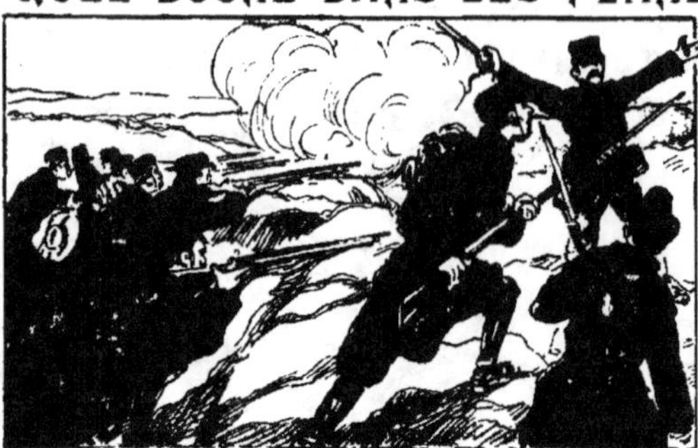

2. — ... infranchissable! Pendant vingt jours, ces héros, qui étaient à peine 200.000 entre eux tous, barrèrent la route à 600.000 boches! Vers Nieuport, les boches se heurtèrent aux Belges qui, malgré leur infériorité numérique, résistèrent non seulement à toutes les attaques, mais sortirent de leurs tranchées, baïonnette au canon, refoulant les boches au cri de « Termonde et Louvain! »

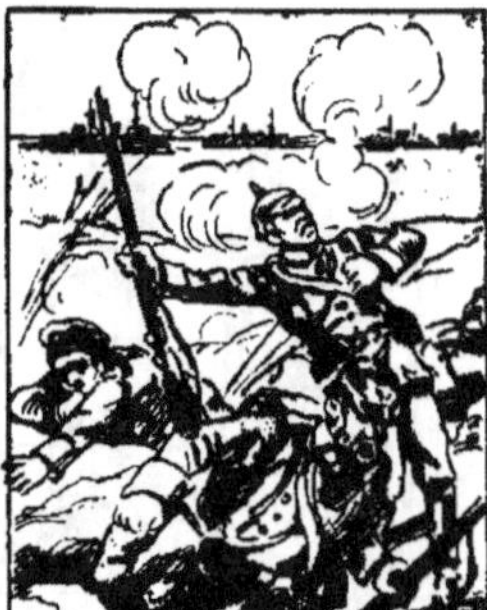

3. — Les apaches du kaiser eurent un matin une désagréable surprise : sur mer, ils aperçurent les vaisseaux de guerre anglais qui, repérant la horde boche avec précision, l'arrosa copieusement avec ses canons de marine, entre Nieuport et Ostende.

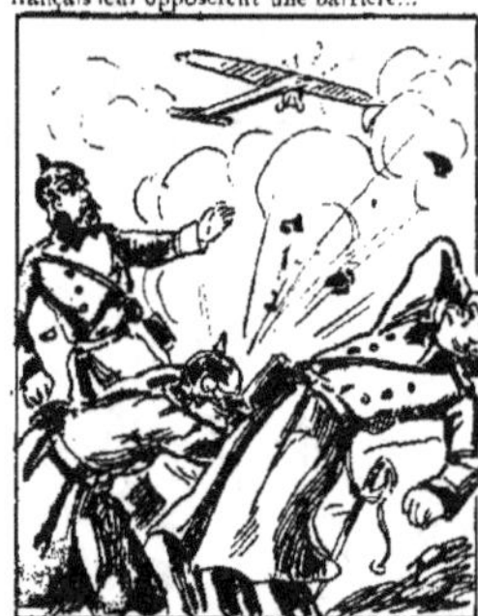

4. — Afin de rectifier le tir des artilleurs anglais, des avions alliés survolaient la côte... et c'est grâce à leurs indications que, le 20 octobre, un obus de la marine britannique tuait le général boche Trip...

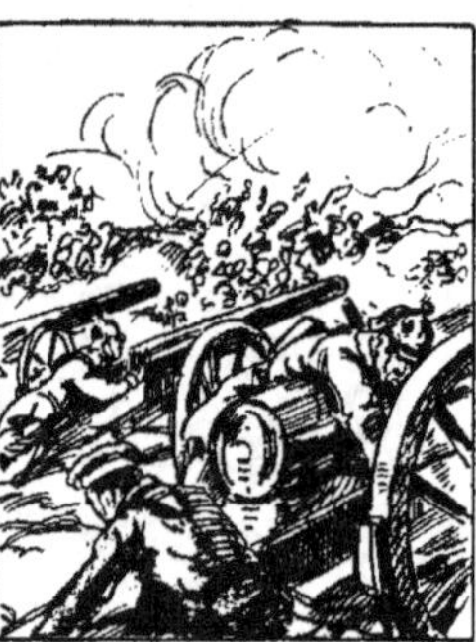

5. — ...et son état-major. Un autre jour, c'est six batteries boches que, dès l'aurore, les navires anglais mettaient en capilotade avec quelques obus, bien que ces batteries fussent habilement dissimulées. Non...

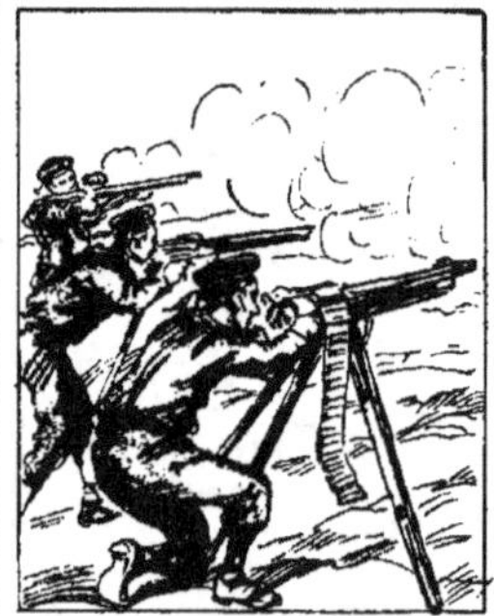

6. — ... contents de cette aide puissante, les Anglais débarquèrent près de Nieuport, des marins avec des mitrailleuses et ceux-ci firent des coupes sombres dans les rangs de la horde boche. Plus au sud, vers Dixmude, Ypres et jusque...

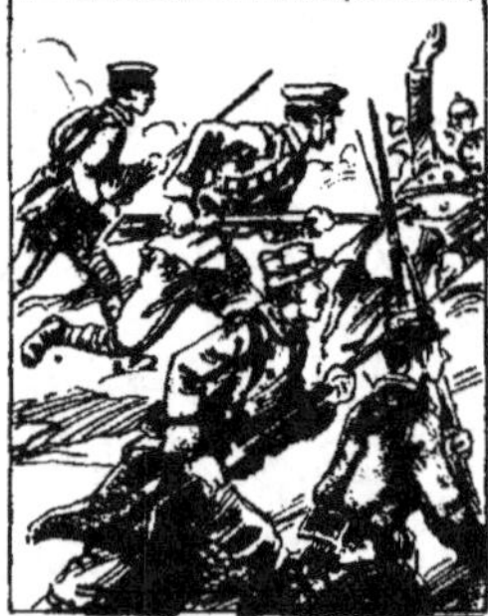

7. — ... vers Lille, la digue était formée par les hommes anglais et les poilus français. Et, là aussi, les uns et les autres résistèrent héroïquement faisant reculer la horde qui déferlait en vagues furieuses et toujours renouvelées.

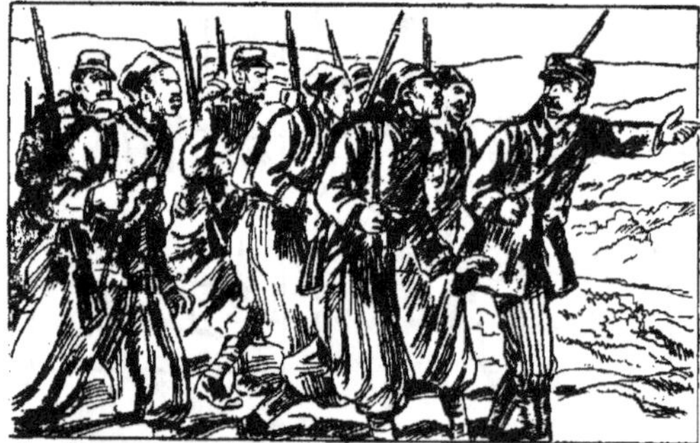

8. — Entre autres actes d'audace il y eut là un bel exploit de nos Sénégalais et de quelques soldats du génie qui, par une nuit orageuse, se faufilèrent en arrière des lignes boches, sous la conduite d'un braconnier belge. Il s'agissait d'aller faire sauter le chemin de fer sur route qui, de Staden à Roulers, approvisionnait les boches. Nos poilus marchèrent environ neuf kilomètres, sans fumer, sans parler, faisant le moins de bruit possible. Il était près de minuit quand ils atteignirent la voie ferrée.

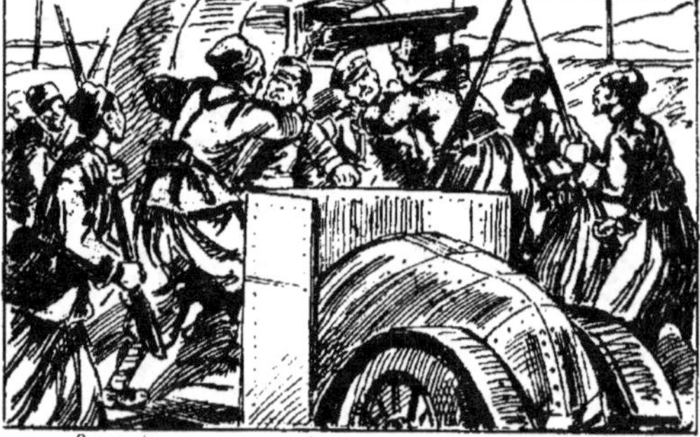

9. — Comme les sapeurs posaient leurs cartouches de dynamite sur les rails, on entendit le bruit d'une automobile. C'était une auto boche blindée, qui roulait en confiance. Un coup de sifflet déchira les ténèbres. Les Sénégalais bondirent sur l'auto, avec une telle rapidité qu'avant que les occupants de la voiture aient pu se reconnaître ils étaient tous maîtrisés. Il y avait là, un général prussien, son aide de camp, un sous-officier et le chauffeur.

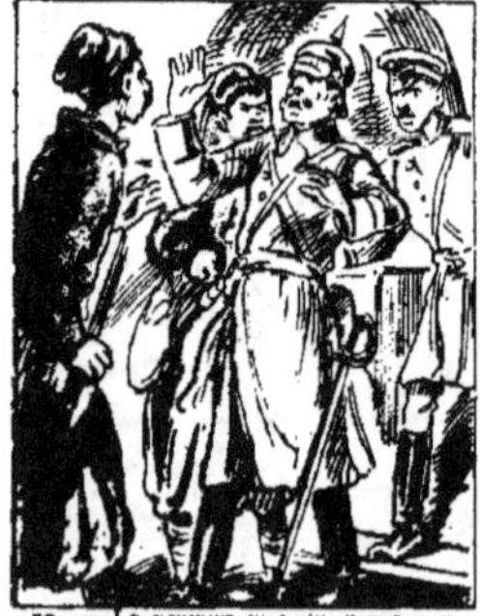

10. — Le premier mot du général fut de s'exclamer, en bon français : « Ne me tuez pas! Je suis un général! » Et les Sénégalais de lui répondre : « Nous pas boches... pas assassins... nous Français... pas faire capout aux prisonniers... » Ce disant...

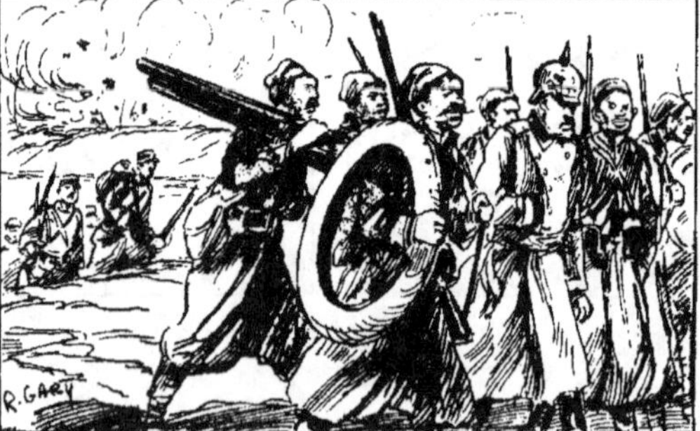

11. — ...ils ordonnèrent aux quatre boches de descendre. Pendant ce temps, les sapeurs du génie avaient sérieusement travaillé; ils avaient miné deux kilomètres de voie et posé les cordons Bickford qui furent allumés et qui devaient... quand la petite troupe serait assez loin... faire exploser les cartouches de dynamite. Les Sénégalais auraient fort désiré emmener l'auto blindée... mais c'eût été imprudent! Ils l'abandonnèrent donc à regret, non sans l'avoir détériorée pour la rendre inutilisable et, aussi, après...

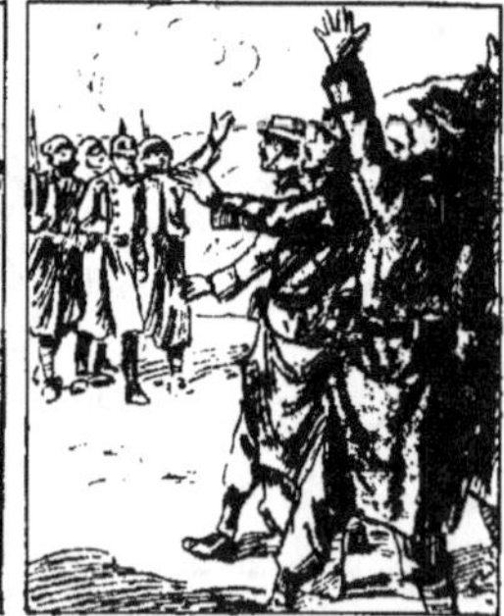

12. — ...l'avoir soulagée de ses pneus et de sa mitrailleuse. Puis, la petite troupe reprit, avec ses quatre prisonniers, le chemin des lignes françaises, où elle arriva sans encombre avant l'aurore... et où elle fut accueillie par des exclamations joyeuses.

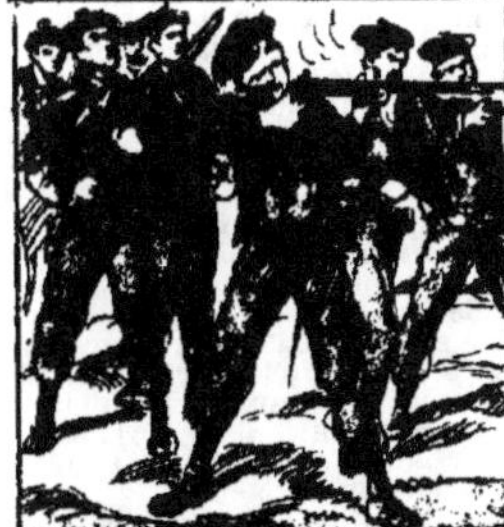

1. — A Dixmude, petite cité flamande, au sud-ouest de Nieuport, la digue fut formée par les marins. Les pompons rouges vinrent s'aligner un matin, face aux boches... Beaucoup s'étaient déjà rudement battus, car c'est eux qui avaient protégé la...

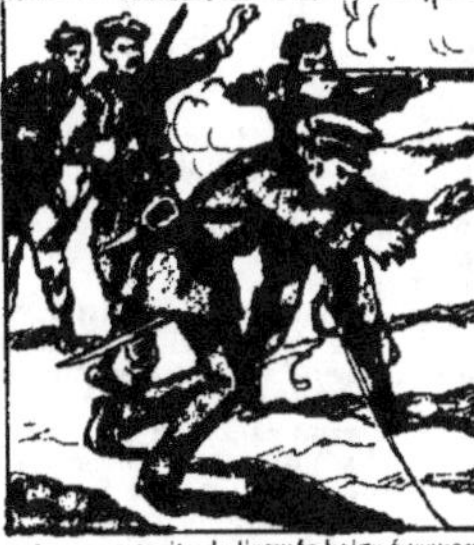

2. — ... retraite de l'armée belge évacuant Anvers et c'est au cours de ces rudes combats que fut tué, d'une balle à la tête le lieutenant de vaisseau Le Douget, le premier des officiers marins tombé sous les coups des boches. A Dixmude, les marins étaient sous le...

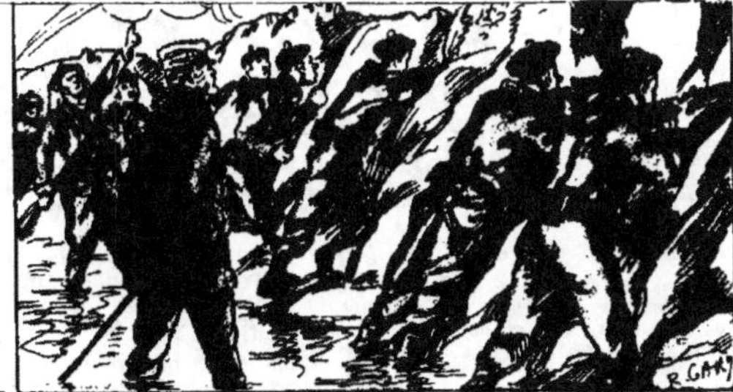

3. — ... commandement d'un loup de mer, l'amiral Rônarch et, pendant des semaines, ils se battirent dans des tranchées bourbeuses, où l'eau leur venait jusqu'à la ceinture et ils opposèrent une barrière infranchissable aux boches qui étaient quatre fois plus nombreux. Un jour, un canon boche vint se remettre en batterie à 800 mètres de leurs tranchées. Il tira trois coups et fit chou-blanc !... Mais il n'en tira pas un quatrième !... Les marins, à coups de fusil, sans quitter la tranchée, abattirent chevaux et artilleurs.

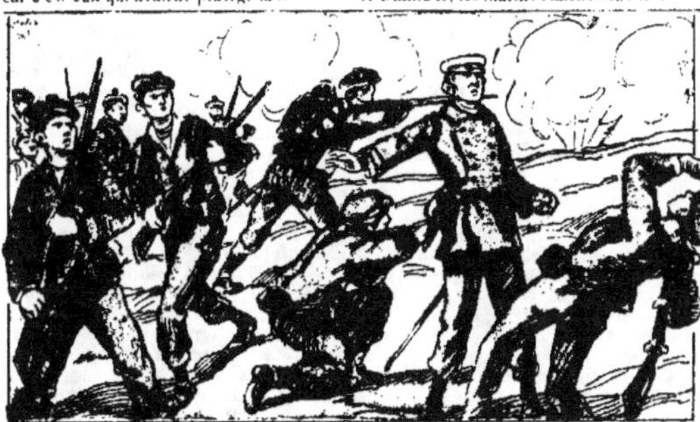

4. — Un autre jour, sous la forte poussée boche, les marins durent se retirer un peu en arrière... mais pas pour longtemps !... Ils reculaient tout en canardant les apaches du kaiser quand un capitaine vit tomber à ses côtés l'un de ses fusiliers, un brave petit de 25 ans. Lorsque l'affaire fut terminée, le capitaine alla rechercher le petit gars et, le prenant dans ses bras, il l'emporta. Les boches lui tiraient dessus avec furie. Comme au bout de deux cents mètres, un peu essoufflé il posait à terre le fusilier blessé, celui-ci lui dit : « Laissez-moi là, mon capitaine. Allez-vous-en.

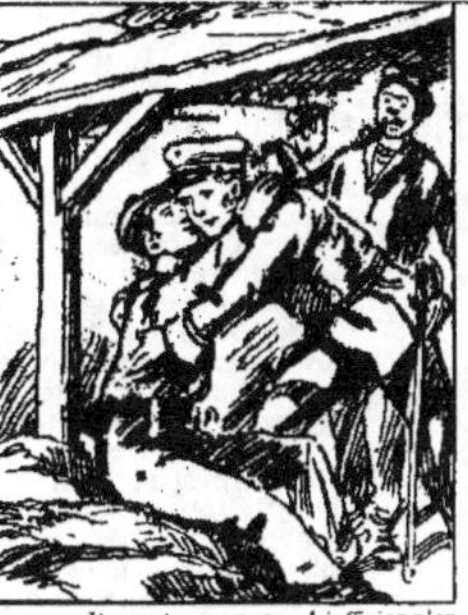

5. — « Ils vont vous tuer. » L'officier n'en fit rien. Il reprit son fardeau et arriva sain et sauf aux tranchées françaises. Et, quand il eut posé à terre le petit gars, celui-ci, lui passant les deux bras autour du cou l'embrassa sur les deux joues. L'un des héros de Dixmude, qui avait tout...

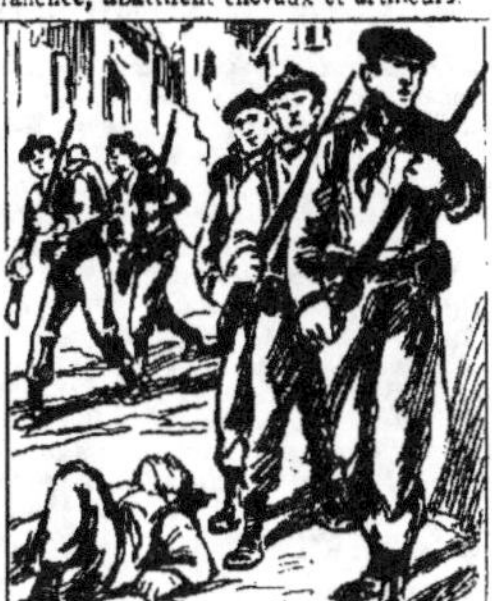

6. — ... juste 18 ans sonnés quand il arriva dans les Flandres, a narré son entrée dans la cité bombardée : « En file indienne, a-t-il écrit, un rang de chaque côté de la route, chaque homme espacé de quelques mètres, nous avancions dans cette pauvre ville...

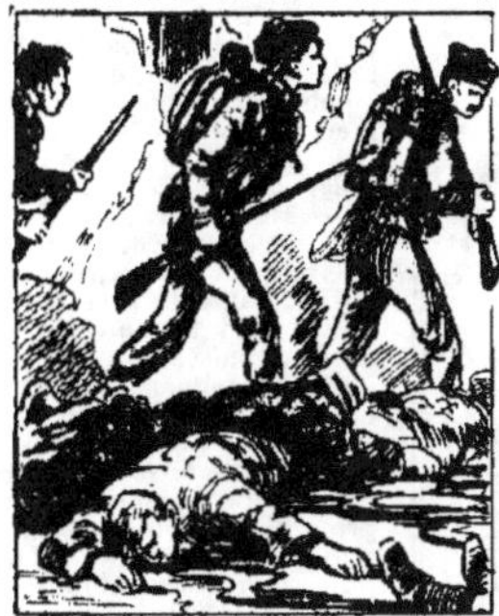

7. — « ... le ruisseau de la rue était transformé en une rivière de sang, partout la ruine et la désolation; nous avancions, le regard perdu... Tout à coup, un lugubre sifflement ! C'était un obus dirigé sur nous. Sur un ordre bref, nous nous couchâmes à terre en ramenant nos sacs sur nos têtes.

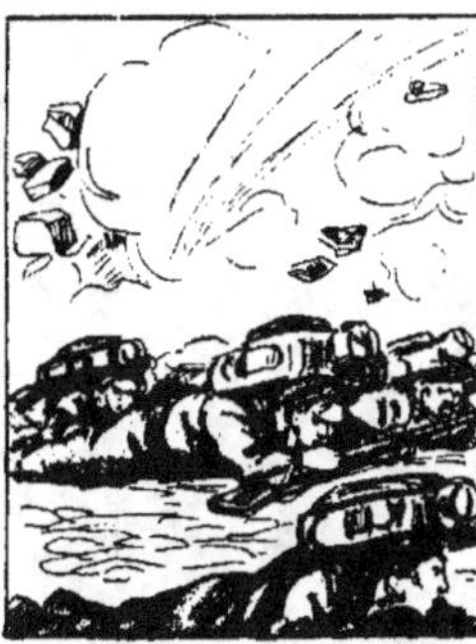

8. — Nous écoutions, haletants... Soudain une effroyable détonation. La terre s'entr'ouvrit. L'obus était tombé à quelques mètres, sur une maisonnette où se trouvaient quelques soldats belges. L'alerte passée, les marins se relèvent, marchent et aperçoivent enfin le cimetière...

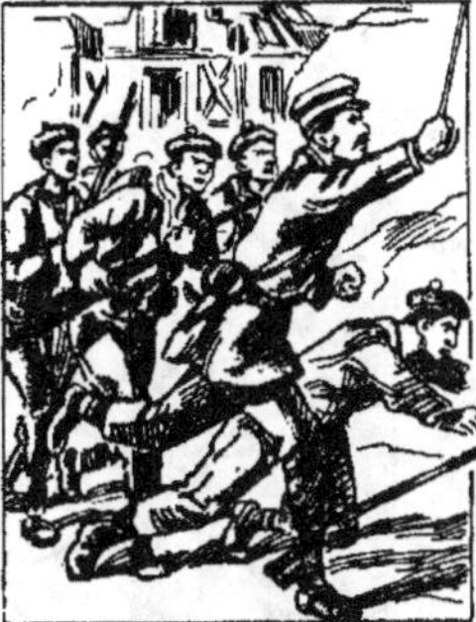

9. — ... de Dixmude. Mais il y avait 50 mètres à parcourir sans abri. Le capitaine prend la tête de la colonne et quitte le premier le dernier abri, en commandant : « Au pas de course !... » La fusillade crépite, quatre marins tombent... Écoutons Pierre Bernoux : « Enfin nous arrivâmes...

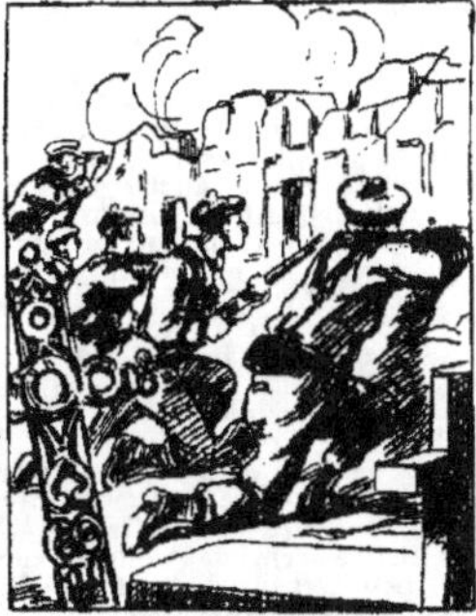

10. — ... dans le cimetière. Tout le long du mur étaient construits des retranchements, avec des créneaux pour les fusils. Notre arrivée fut saluée par plusieurs obus... plusieurs des nôtres tombèrent encore... »

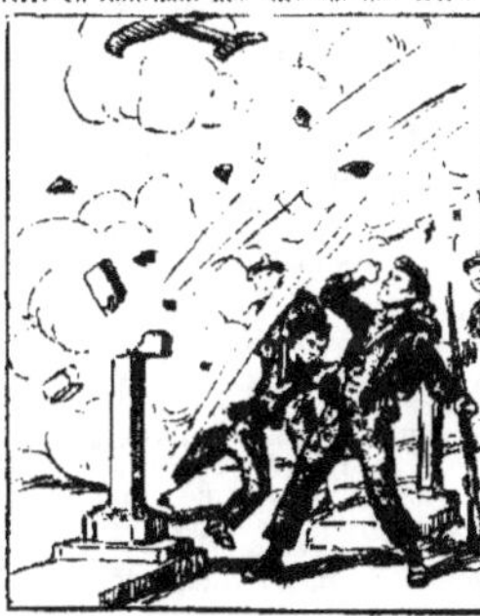

11. — Alors, les marins tirèrent... tirèrent... sans voir les boches ! Ils tirèrent tant que le canon de leur fusil était presque rouge !... La fusillade boche se ralentit... mais voici que, sur eux, vole un taube d'où se détachent des nuages de fumée. C'est un signal ! Nos braves sont repérés !... Quelques instants après une *marmite*...

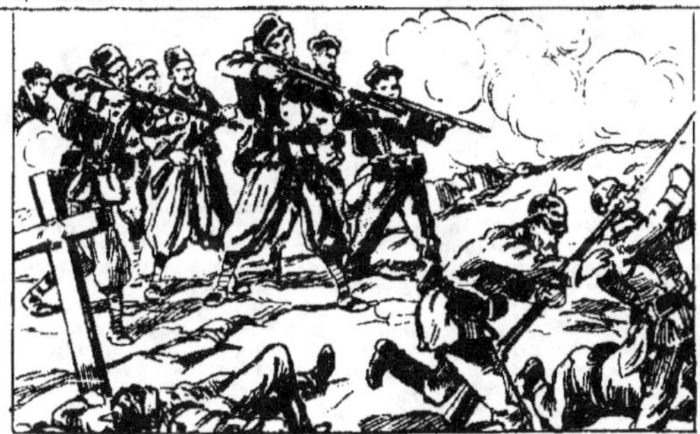

12. — ... tombait au milieu d'eux. Ordre est donné d'évacuer le cimetière intenable... et les marins vont à quelque cent mètres, s'installer le long du talus bordant la voie ferrée. Le capitaine commande halte, fait espacer ses hommes et leur ordonne de ne pas bouger. Ce qu'ils firent tandis que les obus pleuvaient dru sur le cimetière. Le soir venu, on creusa des tranchées le long de la voie... cependant voici que les boches veulent profiter de la nuit pour occuper le cimetière abandonné. Mais des tirailleurs sénégalais étaient venus à la rescousse et des salves furieuses accueillirent les barbares et les forcèrent à rentrer dans leurs trous.

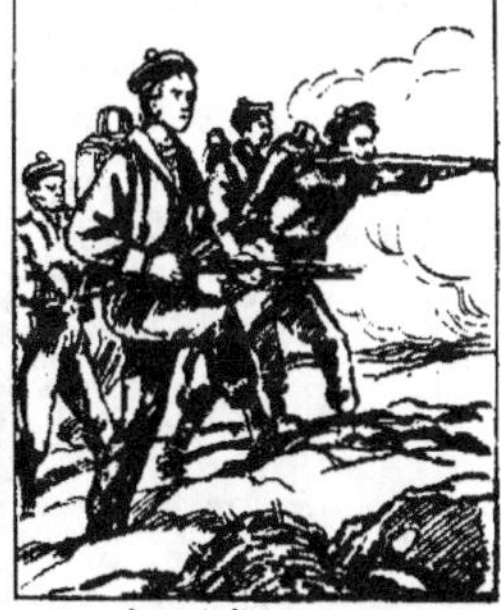

13. — On avait dit aux *pompons rouges* : « Il vous faut tenir vingt-quatre heures... » Or, ce n'est pas 24 heures, c'est des jours !... c'est des semaines !... qu'ils tinrent. Audacieux comme des lions, fermes comme le roc, les marins défendirent Dixmude avec un héroïsme sans pareil.

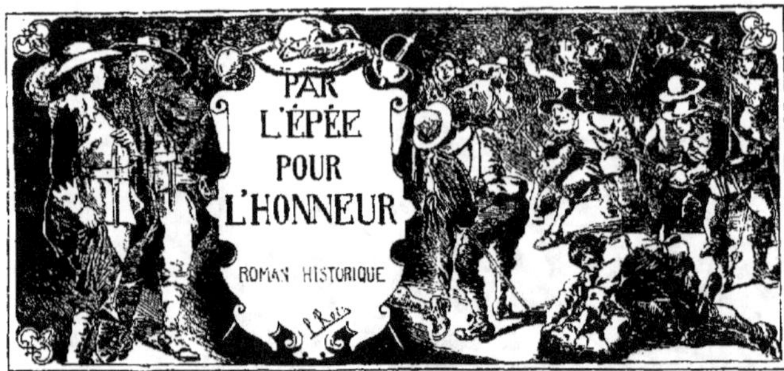

RÉSUMÉ DES CHAPITRES PRÉCÉDENTS

A la fin du XVIIe siècle, à Londres, dans la boutique de l'apothicaire égyptien Ramsès, entre une dame masquée. Mary, femme du comte français Hector de Treffanges. Ramsès lui raconte qu'il a reçu la visite d'un inconnu — actuellement endormi dans une chambre voisine sous l'influence d'un narcotique — qui s'est donné comme le fils disparu de Noémie de Treffanges, première femme du comte Hector, assassinée avec ses enfants dans des conditions mystérieuses. Soudain, l'homme apparaît; il a été réveillé et délivré par Nelly, fille adoptive de Ramsès; il accuse Mary d'avoir tué Noémie pour prendre sa place; mais une trappe s'ouvre, où il disparaît. Peu après arrivent trois hommes : Claude Duval et Ned Cornil, célèbres « routiers », et Adalbert de Ranson; la comtesse leur échappe, mais ils délivrent l'homme enfoui sous la trappe, qui raconte comment sa mère fut assassinée par Mary, puis meurt des suites de sa chute. Mais on frappe à la porte « au nom du roi »; ce sont les mousquetaires envoyés par la comtesse, et conduits par un séide de celle-ci, le sinistre colonel Blodson, que Claude désigne au jeune Adalbert comme son père. Claude, Ned et Adalbert sont arrêtés par les soldats, mais réussissent à fuir à la faveur d'un tumulte populaire. Le colonel se rend à l'hôtel de Treffanges, où il annonce à Mary l'insuccès de sa mission puis déclare qu'Adalbert est son fils et qu'il défend qu'on touche à un cheveu de sa tête; après une scène orageuse il sort, hèle un batelier et se fait conduire à Whitefriars.

CHAPITRE V

LE ROI

Il n'est guère besoin sans doute d'affirmer que Claude Duval et ses deux compagnons avaient su mettre à profit le tumulte que, consciemment ou non, le colonel Blodson avait fait naître, par ses réflexions sur la foule qui entourait les mousquetaires. Tout bas, le routier avait murmuré à son ami Ned Cornil : « Si nous sommes séparés, nous nous rejoindrons chez Tom. » Puis, il avait saisi le poignet d'Adalbert de Ranson et, choisissant le moment propice, c'est-à-dire celui où le trouble avait atteint son paroxysme, il l'avait entraîné, tête baissée, fonçant droit devant lui, à travers la cohue. Pressés, tiraillés, bousculés de toutes parts, plongés de plus en plus dans une obscurité presque complète, sous une trappe, les mousquetaires affolés ne s'étaient même point aperçus de leur disparition, de sorte que les fugitifs avaient, sans encombre, atteint une étroite ruelle où ils prirent le pas de course. Et comme ils avaient de bonnes jambes, parvenir à la rive de la Tamise ne fut pour eux que l'affaire d'un instant.

« Allons ! offrit Claude, qui veut gagner deux guinées sans se donner beaucoup de mal? Avec un bon bateau, une paire de rames et deux bras solides, ce sera chose faite en peu de minutes. »

L'instant d'après, ils prenaient place dans une barque dont le batelier avait surgi comme par enchantement sur le rivage en apparence désert, et leur esquif glissant sur les eaux noires du fleuve, cependant que le vacarme de l'algarade s'effaçait peu à peu. Nul ne parlait, car Duval avait fait signe aux deux autres de se taire. Après quelques moments assez courts de cette navigation nocturne, l'embarcation atterrit, et tous trois sautèrent sur le bord où gisaient, çà et là des immondices, des corps d'animaux crevés, des tas d'ordures; puis ils enfilèrent une ruelle, juste en face d'eux, qu'éclairait fort mal une vieille lanterne; à droite et à gauche, des masures sordides, presque toutes sans étages, se juxtaposaient, parfois pourvues d'un jardinet inculte; puis un passant; à peine, lointains, des aboiements de chiens, d'indéfinissables rumeurs.

— Quel triste quartier ! observa Adalbert en frissonnant.

— Whitefriars que vous le savez sans doute, bien que vous connaissiez mal Londres, expliqua le routier, une espèce de Cour des Miracles qui, la nuit, constitue le réceptable de tout ce que la capitale compte de voleurs, coupe-jarrets, tire-laine, mendiants, faux estropiés, débiteurs traqués pour dettes, tous gens, en un mot, qui ont eu, ou auront maille à partir avec la justice. Ils y sont rarement inquiétés, car les hommes de loi ne s'y pourraient risquer sans une importante escorte et les soldats du roi ont autre chose à faire. Je me demande quelle idée votre père a eu de nous y convoquer.

— C'est donc lui...

— Oui, qui m'a glissé cela dans l'oreille, au commencement de la bagarre. Beau début sur le sol de la libre Angleterre, jeune homme !

— Je ne fais que penser à cela, Claude, fit Adalbert. Est-ce un présage?... Mais, dites-moi, croyez-vous que tout ce que ce malheureux nous raconta de cette comtesse de Treffanges soit vrai?

— Ouida ! Et encore bien autre chose... Mais n'aviez-vous jamais entendu, auparavant, parler de cette famille, Adalbert?

— Jamais.

Claude se tut et se mit à siffler un air de chasse, brusquement, s'arrêta. Beau dit-il à mi-voix. Je ne sais si, en vous prévenant, j'agis comme je le devrais... Adalbert, méfiez-vous de la comtesse... comme d'une vipère, comme d'un basilic, comme d'un tigre des forêts. Méfiez-vous !

Ils étaient tous trois dans une zone d'ombre et c'est en vain que le jeune homme tenta de scruter les traits du routier.

— Moi ! fit-il enfin, surpris. Qu'ai-je donc de commun avec elle? Je ne comprends pas.

— Il est probable que vous comprendrez plus tard... pourvu que ce ne soit pas « trop tard. »

— Claude, implora le jeune homme en cherchant à tâtons les mains du gentilhomme de grand chemin, Claude, je vous en prie, parlez-moi franchement: est-il vrai que le colonel Blodson soit mon père?

Duval ne répondit pas sur-le-champ et se dégagea doucement :

— Marchons, dit-il ; ce maudit pays est toujours noyé dans le brouillard, et je redoute plus un rhume qu'une balle... S'il est votre père, Adalbert? Pourquoi non? N'est-ce pas dans un livre saint qu'on raconte l'histoire d'un loup qui prit soin de l'enfance d'une brebis?

Adalbert le suivit, sans insister, certain qu'il ne tirerait plus rien de lui. D'ailleurs, ils entraient dans un véritable labyrinthe de ruelles, cloaques bordés de taudis infects d'où parfois partaient des chants et des rires, et comme l'éclairage était rare, il fallait prendre garde à son chemin. Soudain, à quelque distance, une voix proféra un juron, aussitôt couvert par le bruit d'une violente discussion : c'était là fait normal, paraît-il, car aucune porte ne s'ouvrit.

— Allons voir, dit Claude, cela nous distraira. Il faut nous aguerrir, Adalbert, car j'ai idée que votre existence future sera moins tranquille que celle passée.

Il hâta le pas, tourna à gauche, et ils aperçurent un groupe d'une dizaine d'individus à mines patibulaires, couverts de loques et qui, avec des bâtons, des poignards, des vieilles épées rouillées, tenaient acculés contre un mur trois hommes, au contraire assez proprement habillés, qui ferraillaient avec eux. Une lanterne éclairait le tableau. Avant qu'Adalbert eût pu le retenir, le routier s'était précipité.

— Non, non, mes maîtres. douze contre trois : cela ne peut se passer ainsi. N'y a-t-il pas moyen de s'expliquer honnêtement au lieu de mettre tout d'abord flamberge au vent?

Ned Cornil, dégaînant sa vaste rapière, l'avait suivi et tous deux, en un clin d'œil, eurent fait reculer les sacripants ; puis résolument, ils prirent l'offensive. Quant à Adalbert, il avait aussi tiré son épée et se trouva tout à coup, sans trop savoir comment, en pleine mêlée. Ce qu'il en perçut tout d'abord, c'est qu'un des « Frères Blancs » (on nommait ainsi les habitants de Whitefriars, du nom même du quartier) venait de terrasser l'un des trois premiers belligérants qu'il s'efforçait d'étrangler; le jeune homme prit son épée par la lame, et asséna sur le crâne de l'assaillant un maître coup de la lourde garde qui le renversa, à demi assommé.

— Grand merci, monsieur, fit le premier en se relevant, je vous revaudrai cela.

Puis il se rua sur les « ruffians (1) » avec une vigueur

... et fit feu sur Charles...

telle qu'à lui seul, il en jeta trois sur le sol. Ce fut le signal de la déroute, et bientôt, les six étaient maîtres du champ de bataille ; les vaincus avaient emporté leurs éclopés; quant aux habitants des maisons voisines, aucun n'avait daigné même entr'ouvrir sa fenêtre.

— Par mon nez ! s'écria l'homme qu'Adalbert avait secouru, quel charmant pays ! On s'y peut au moins égorger à l'aise sans crainte de voir d'indiscrets brouillons se mêler de la querelle. C'est d'ailleurs bien la première fois que pareille aventure m'y arrive... Messieurs, qui que vous soyez, agréez mes remerciements. Nous allons de ce pas chez Tom Bradley, et s'il vous plaît de nous y accompagner... *Oldds fish !*

Oldds fish est une locution à peu près intraduisible qui s'employait alors assez couramment pour exprimer l'étonnement. Et, en effet, l'homme — un grand et beau gaillard. mais aux traits fatigués et presque flétris, aux vêtements propres, mais râpés — paraissait cloué sur place : il considérait Claude qui, en pleine lumière, venait de retirer son chapeau en un salut cérémonieux. Sur ce, il éclata de rire et tendit la main au routier.

— Oh ! Claude, Claude, me feras-tu donc mourir de joie ! Toi ici, à Whitefriars, c'est vrai, mais à Londres, en notre bonne ville de Londres, peuplée de constables, mousquetaires, gardes, soldats, shérifs, et autres bêtes happantes? Allons, amis, serrez la main de ce brave Claude, l'un des derniers mortels qui n'aient pas désappris l'usage du rire.

(1) Hommes débauchés.

Les deux amis en question s'exécutèrent aimablement ; c'étaient également des hommes de belle mine, en dépit de leurs costumes usagés, et le premier regard décelait en eux des gens de bonne compagnie, ce qui rendait encore plus étrange leur présence en ce lieu. Bras dessus, bras dessous, les épées remises au fourreau, toute la bande s'engouffra dans une nouvelle série de ruelles pour finalement s'arrêter devant une maison d'assez belle apparence, — la plus belle, certes, qu'ils eussent encore aperçue — dont ils ouvrirent la porte. Ils traversèrent un cellier, dont des tables, des bancs, des tonneaux formaient l'ameublement, et vide de clients ; ensuite, un escalier obscur et malpropre les mena au premier étage ; il y avait là une salle assez convenable, ornée de gravures plutôt libres, avec des fauteuils, des chaises, un divan et des tables : un feu brûlait dans la cheminée. Duval. Cornil et les trois autres prirent place côte à côte, et tous cinq commencèrent à converser ensemble, même Ned, que les relents d'alcool arrachaient à son mutisme ; deux femmes, la maîtresse de céans et une servante, s'activaient, procédant aux préparatifs d'un punch soigné.

Seul, Adalbert de Ranson s'était assis à l'écart. Sa tête fine et intelligente, à l'expression un peu triste, appuyée sur sa main frêle, une vraie main élégante de femme, il songeait, les yeux perdus dans le vague et il tressaillit, comme au sortir d'un rêve, lorsque quelqu'un lui frappa doucement sur l'épaule : c'était celui qu'il avait arraché à l'étreinte du vagabond.

— Eh ! quoi, jeune homme, s'informa celui-ci d'un accent presque affectueux, de tels soucis hanteraient-ils votre cerveau qu'il n'y aurait plus accès pour la joie en votre esprit? Après le service que vous m'avez rendu, je ne tolèrerai point cette attitude morose. Eh ! par le diable. il y a temps pour tout : maintenant, c'est l'heure de rire. de chanter et de boire.

— Je vous avoue, dit Adalbert en souriant et en se laissant de bonne grâce installer auprès des autres sur un fauteuil, que je n'en ai guère envie.

— Se peut-il? à votre âge ! Regardez donc Claude, et prenez exemple sur lui. Voilà un gaillard qui comprend l'existence : la preuve c'est qu'il n'a point oublié le chemin qui conduit chez ce vieux Tom.

— Ce n'est pas de mon plein gré que j'y suis venu, rectifia le routier, il faut en convenir. J'y avais un rendez-vous.

— Avec qui donc, honorable ami?... S'il n'est pas indiscret...

— Le colonel Blodson.

— Eh ! morbleu, qu'il vienne donc ! s'exclama le personnage à qui, par un accord tacite, ses deux compagnons laissaient la parole. Comme cela, rien ne manquera à la fête : boire du punch chez Bradley, à Whitefriars en compagnie de Blodson, le monstre le plus affreux peut-être de ce temps fertile en monstres affreux, n'est-ce point un rêve brillant?

Adalbert avait pâli : Claude lui fit signe de se taire. Songeur. l'homme continua :

— Dans quel complot. dans quelle horrible tuerie n'a-t-il pas trempé, depuis qu'il fut contraint, voici bien vingt ans. de quitter l'armée? N'est-ce pas lui qui assassina le capitaine Matson en l'étouffant dans son propre lit, et Charles Fich d'un coup de poignard au cou, et qui noya la famille Gladworth tout entière au large de Devonport? Et n'est-il pas l'un des principaux instigateurs du meurtre de sir Arthur Sommer, ce pauvre vieux qui prétendait jouer aux politiques à l'heure où il aurait été sage de penser à son salut? Et combien d'autres?

— Mais, objecta Adalbert d'une voix altérée, si cela est exact, comment est-il libre, comment n'a-t-il pas subi le châtiment de ses crimes?

— Comment? répéta l'interlocuteur en regardant Duval d'un air indécis. Oui, comment? C'est que de bien puissantes protections le couvrent... bien qu'il ait fait connaissance plus d'une fois avec les cachots de la Tour.

— Le roi, lui-même, ajouta Claude avec insouciance, eut, dit-on, recours à ses bons offices... !

Il régna, pendant quelques secondes, un silence profond que Duval lui-même rompit en riant de bon cœur sans qu'Adalbert devinât pourquoi ; puis, le routier ajouta d'un ton sarcastique :

« Soyez persuadé, monsieur Smith, que mon jeune ami a goûté un vif plaisir à vos révélations, car le colonel Blodson, c'est son père.

Un nouveau silence, terriblement gêné, plana.

— Oh ! Claude, reprocha Smith presque avec colère, pourquoi ne pas nous avoir prévenus?

— Cela vaut mieux ainsi, déclara le célèbre chef de brigands, subitement sombre. Blodson l'a fait élever mystérieusement en France, sous un autre nom que le sien, et l'a scrupuleusement tenu à l'écart de sa propre personnalité. Maintenant, il le fait revenir ; tôt ou tard, l'enfant aurait appris ce que vous venez de lui dévoiler.

— Claude, reprit Smith, après avoir considéré longuement, de même d'ailleurs, que ses deux compagnons, le pâle et noble visage d'Adalbert, il y a une énigme là-dessous, quelque diablerie. Jamais ce garçon, au regard si droit et si pur, ne fut le fils de ce noir scélérat. Monsieur, continua-t-il, s'adressant au jeune homme. Je ne vous connais guère, mais je me sens attiré vers vous par une instinctive sympathie. Me donnerez-vous cette marque de confiance de me raconter votre histoire?

— Je ne vois pas, monsieur, répondit Adalbert avec émotion, pourquoi je vous cacherais le peu que j'en sais. Mes premiers souvenirs d'enfance sont très vagues : ils me représentent un village de pêcheurs au bord de la mer en France, où je vivais pauvrement dans une cabane ; puis tard, vers l'âge de six ans, je quittai les braves gens qui d'abord m'avaient tenu lieu de parents et je vins habiter Rouen ; c'est là que j'ai vécu jusqu'à ces derniers temps, chez d'honorables bourgeois à qui, chaque année, quelqu'un payait pour moi une pension ; et faisait donner une instruction assez complète, apprendre l'anglais et le maniement des armes. La personne qui apportait ma pension était souvent Claude ; les autres fois, c'était un homme que je ne connais pas...

— Un de mes hommes, à moi, renseigna le routier.

— Et jamais, interrogea le personnage désigné sous le nom de Smith, vous ne vîtes Blodson?

— Jamais.

— Mais votre nom?

— J'étais connu sous celui d'Adalbert de Ranson, mais jamais nul ne put me dire pourquoi celui-là plutôt qu'un autre. Bref, voici quinze jours, Claude parut, m'annonçant que mon père avait décidé que je vinsse auprès de lui...

— Et vous voici. Que vous en semble, Peters, et vous, Shrewsby? ,

Les deux personnages hochèrent la tête et l'un d'eux déclara :

« Il est difficile de déterminer la nationalité d'une personne au simple aspect de son visage. Pourtant, j'admettrais volontiers que ce jeune gentilhomme — car il l'est, j'en jurerais — est Français plutôt qu'Anglais.

— C'est aussi mon avis, opina l'autre. Quant à être le fils de Blodson... Mais, s'il ne l'est pas, pourquoi le colonel ferait-il croire qu'il l'est?

— Avec une existence comme celle qu'il a menée, tout est possible, répliqua Smith. Bah ! jeune homme, qu'est-ce qu'un nom? Une étiquette sur un flacon, pas davantage, et qui ne préjuge aucunement de la valeur du contenu. Toutefois, si vous pouviez garder celui qui jusqu'ici fût le vôtre, cela vaudrait mieux...Après tout, vous êtes bien né quelque part, et il doit exister un acte qui mentionne le nom de vos parents.

Les regards se tournèrent vers Claude, qui tisonnait le feu pensivement ; mais comme le routier ne se dérangeait pas, on comprit qu'il ne parlait pas, parce qu'il ne le voulait pas. Smith reprit :

— Blodson est donc toujours à la solde de la comtesse de Treffanges? Un beau couple : le tigre au service de la vipère... Ne vous fâchez pas, Adalbert, je retire ce que j'ai dit...

— Oh ! maintenant, fit le jeune homme avec un geste désespéré...

L'hôtesse apportant triomphalement le punch fit diversion ; chacun s'installa auprès d'une table, les bois s'emplirent et de gais propos où brillaient, bien entendu, l'esprit et la verve de Claude, ne tardèrent pas à se croiser. Adalbert avait avalé d'un trait le contenu du récipient placé devant lui, ce qui le fit tousser à perdre haleine, pour la plus grande joie des convives. Une demi-heure s'écoula ainsi ; le jeune homme sentait un peu d'ivresse monter à son cerveau, et il se mêlait à la conversation, s'étourdissant à ses propres paroles. Il y eut, soudain, au-dessous, un vacarme de discussion, où l'on percevait un organe tonitruant, dominant à peine une voix aigre et perçante.

— Eh ! mais, voilà notre colonel ! s'écria Smith.

Presque aussitôt, la porte s'ouvrit avec violence et l'athlétique colonel parut, son feutre rejeté en arrière. Il menait par le collet un petit homme jaune et malingre, tout de noir vêtu, qu'il secouait comme un prunier en disant :

— Je vous tiens, coquin, et quand je tiens quelqu'un, je le tiens bien. Nous allons régler nos vieux comptes, puisque le diable, notre commun patron, nous a mis en présence !

Il l'empoigna par les épaules et l'assit sur un siège avec tant de force que le bois craqua.

— Eh bien, Blodson, fit Smith.

Le colonel tressaillit, regarda autour de lui : ses yeux s'arrêtèrent sur celui qui venait de l'interpeller, qui esquissa un geste impérieux imposant le silence ; mais il était trop tard.

— Le roi, s'était exclamé Blodson, en blêmissant.

— Que le diable te grille, grommela Smith. Imbécile !

— Quoi ! s'exclama impétueusement Adalbert, toujours sous l'influence du punch, est-il possible que vous soyez Charles II, roi d'Angleterre?... Ici, dans ce bouge !

— Eh bien ! oui, enfant, répliqua l'autre d'un air mécontent, et vous étiez, de ces messieurs, le seul à l'ignorer... Dans ce bouge, dites-vous? Les passions qui fermentent autour de nous, dans ce quartier ignoble, ne sont pas pires que celles qui bouillonnent à Whitehall (palais royal) et alentours. Demandez-le donc à votre père.

Et le roi, — car c'était bien lui — éclata d'un rire amer. Le colonel blêmit davantage et recula en regardant le roi avec méfiance. Celui-ci reprit :

— Eh bien! colonel, ce complot? Avez-vous enfin trouvé le candidat de vos rêves à notre succession, celui qui sera le pantin dont votre parti compte manœuvrer les fils? Oddsfish! l'homme, c'est donc vrai, vous ne demeurerez jamais en paix?

— Je... je ne sais ce que Votre Majesté...

— Laissez Ma Majesté en repos. Quant à ne pas avoir compris le sens de mes phrases, c'est un pur mensonge. Soyez donc franc, morbleu, et ne fixez pas obstinément ce placard comme si vous redoutiez d'en voir sortir tout à coup une compagnie de mousquetaires. Regardez-moi en face, colonel, en vaillant soldat que vous fûtes, avant de devenir... ce que vous êtes aujourd'hui.

Blodson recula de nouveau, sans répondre, tandis que tous les autres écoutaient avec une curiosité passionnée.

— La police de Londres est bien mal faite, continua Charles sans renoncer à son ton de persiflage, mais j'ai la mienne, qui fonctionne mieux, comme vous le constatez. Je n'ignore pas grand'chose de vos projets, ni de ceux du parti populaire, ni du duc de Glocester, ni de cet estimable M. Golbrige, ici présent.

— Moi !... moi, sire, explosa le petit homme, vert de peur. Moi, comploter contre la personne sacrée de Votre Majesté !...

— Oui, vous, monsieur, confirma le roi avec un froid mépris. Épargnez-moi des dénégations qui seraient autant de... contreverités.

— Alors, dit Blodson, s'avançant avec un air de défi, qu'attend Votre Majesté pour nous faire arrêter?

— Quand un chasseur voit venir vers lui une troupe de grouses et qu'il s'amuse à tirer des oiseaux isolés au risque d'être désarmé quand arrivera le gros du voilier, ce chasseur n'est qu'un sot. Je vous prendrai tous ensemble du même coup de filet.

— Et c'est ici, dans ce lieu écarté, où nul secours n'est à votre portée, que vous me dites cela, sire? ricana Blodson, visiblement hors de lui.

— Je ne crains ni votre épée, ni votre poignard, monsieur, riposta le roi avec hauteur. Et, au surplus, que signifie cet entretien? Qu'êtes-vous venu faire ici? Chercher votre fils? Est-ce que vous avez besoin d'un fils, vous? Est-ce que vous avez le droit d'avoir un fils? Qu'en voulez-vous faire? Un assassin stipendié, un spadassin à gages, comme vous-même?...

— Ah ! par l'enfer, hurla Blodson, écumant de fureur, je suis bien tout ce que vous venez d'énumérer, mais je défends qu'un homme me le dise ! Voilà qui va ouvrir la succession au trône mieux que tous les actes du Parlement !

Il arracha un pistolet de sa ceinture, et fit feu sur Charles qui, debout, le bravait avec un sourire provocant sur les lèvres. Le colonel passait pour un infaillible tireur, et tous les assistants, même le petit homme noir, exhalèrent un cri d'horreur. Mais le projectile n'arriva point à destination, car Adalbert de Ranson, empoignant le bras du colonel, l'avait, juste au bon moment, rejeté vers le plafond où la balle alla se loger...

(A suivre.) GASTON CHOQUET.

L'OBÉISSANCE PASSIVE

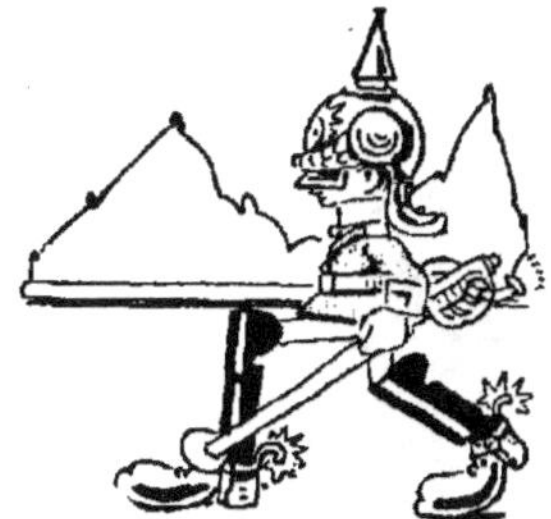
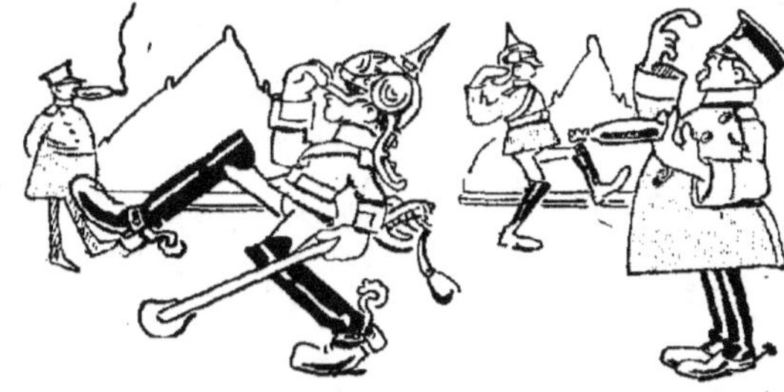

1. — Hans von Korbeill, jeune recrue fraîchement incorporé, profite qu'il a obtenu une permission de la journée pour aller se promener. Tout en se promenant, il rencontra...

2. — ... le major Grossbadern qu'il salua et honora d'un pas de parade plein d'élégance, ainsi que les règlements militaires le lui ordonnaient. Ce jour-là le major, pour n'en point perdre l'habitude, avait bien déjeuné...

3. — ... et encore mieux bu, il résolut donc d'agrémenter sa digestion d'une comédie burlesque... — Psst ! fit-il en appelant le soldat. viens ici.

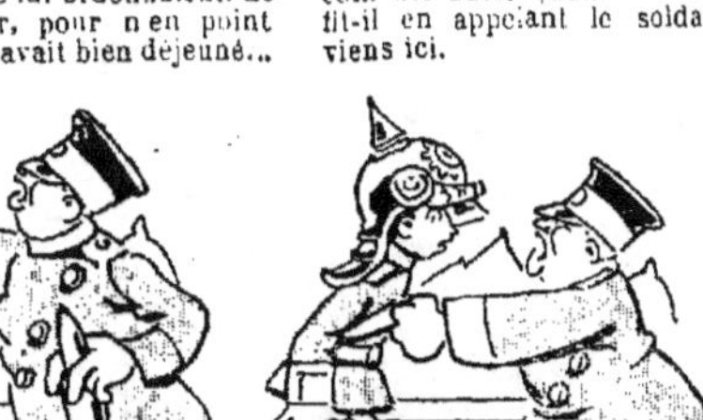
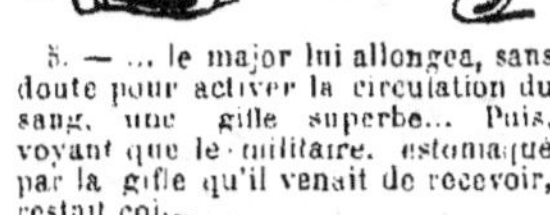
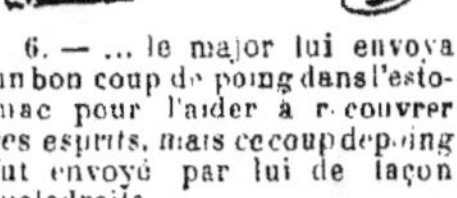

4. — Hans accourut aussi vivement que le lui permettaient ses bottes pesantes et éperonnées, et quand il fut devant le major, celui-ci lui dit « Lèche mes bottes... » Or, comme le soldat n'obéissait point assez vite...

5. — ... le major lui allongea, sans doute pour activer la circulation du sang, une gifle superbe... Puis, voyant que le militaire, estomaqué par la gifle qu'il venait de recevoir, restait coi...

6. — ... le major lui envoya un bon coup de poing dans l'estomac pour l'aider à recouvrer ses esprits, mais ce coup de poing fut envoyé par lui de façon maladroite.

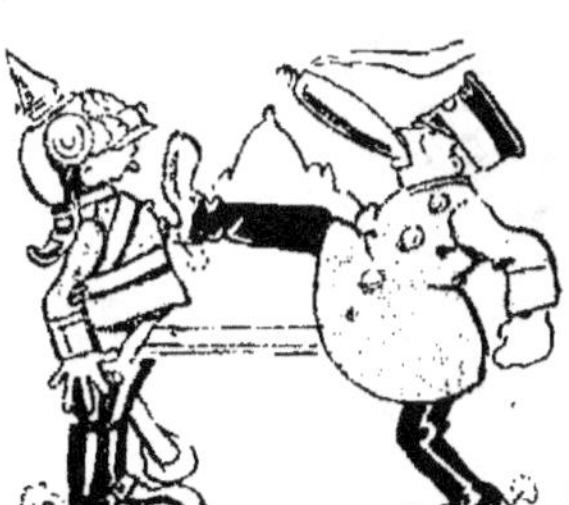
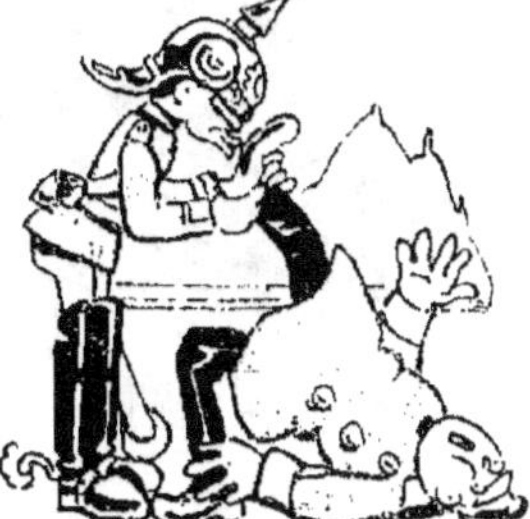
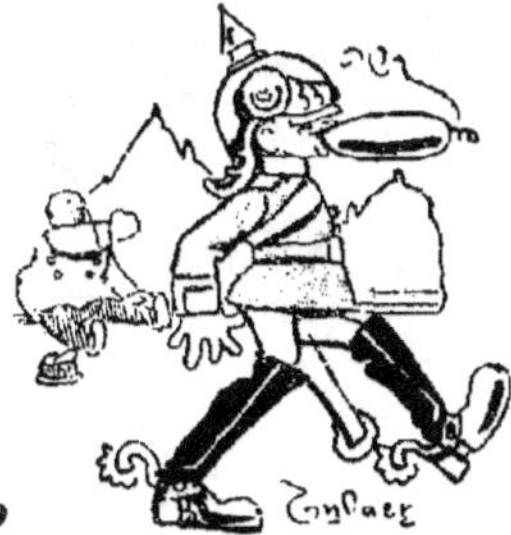

7. — Il se fit mal. Enfant des hwein, hurla le major, qui a fait exprès de m'écorcher le poing avec un bouton de sa tunique. tiens, voilà pour t'apprendre, ajouta-t-il en lui décrochant un coup de talon dans l'abdomen, et maintenant, lèche mes bottes, ou je te pulvérise. Le soldat ne voulant pas être pulvérisé...

8. — ... profita qu'il n'avait pas besoin de se baisser pour embrasser la botte du major, il prit le pied qui venait de le frapper, et fit le simulacre de l'embrasser... pendant que le major, perdant tout à fait un équilibre déjà instable, s'écroulait à terre... Et comme en s'écroulant...

9. — ... il avait lâché son magnifique cigare, Hans von Korbeill, dans la crainte que son supérieur en se relevant ne l'oubliât, le recueillit, il le fuma avec délices en s'éloignant à grands pas, renonçant aux félicitations que le major regretta par cette fuite rapide, de ne pouvoir lui faire.

UN RECUEIL UNIQUE DE DOCUMENTS SENSATIONNELS

N'OUBLIONS JAMAIS !

Album de Grand Luxe : : : : : Couverture en couleurs !

Dévoilant pour la première fois dans toute leur véridique horreur,

L'ouvrage de 36 pages, contient de nombreuses photographies d'une exécution parfaite, et des compositions de nos meilleurs artistes, dessinées avec un réalisme poignant.

les atrocités et les crimes commis par les A... Une grande carte panoramique des ruines, complète la documentation. Un texte bref et basé uniquement sur des informations strictement contrôlées accompagne les gravures

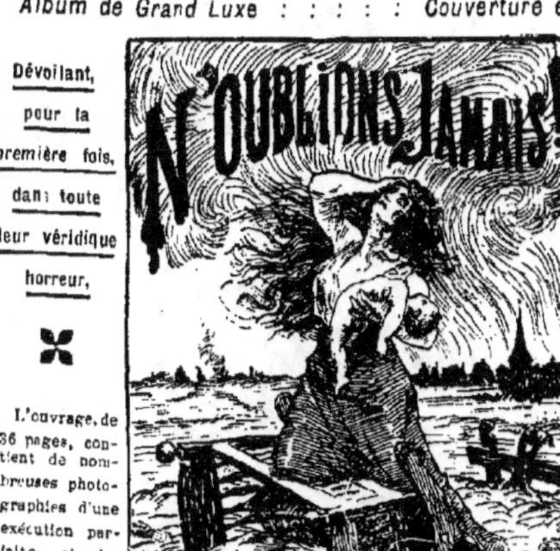

Pour conserver en votre cœur et en celui de vos Enfants

TOUJOURS ROBUSTE ET TENACE, LA HAINE DES BARBARES TUDESQUES

Ayez sans cesse sous les yeux

LEUR ŒUVRE DÉVASTATRICE ET SANGUINAIRE

Reproduite, avec l'implacable fidélité de l'objectif, dans

N'OUBLIONS JAMAIS !

En vente partout, au prix de : 60 centimes

Envoi franco contre 75 cent. en un mandat, adressé à l'Administration de JEUNE FRANCE 3. rue de Rocroy Paris (Xe).

DEMANDEZ

En vente partout :

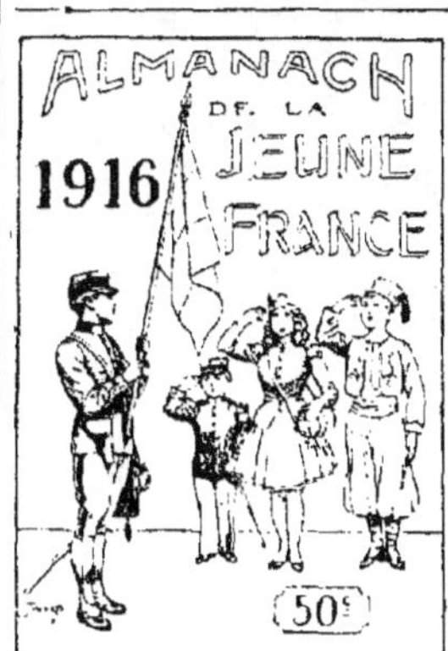

L'ALMANACH DE LA JEUNE FRANCE

50 Centimes.

Envoi franco contre 0 fr. 60

Adresser commandes et mandats à la JEUNE FRANCE, 3, rue de Rocroy, Paris.

LES ANGLAIS DANS LES FLANDRES

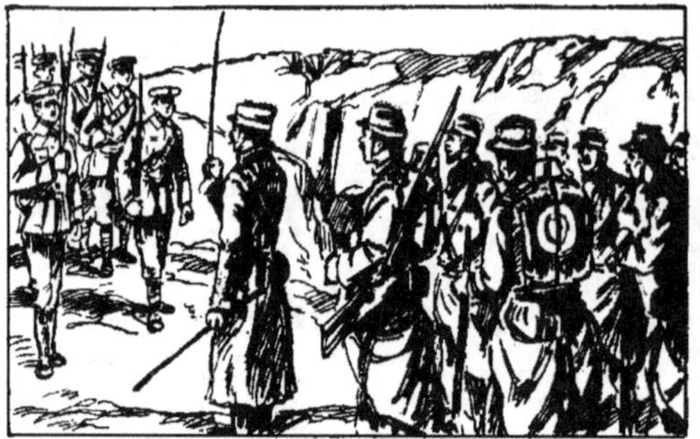

1 — Jusqu'au 20 octobre, les *tommies* avaient fait front à la bocherie sur l'Aisne. A ce moment, sans donner l'éveil à l'ennemi, ils évacuèrent nuitamment leurs tranchées, où nos poilus vinrent les remplacer, et ils montèrent vers le nord, dans es plaines des Flandres. Ce mouvement réussit à merveille. Aussi quand, à partir du 21 octobre, la horde tenta, au sud de la Lys, plusieurs attaques, elle fut repoussée et les *tommies* anéantirent 6.000 boches. Les soldats de l'empereur des apaches...

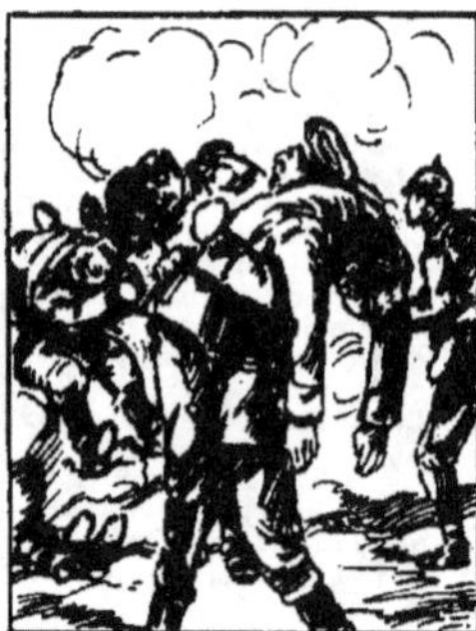

2. — ... furent si cruellement éprouvés que dans les jours qui suivirent, à Neuve Chapelle, les boches n'eurent d'autre moyen, pour se garantir contre le feu terrible de l'infanterie et de l'artillerie, que d'empiler, les cadavres des leurs. La résistance des...

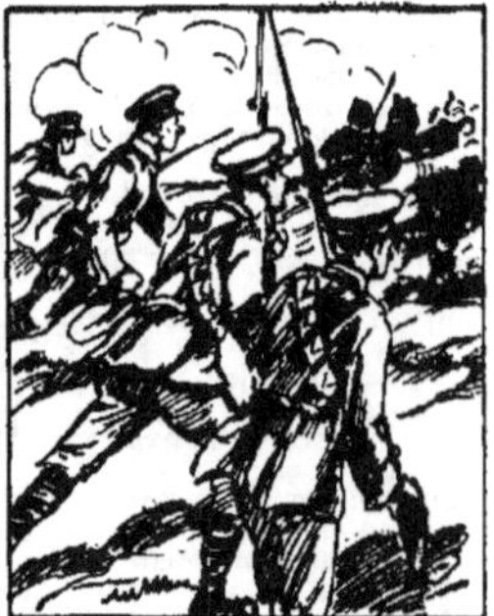

3. — ... Anglais fut merveilleuse. Une brigade de *tommies* (6.000 hommes) supporta le choc de 12.000 boches. Elle les laissa s'avancer pendant 40 minutes et, lorsqu'ils furent à 200 mètres, elle les cingla d'une décharge générale, puis se jeta à l'assaut.

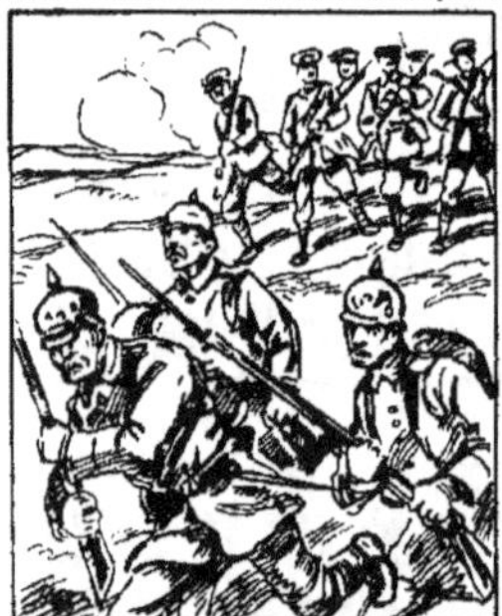

4. — Au nord de la Lys, sur le centre de l'armée anglaise, il y eut aussi de furieux engagements. D'abord, sous la poussée boche les *tommies* reculèrent un peu... mais revinrent à la charge, repoussèrent les boches qui arrivaient en troupeaux compacts et...

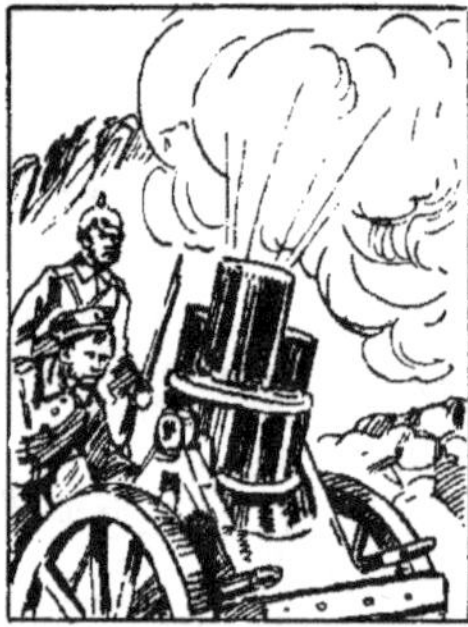

5. — ... les décimèrent. C'est dans ces parages que, pour la première fois, les boches mirent en fonctions des *mine werfer* qui sont des mortiers de tranchées et qui lancent du fond d'une tranchée jusqu'à une distance de 500 à...

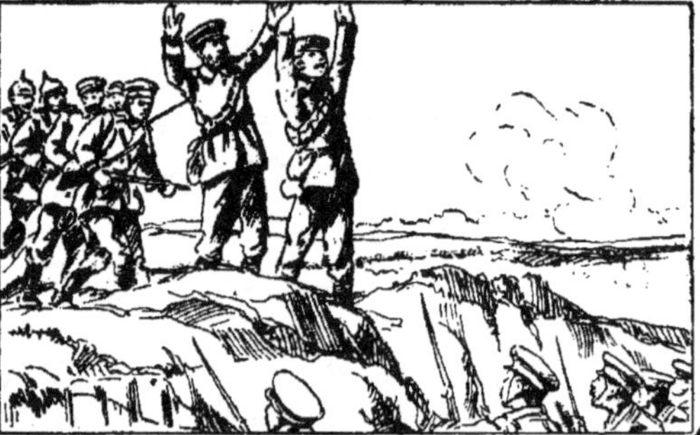

6. — ... 600 mètres, une bombe d'une centaine de kilos. Sur la gauche anglaise, près de Passchendaele, les boches ne furent pas plus heureux que sur les autres points. Pourtant, ce n'était pas faute de courage (car ils attaquaient avec audace !) non plus que de traîtrise, car à plusieurs reprises ils essayèrent d'avancer, en ligne profonde sur de front seulement, en criant : « Ne tirez pas ! Nous sommes *Coldstream Guards*. »

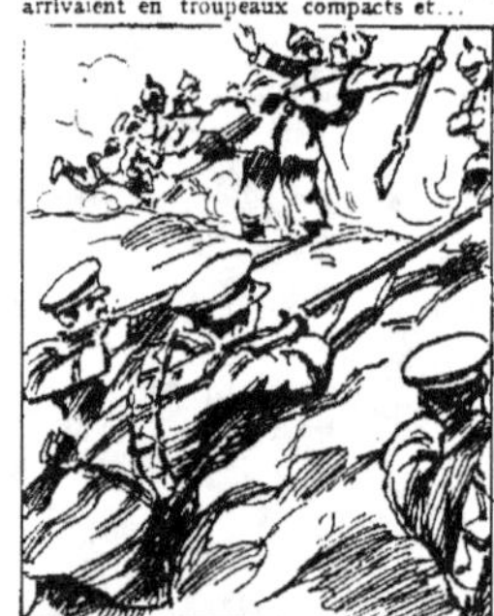

7. — Mais les apaches du kaiser ont trop usé du procédé. Les *tommies* les laissèrent approcher et les balayèrent lorsqu'ils furent suffisamment près. En une seule fois, il y eut ainsi 700 boches renversés.

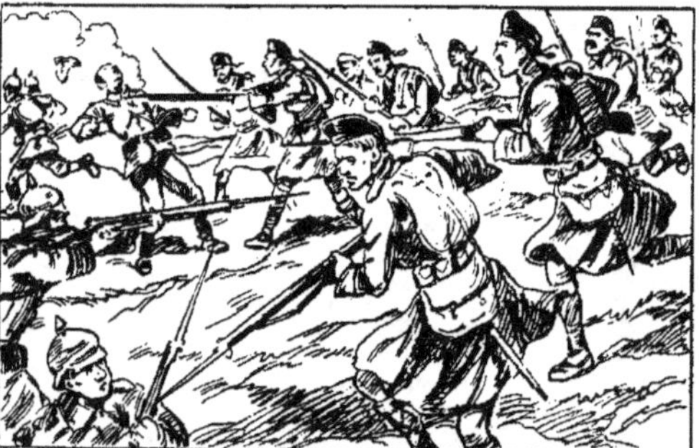

8. — Au cours d'un de ces combats sanglants, un bataillon de territoriaux écossais, débarqué depuis deux jours se distingua par sa bravoure. C'était du côté d'Ypres. Sous un feu terrible, il descendit d'une colline et donna l'assaut. En les voyant venir, les boches foncèrent sur eux. Mais les Écossais ne s'en émurent pas. Ils fixèrent leur baïonnette et se lancèrent en trombes dans les rangs serrés de la bocherie. Les apaches furent enfoncés et les Écossais en « écossèrent » un grand nombre.

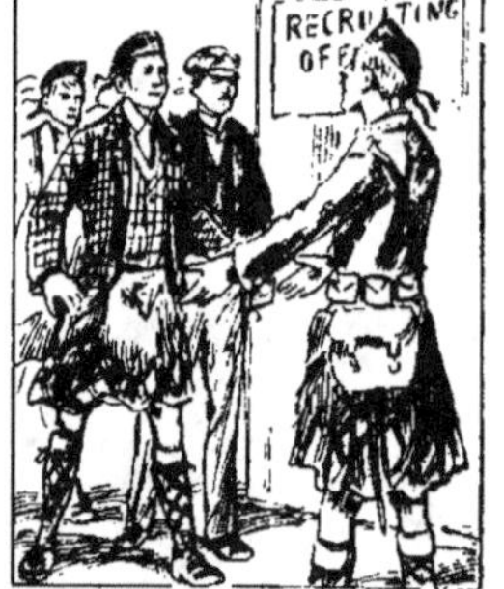

9. — Dès que la nouvelle de ce glorieux fait d'armes fut connue à Londres, une grande exaltation s'empara des jeunes Écossais, qui, en foule, se rendirent au dépôt du bataillon, demandant à s'engager, afin de marcher sur les traces héroïques de leurs compatriotes.

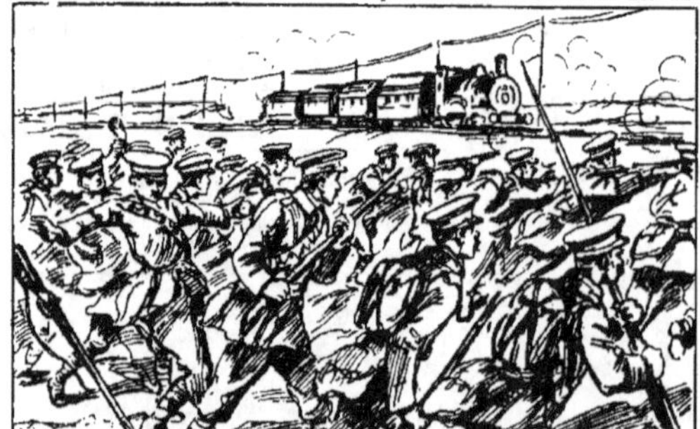

10. — Un autre admirable fait d'armes est celui de ce régiment de *tommies* qui, se trouvant en présence d'une division boche - c'est à dire à mille contre 12.000 ! — eut l'héroïque témérité de vouloir tenir quand même et pendant une heure, il fit face avec la plus farouche détermination. Quoique les boches eussent commencé un mouvement enveloppant pour encercler les *tommies*, ceux-ci ne songèrent pas un instant à la retraite et ils continuèrent à tirer calmement à la cible sur les boches.

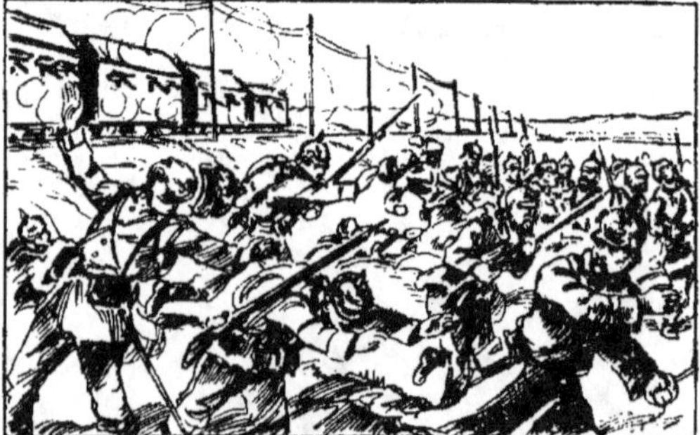

11. — Ils étaient perdus si, soudain, avec un bruit de tonnerre, un train blindé ne s'était avancé sur la ligne de chemin de fer que tenaient les Anglais. Avec ce coloris bleu, brun et jaune qui rend ces *croiseurs de terre* presque invisible, le train se trouva au milieu du combat avant que les boches ne l'aient aperçu. Alors, ça changea de face ! Les mitrailleuses fauchèrent à droite et à gauche. En quelques minutes, le combat cessa faute de combattants : le train blindé avait démoli environ 10,000 boches !

Numéro 37. — 21 Novembre 1915. — 10 Centimes. — TOUS LES DIMANCHES

LA JEUNE FRANCE

HISTOIRE ILLUSTRÉE DE LA GUERRE 1914-1915

ABONNEMENTS
Seine, Seine-et-Oise.. 6 fr.
Départements...... 7 fr.
Étranger.......... 9 fr.

ADMINISTRATION
3, rue de Rocroy
PARIS (X e)

LES INONDATIONS DE L'YSER

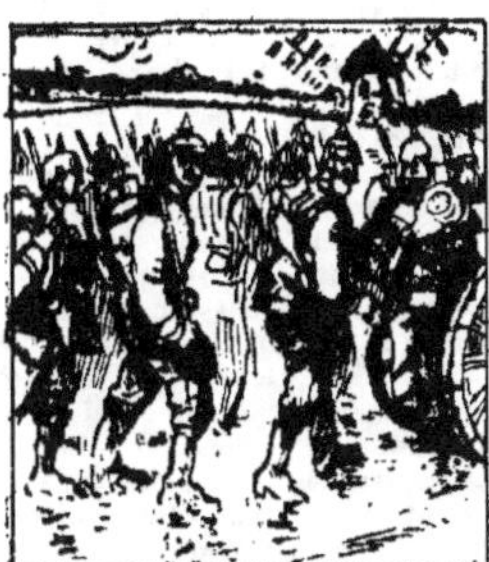

1. — En cette fin octobre, les boches étaient joyeux; sous la protection d'une artillerie formidable, ils avaient réussi à franchir l'Yser. Quelques planches avaient suffi pour assurer le passage. Après huit jours de combats, le canal était comblé...

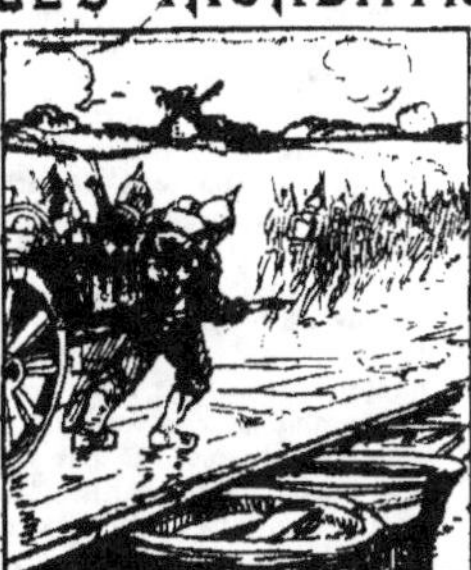

2. — ... par les péniches coulées, les troncs d'arbres, les cadavres des chevaux et aussi de milliers de soldats de l'empereur des apaches. Donc, rien de plus simple que de traverser l'Yser ; les boches passaient sur un pont de cadavres.

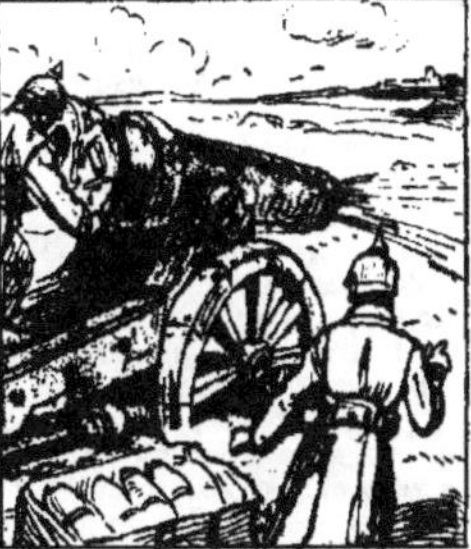

3. — Les troupes alliées s'étaient retirées en arrière. Des régiments restaient pour couvrir ce départ. L'infanterie boche, massée sur la rive gauche du canal, se préparait à donner l'assaut ; l'artillerie boche bombardait des bonnets de police...

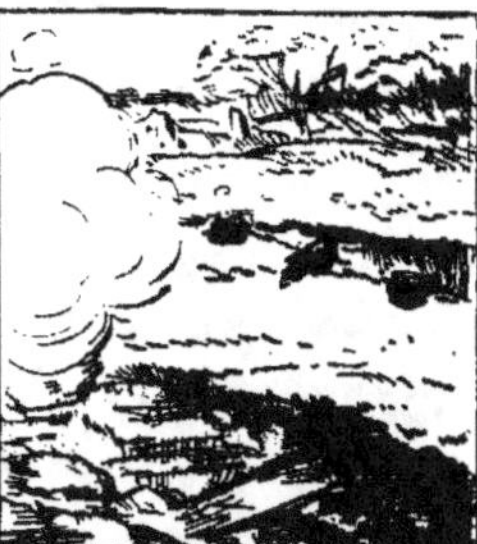

4. — ... que, pour donner le change à l'ennemi, nos poilus avaient laissé dépasser au-dessus de leurs tranchées. Après une suffisante préparation d'artillerie, les Boches foncèrent sur nos tranchées en poussant des hurlements de sauvages.

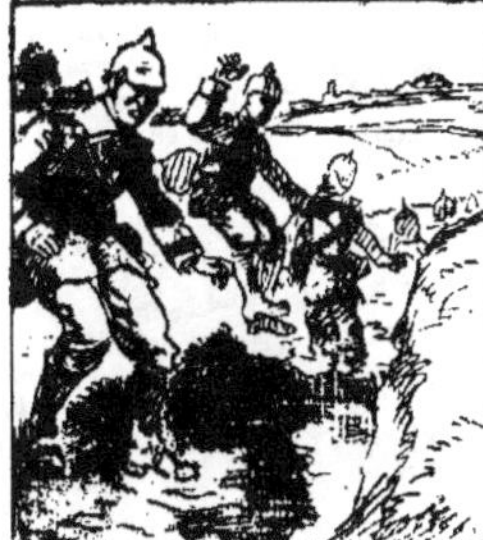

5. — Tout le monde était tué dans nos tranchées... Pas un coup de feu n'en partait !... Alors, les boches sautèrent dedans et à leur stupéfaction les trouvèrent vides... meublées seulement des bonnets de police posés au-dessus de bâtons...

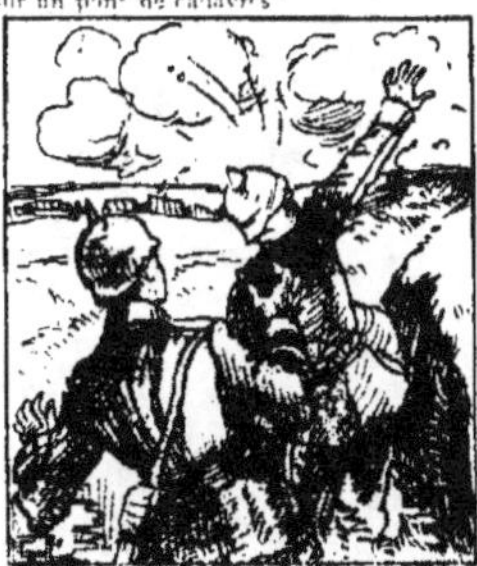

6. — Il était trois heures de l'après-midi !... A ce moment, comme les Boches commençaient à s'installer dans nos tranchées abandonnées, un grondement sourd se fit entendre dans la direction de l'ouest. On eût dit le grondement de la mer conquérante.

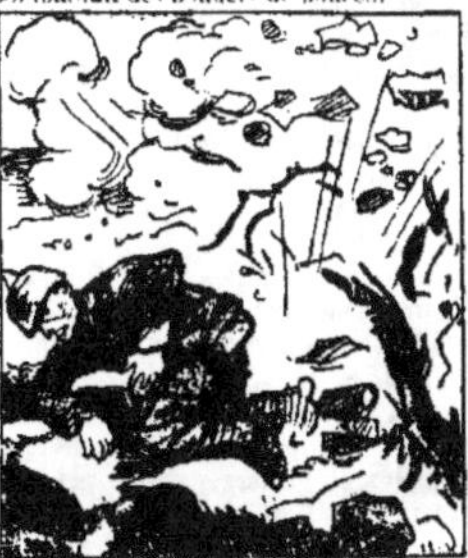

7. — Les boches dressèrent l'oreille, écoutant... Soudain apparut, remontant le canal, un bouillonnement formidable C'était une trombe dévastatrice qui abattait les maisons, déracinait les arbres, les roulant comme des fétus de paille.

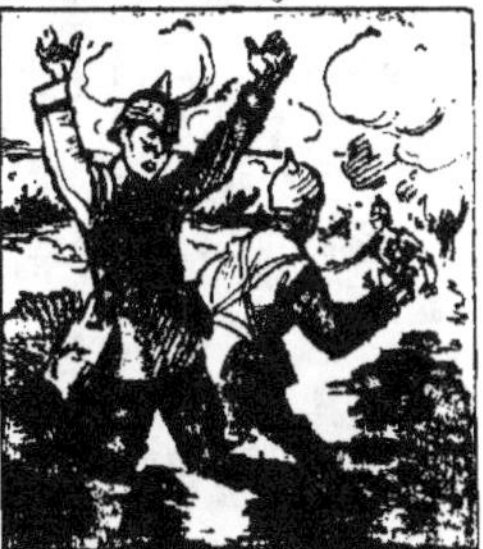

8. — Des cris d'épouvante et de rage s'élevèrent de toutes les poitrines boches. Les barbares voulurent fuir. Trop tard !... L'eau arrivait, comblant les tranchées, leur montant à la cheville aux genoux, au ventre... et roulant déjà des cadavres.

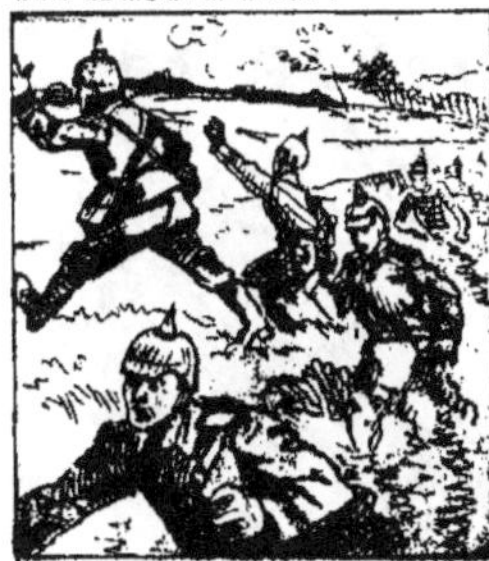

9. — Dans une course affolée, les boches qui avaient pu se sauver, s'enfuirent en hurlant d'effroi vers les terres hautes... Mais l'artillerie alliée, qui tout à l'heure était partie devant, et du haut des collines elle envoyait des volées de mitraille sur ceux qui avaient échappé à l'inondation.

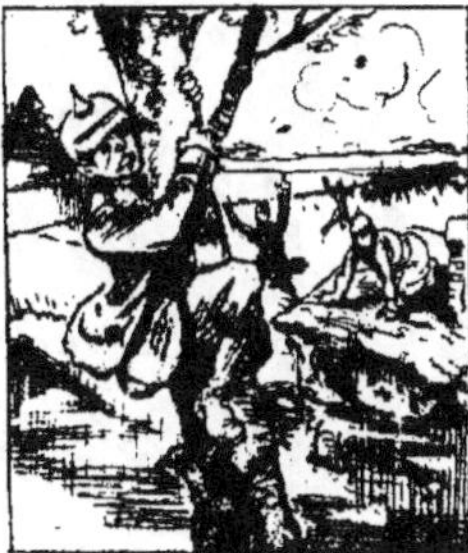

10. — Certains grimpaient aux arbres et escaladaient les toits des maisons que la trombe n'avait pas renversés. Mais ce n'était que pour servir de cible aux soldats alliés. Seuls furent sauvés les quelques-uns qui, ayant réussi à gagner nos lignes, furent faits prisonniers.

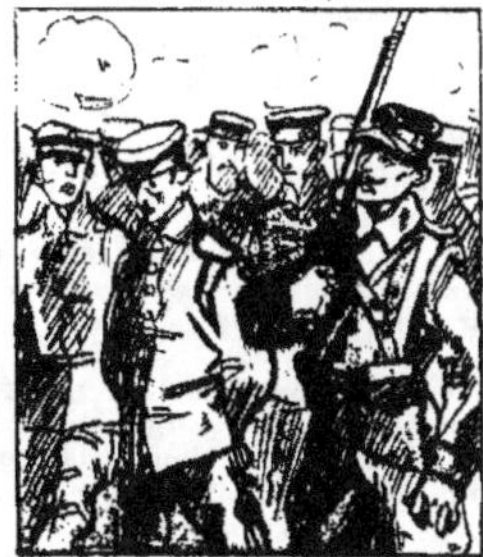

11. — Maintenant, à la place de la vallée, de la rivière, du canal, de la route, on ne voyait plus qu'une masse miroitante. A peine quelques poteaux télégraphiques surgissaient-ils du grand lac où était engloutie toute une brigade boche, c'est-à-dire...

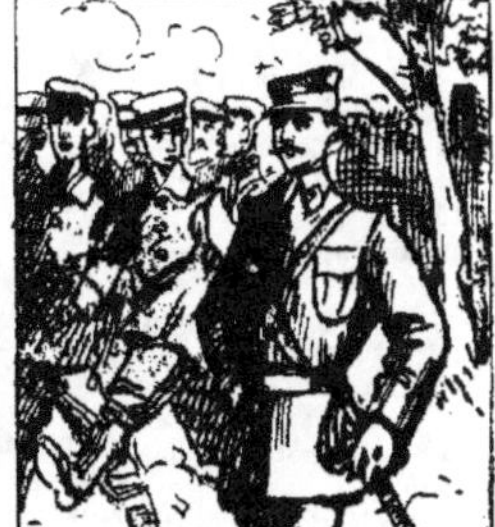

12. — Le bras de cette colossale noyade qui simplifiait le travail des canons et des mitrailleuses, revient au gardien des écluses de Nieuport qui, la veille, s'était présenté avec un rouleau de papier à la main et avait insisté pour parler au roi Albert...

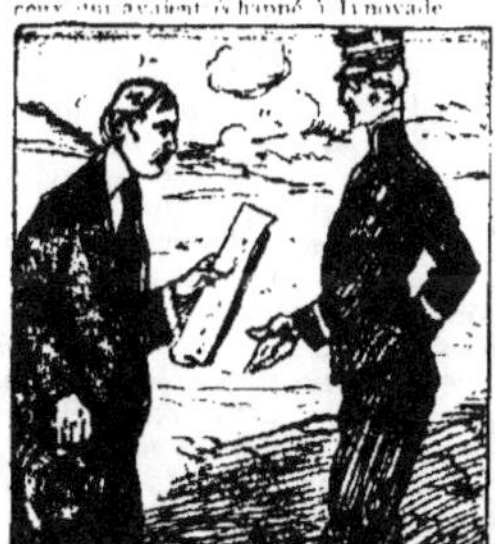

13. — S'il n'avait pas été aussi facilement accessible autour de lui, l'étiquette avait élevé une barrière infranchissable, l'éclusier se fût peut-être rebuté. Mais tout de suite il fut cordialement reçu par je ne sais qui — Albert I — et il put lui exposer son plan...

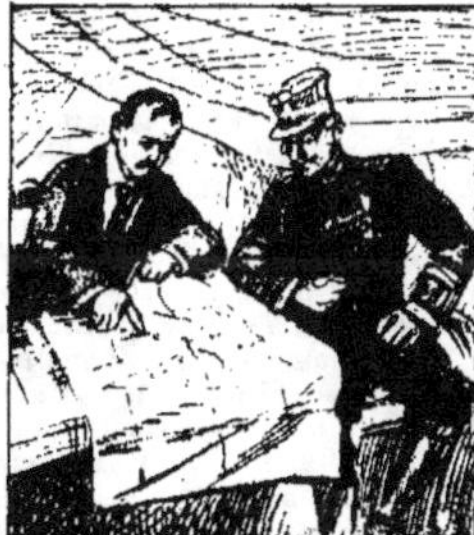

14. — ... il déroula son papier, ... était une carte et, à voix basse, très mystérieusement, mettant le doigt sur les points stratégiques, il lui expliqua que rien n'était plus simple et plus facile que de revenir en bord du chemin de fer qui, en certains endroits...

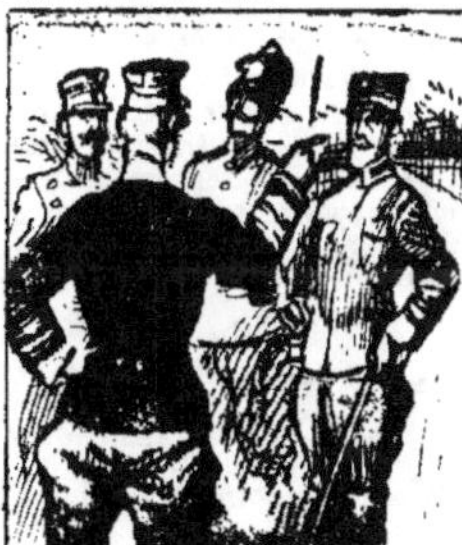

15. — ... fermait sa digue du canal. Le roi trouva l'idée géniale et, non content de féliciter le gardien des écluses, il le décora de l'ordre de Léopold. Puis, sans perdre de temps, il donna les instructions nécessaires pour que l'armée se repliât avec ses canons...

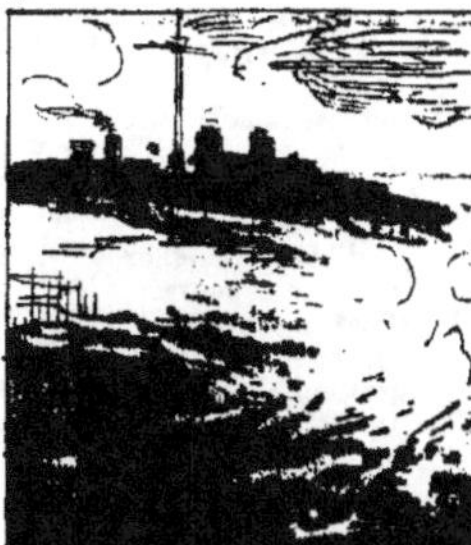

16. — D'autre part, les navires de guerre anglais embossés devant Nieuport furent avisés de la besogne qu'ils avaient à accomplir, le lendemain, comme les Boches les virent canonner la digue du chemin de fer, ils se moquèrent de cette clubs anglaise... mais ils ne s'en gaussèrent pas longtemps!

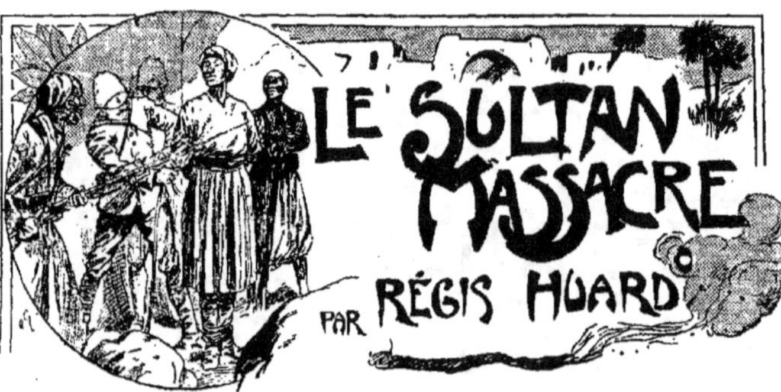

RÉSUMÉ DES CHAPITRES PRÉCÉDENTS

Aux territoires du Tchad (Centre Africain) en 1900. En pleine lutte entre les troupes de Rabah (le sultan Massacre) et les Français.

C'est l'écrasement pour les rabhistes : le sultan est tué; Dikoa, la capitale, enlevée par nos tirailleurs.

Les deux fils aînés de Rabah sont obligés de tenir la brousse.

Le troisième, Hassein, traqué dans la poudrière de Dikoa, s'est caché dans un réduit où sont entassés des sacs de poudre : il est décidé à se faire sauter avec les vainqueurs qu'il entend venir. Les sergents Kermarec et Durantin l'ont découvert à temps. Le premier a sauté sur lui et essaie de l'immobiliser alors qu'il bat le briquet qui doit mettre le feu.

CHAPITRE XXVI (Suite.)

LA FORTUNE DE MARIE

Kermarec devina tout de suite le projet d'Hassein. D'une voix vibrante, il lança l'appel convenu en le précipitant :

— Viens... vite, vite... il veut nous faire sauter.

Immédiatement, d'un bond, il fut assis sur les sacs, prêt se mettre debout...

Hassein comprit que le saisissement provoqué par cette arrivée d'un hôte inattendu venait de lui faire perdre une seconde irréparable et qu'il avait à peine le temps d'enflammer le coton... Il battit le briquet, les étincelles scintillèrent... la bourre ne s'alluma pas...

Le jeune homme restait impassible, gardant tout son sang-froid, mais il sentit qu'une sueur glacée lui coulait sur le front et le long des membres...

Mentalement, il invoqua Allah :

— Deux secondes encore... pour ta plus grande gloire...

Kermarec s'était mis debout... D'un bond, il se jeta sur Hassein. Celui-ci attendait le choc et s'était mis en garde, bien campé sur ses pieds, protégeant son briquet par un mouvement du corps...

Deux fois, trois fois, il frappa la pierre avant que Kermarec ait eu le temps de le saisir à bras-le-corps, de paralyser ses mouvements. Le fer s'abattit à nouveau sur la pierre. Un point rouge brilla sur la bourre... Enfin !...

Hassein souffla sur ce petit point de feu qui était le salut pour lui...

Mais Kermarec avait vu le danger. D'un effort surhumain, il saisit les poignets d'Hassein à les briser.

Mais le jeune homme ne lâchait pas prise... Il fallait faire vite. D'un coup d'œil de côté, Kermarec vit la tête de Durantin apparaître au-dessus des sacs. Il s'en fallait peut-être d'une demi-seconde que la catastrophe se produise ou fût évitée...

La bourre enflammée maintenant brillait aux mains d'Hassein.

— Vite, vite, mon vieux! hoquetait Kermarec à bout de forces.

Il comprit qu'il fallait d'abord éloigner Hassein du sac éventré. D'une poussée, où il donna son dernier effort, il tenta de le jeter en arrière. Hassein trébucha, gardant toujours à la main la bourre enflammée sur la pierre... Dans un éclair de pensée il se redressa, voulut jeter la petite flamme dans la direction du sac ouvert... Mais, au même instant, une main s'abattait sur sa main, sur la pierre, sur la bourre, serrant le tout avec l'énergie du désespoir, c'était Durantin qui venait de monter et qui arrivait juste à temps pour empêcher la catastrophe...

Une demi-seconde après, il eût été trop tard !

Durantin serrait toujours d'une main la main fermée d'Hassein. De l'autre main, il saisit son ennemi à la gorge.

— Bandit, bandit, criait-il... Enfin, je te tiens !... C'est la bonne, ce coup-ci...

Hassein ferma les yeux et n'eut pas un mot, pas une plainte. La partie était perdue pour lui, il le savait : ses jours, ses heures étaient comptés. Il acceptait d'avance le sacrifice de sa vie, regrettant simplement qu'il ne pût être plus utile à la cause d'Allah et de l'empire menacé...

Les deux sergents étaient là près de lui...

Durantin donnait des ordres aux tirailleurs accourus à ses cris. Il demandait qu'on lui passât une corde solide pour amarrer « un gibier d'importance ».

Kermarec, lui, se sentait triste. Tout un travail s'était fait dans sa pensée. Il devinait aisément le motif de la présence d'Hassein dans la poudrière, et savait assez que ce fameux ennemi n'était pas un lâche, qu'il n'était pas venu dans ce réduit pour y chercher un abri contre les balles, qu'il voulait certainement, en incendiant la poudrière, la nuit venue, anéantir une partie de la ville et des troupes européennes.

Involontairement, le sergent sentait monter en lui un sentiment d'admiration, de sympathie, pour tant de tranquille audace et de dévouement à l'idée de religion et de patrie.

Il restait muet, pendant que Durantin s'impatientait...

Enfin, les tirailleurs revinrent, apportant une corde solide.

Nous n'insisterons pas sur ce qui suivit : *File-en-Douce*, avec des lazzis, voulut « amarrer » lui-même son prisonnier et aider à le descendre sur le sol...

Quand cela fut fait, il ordonna à deux tirailleurs de prendre le prisonnier, l'un par les épaules et l'autre par les pieds, afin de le conduire en lieu sûr...

— Et tu verras, mon vieux frère, dit-il en se tournant vers Hassein, si tu vas pouvoir te sauver... Tu es rincé comme un verre à bière... C'est pas trop tôt, hein, mon petit Breton, termina-t-il avec une tape sur l'épaule de Kermarec...

La petite troupe, suivie par Marie, regagna le centre de la ville où déjà se formait le camp des Français.

Durantin, toujours en tête, arriva près du capitaine commandant d'armes. Il fit un rapport sommaire, fit part de l'importance de la capture et obtint l'autorisation de veiller lui-même, aidé de Kermarec, sur le prisonnier, c'est-à-dire de le garder près d'eux...

Une demi-heure après, les deux sergents et Marie étaient rangés autour d'un feu, pendant qu'un tirailleur préparait le repas du soir et que Hassein, toujours ligoté, était étendu sur le sol, la face aux étoiles...

Alors que Kermarec semblait poursuivre un rêve douloureux, Durantin, lui, se sentait joyeux comme si, dans l'effet là-bas, à Paris, en plein Belleville, dans les soirs de « riboule »... Il faisait mille agaceries à Marie, tapait sur les épaules de Kermarec ou de temps à autre se tournait vers Hassein, lui demandait ironiquement :

— Eh ben, mon poteau?... tu te la coules douce, hein... Monsieur tire sa cosse !... C'est égal, sans Marie, ce charmant garçon nous aurait envoyés tout droit au ciel, dans un feu d'artifice épatant !... Dis donc, Kermarec, tu te vois transformé en fusée et moi, en chandelle romaine !...

CHAPITRE XXVII

OU LE HASARD FAIT BIEN LES CHOSES

Bientôt la nuit fut noire et le camp s'endormit...

Les deux sergents ne voulurent pas loger dans une des cases de la ville.

— C'est pas à faire, fit Durantin... On ne sait jamais... A la belle étoile on se défend... Ces cages à nègres on vous tue traîtreusement...

Il fut donc convenu que tout le monde dormirait autour des feux que les deux sergents firent entretenir soigneusement...

Ils se firent placer à terre des paquets de feuilles vertes.

— Ça fleure bon, mon vieux Kermarec... on s'allonge là-dessus... on se croirait dans le bois de Meudon par une belle nuit d'été... Une couverture sur le dos, et ça y est...

Mais avant de s'allonger sur leurs lits champêtres, les deux amis délièrent Hassein et lui firent apporter à boire et à manger.

Le malheureux zhâbit ne voulut pas même toucher la boule de mil et les tranches de poisson fumé que lui présenta un tirailleur; mais il but à longs traits une calebasse d'eau fraîche.

Après quoi, les deux sergents firent rattacher ses liens, s'assurèrent eux-mêmes de leur solidité et firent placer Hassein à deux pas de l'un des foyers, de façon à ne pas le perdre de vue.

Par surcroît de précautions, il fit coucher un des tirailleurs à quelques mètres plus loin...

Mais, au fait, que pouvait-on craindre? Une évasion?... Mais le malheureux Hassein était ligoté, incapable de se lever, de se tenir debout, de défaire lui-même ses liens...

Les deux sergents, le tirailleur et Marie s'allongèrent sur leurs lits de feuillages... Marie, brisée de fatigue et d'émotion, s'endormit presque tout de suite... Le tirailleur, en bon indigène qu'il était, ne se fit pas prier et quelques minutes après on pouvait l'entendre ronfler... Les deux sergents voulurent fumer une pipe, mais Kermarec lui-même ne put en venir à bout : il tira quelques bouffées, son bras se détendit, il retomba tout de son long et il s'endormit si vite qu'il ne songea pas même à souhaiter le bonsoir à Durantin. Celui-ci résista quelques minutes de plus, mais, vaincu à son tour, il murmura quelques mots :

— ... soir... poteau... bonne... nuit... et s'endormit à son tour.

Il ne restait plus dans cette grande place d'ombre, percée seulement de quelques points rouges qui étaient les foyers, qu'un homme qui veillait...

C'était l'infortuné Hassein, étendu sur le sol, face aux étoiles...

Son esprit vagabondait, remuait les pensées les plus tristes.

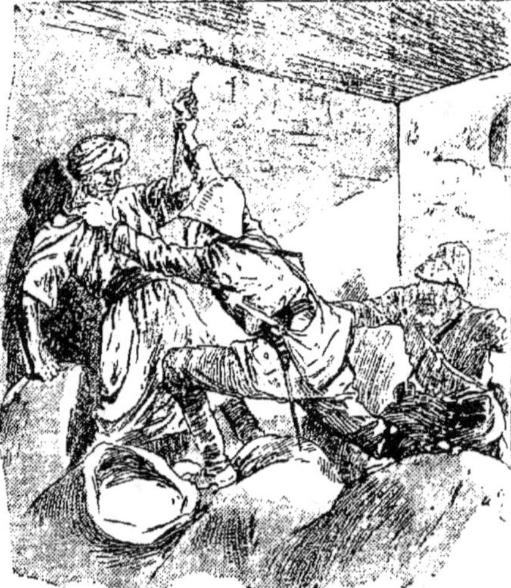

— Bandit ! criait-il. Enfin je te tiens !

Cette fois c'était bien fini : il était vaincu, prisonnier de ses deux plus mortels ennemis. Il serait jugé le lendemain et quelle grâce pouvait-on attendre des infidèles?...

Les deux sergents mettraient leurs chefs au courant du rôle actif joué par Hassein depuis le début de la campagne... Et d'ailleurs n'avait-il pas été arrêté dans la poudrière et les Français pouvaient-ils admettre qu'il n'y fût pas entré avec de mauvaises intentions à leur égard?...

Ainsi donc, son cas était clair. Il serait condamné à mort et il était trop soldat dans l'âme pour ne pas reconnaître que, les rôles renversés, il n'en eût pas ainsi décidé.

Ce n'était pas la mort qui l'effrayait. Il avait toujours suivi les principes de la loi d'Allah, n'admettant aucune transaction avec sa conscience, subordonnant le moindre de ses actes aux prescriptions de la loi coranique...

Allah lui serait clément et miséricordieux, il en était sûr.

Mais son cœur se serrait à la pensée de quitter la vie sans voir le triomphe des siens et sans assurer le bonheur de sa mère...

Sa mère ! La pauvre sultane qui avait pleuré quinze ans son petit enfant, qui pleurait aujourd'hui ce grand fils perdu aussitôt que retrouvé !...

Sa mère qui en mourrait de chagrin, comme une pauvresse dans un coin de brousse, sans qu'il pût lui apporter le moindre secours...

Sa fiancée !... Le beau rêve qui l'encourageait et l'exaltait depuis des mois, qu'il allait voir réalisé enfin... Hadjia, la compagne de toute son existence, celle à qui il devait la vie et par conséquent les honneurs qui l'avaient porté au premier rang des officiers de Rabah !...

Brisé, le rêve ! Et quel cauchemar prenait sa place!

Hassein en frissonnait encore : Hadjia enlevée pour satisfaire la haine et le passager caprice de son frère à lui !...

Quelle scène conçue par le cerveau d'un homme peut valoir en intensité ce drame vécu qui déchirait l'âme du jeune homme et le faisait maintenant étouffer ses sanglots!

Il s'apaisa pourtant. Le calme descendit en lui. Il regarda scintiller les étoiles dans le ciel clair et il se rappela que, tout enfant, le vieil hadji Takro se plaisait à les nommer comme il est dit dans les livres d'Ibn-Batouta...

Puis son esprit redescendit vers la terre : il remarqua que les feux tombaient et que personne n'en prenait plus soin...

C'est que tous dormaient : les deux sergents, le tirailleur et la jeune esclave noire, qu'il haïssait tant pour l'avoir privée si longtemps du document de Senoussi et pour avoir dénoncé sa présence aux infidèles...

Ah ! ces ennemis se doutaient bien que tout était fini pour Hassein et qu'il allait vivre sa dernière nuit, dans l'impossibilité de faire un mouvement.

Ils n'avaient pas même placé de sentinelle auprès d'eux et de leur prisonnier et aucun être humain ne venait troubler ce double écrasement de la fatigue et de l'ombre...

Hassein lui-même sentait l'engourdissement monter en lui... Malgré la douleur, la colère, l'inquiétude qui le fouettaient, il sentit son esprit s'engourdir, ses yeux s'appesantir...

Et peu à peu, il s'endormit, mais d'un sommeil léger qui était plutôt comme un étirement des membres...

Un moment, il crut sentir qu'on lui frappait à l'épaule, doucement, très doucement, d'un geste tendre...

Il pensa rêver et n'ouvrit pas même les yeux...

Mais, quelques minutes après, il fut obligé de se rendre à l'évidence.

La même main qui tout à l'heure le frappait à l'épaule, le touchait maintenant à la poitrine, aussi tendrement, comme pour l'inviter à se réveiller sans bruit...

Il ouvrit les yeux et crut à une hallucination...

Il souleva la tête, regarda fixement et eut grand'peine à retenir un cri de surprise...

Une femme était penchée sur lui, un doigt sur les lèvres pour l'inviter à ne point se trahir, et cet e apparition, belle et douce cette femme dont les traits chéris se dessinaient à la lueur du foyer mourant. c'était Hadjia, sa fiancée,

Hassein crut quelques secondes un rêve qui le transportait sous la tente de Kouno, le soir où la fille de Senoussi venait l'entendre parler de son pays et de son père... Mais non, il n'y était pas, car les plus infimes détails lui revenaient à la mémoire et se précisaient...

Il était prisonnier, prisonnier des infidèles dans Dikoa... C'était en pleine nuit, la dernière qu'il eût à vivre. Et Hadjia était là, soudainement apparue, vivante...

Alors Hassein se sentit renaître.

Il ne songeait pas même à se demander par quel miracle elle était là et quel but elle poursuivait : il la contemplait comme pour graver plus profondément dans son âme les traits chéris de la première, de la seule femme qu'il eût aimée.

Hadjia paraissait aussi ravie, mais une ombre de souci passait sur son visage... Elle semblait effrayée de la présence des ennemis endormis à quelques pas de là...

Mais elle secoua cette frayeur toute naturelle et, courbée en deux comme pour fondre dans la nuit au premier danger, elle fit signe à Hassein de ramper, de s'éloigner des foyers, de gagner l'ombre...

Elle l'aida en le soulevant par les épaules, en l'attirant.

Lui, s'aidant de ses talons et des coudes avec des mouvements imperceptibles et silencieux, il réussit à s'éloigner ainsi de deux ou trois mètres de la place où il était étendu tout à l'heure...

(A suivre.)   RÉGIS HUARD.

LES MALICIEUX KETJES, par Jo VALLE (Suite.)

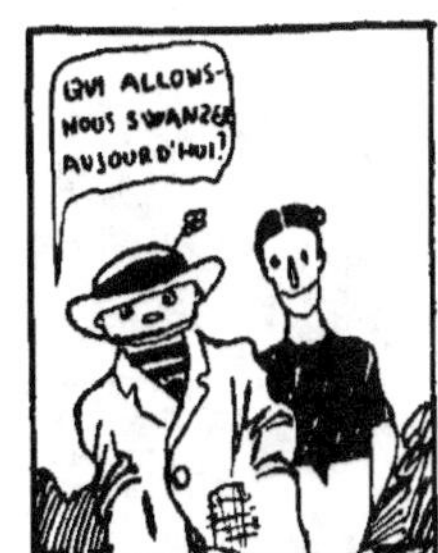

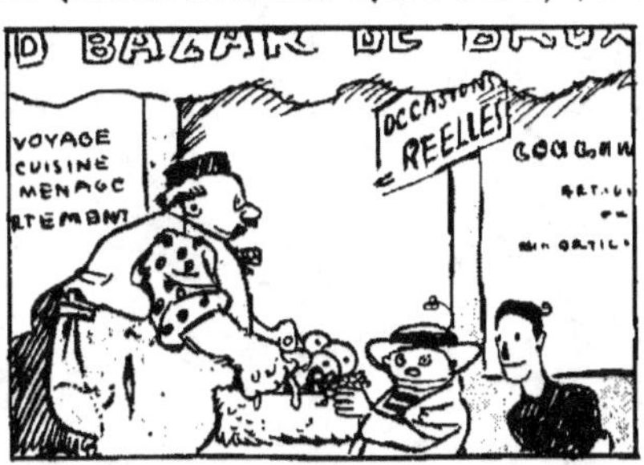

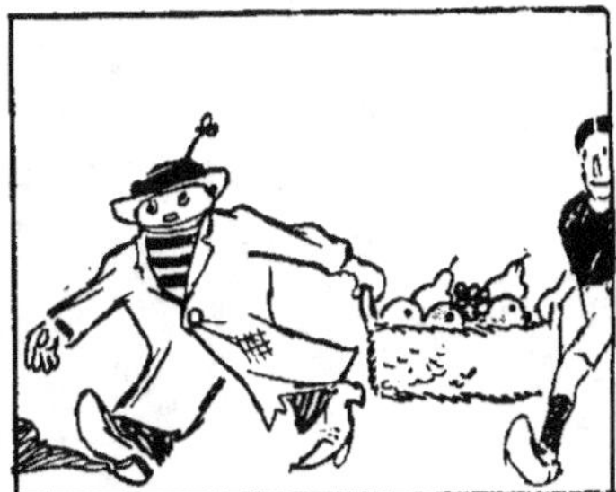

1. — Karl et Jef, le nez au vent, les mains dans les poches, erraient à l'aventure dans Bruxelles. Depuis trois jours ils n'avaient pas eu l'occasion de faire une bonne zwanze aux boches et ils en étaient tout...

2. —.. contrits. En passant dans la rue de l'Escaut, le patron d'un bazar les appela : « Eh ! les ketjes, par saint Josse, venez une fois par ici que je vous donne une petite commission. Ça est pour porter ces fruits en simili à la kommandantur où les boches jouent la comédie. Karl et Jef affirmèrent qu'ils se faisaient un plaisir de lui être agréable. Le patron ayant rangé avec soin les fruits artificiels dans...

3. — ...un panier plat à deux poignées, les deux gamins, le tenant chacun d'une main, partirent dans la direction indiquée. En cours de route, les regards de gourmande convoitise que les Allemands, depuis les officiers jusqu'aux simples soldats, jetaient sur ces fruits savoureux, leur donnèrent une idée. Après s'être rapidement concertés, ils...

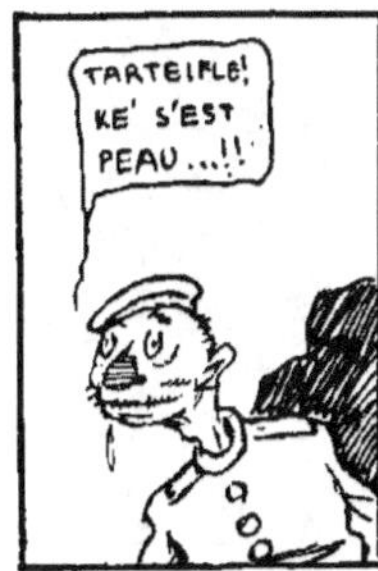

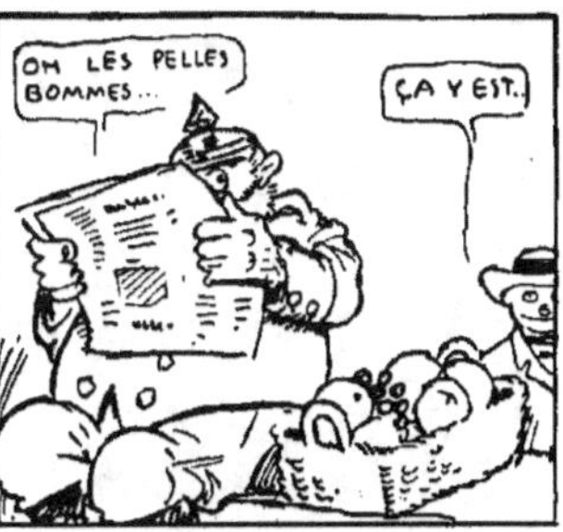

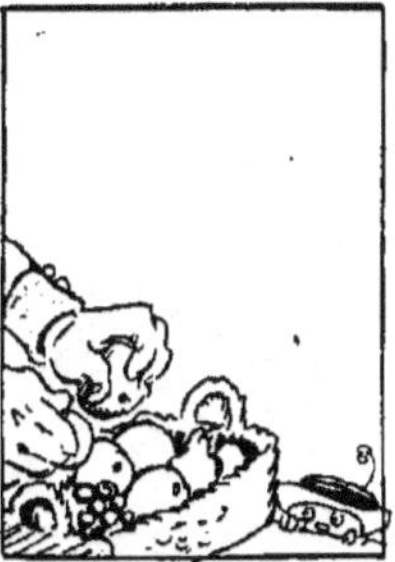

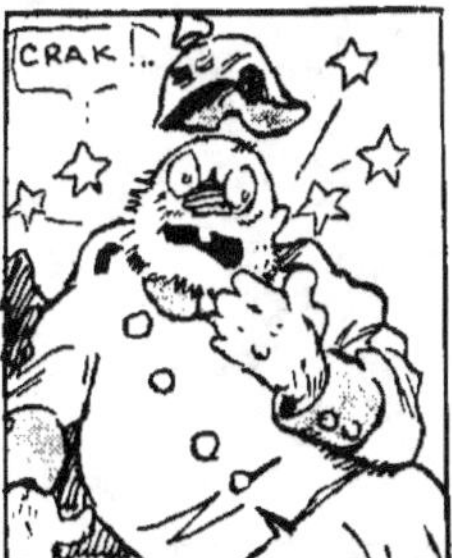

4. — .. posèrent leur panier sur un banc de boulevard occupé par un feldwebel (sergent) paraissant absorbé par la lecture de son journal, et sortant des billes...

5. — ...de leurs poches, ils commencèrent une partie en affectant de tourner le dos à leur panier. Ce qu'ils avaient prévu ne manqua point d'arriver. Le feldwebel, sollicité par l'appétissante maturité de ces beaux fruits, fut incapable de résister à la tentation et, ne se...

6. — ... croyant pas observé, prestement il subtilisa une pomme et un abricot. Il cacha la pomme dans sa poche et l'abricot trouva un abri dans sa bouche. Il y...

7. — ...mordait à belles dents lorsque soudain, un cri de douleur lui échappe et le fit sauter. Il venait de se briser deux incisives sur le fruit qui était en verre et comme un malheur n'arrive jamais seul...

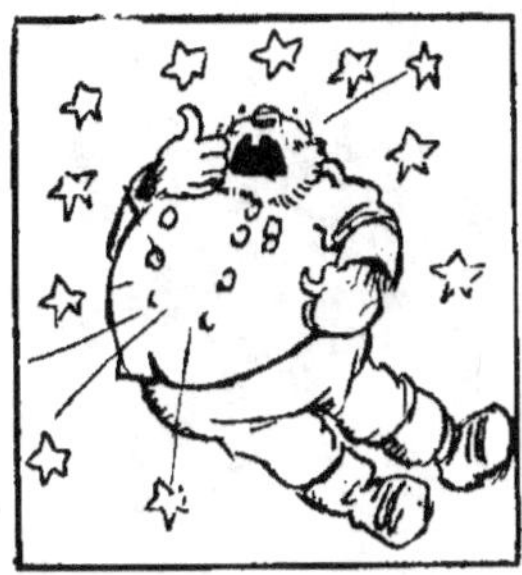

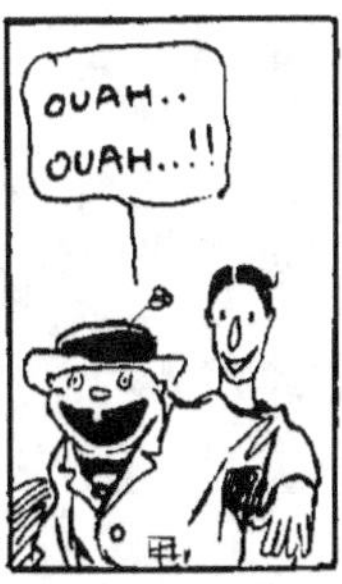

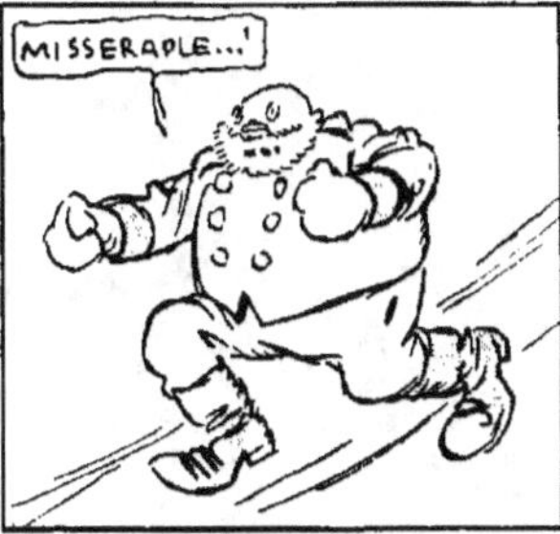

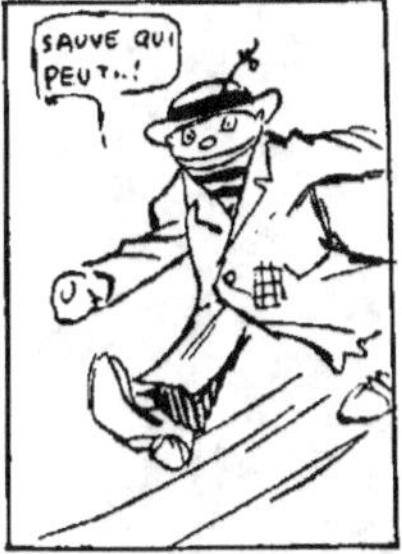

8. — ...le bond qu'il fit sur le banc où il était assis, cassa la pomme dissimulée dans sa poche et qui était en verre également. Les éclats lui entrèrent dans la peau et lui arrachèrent des hurlements de colère. Karl et Jef, témoins du larcin...

9. — ...commis par le feldwebel et de la douloureuse déconvenue dont il était victime ne se donnaient point la peine de dissimuler leur joie. «Ça est bien fait pour toi...

10. — ...sayes-tu, jubilait Jef. Tu vois que le bien volé ça ne porte pas bonheur... Ça t'apprendra à vouloir profiter sur mes pommes !» Le sous-officier furieux des remarques du gamin, se lança à sa poursuite pour lui botter le derrière et lui tirer les oreilles, mais Jef, malin, cependant que Karl reprenait le panier aux...

11. — ... fruits, détalait à toutes jambes et s'arrangeait de façon à entraîner son poursuivant vers une bouche d'égout dont la plaque avait été imparfaitement ajustée. Le boche, aux pas...

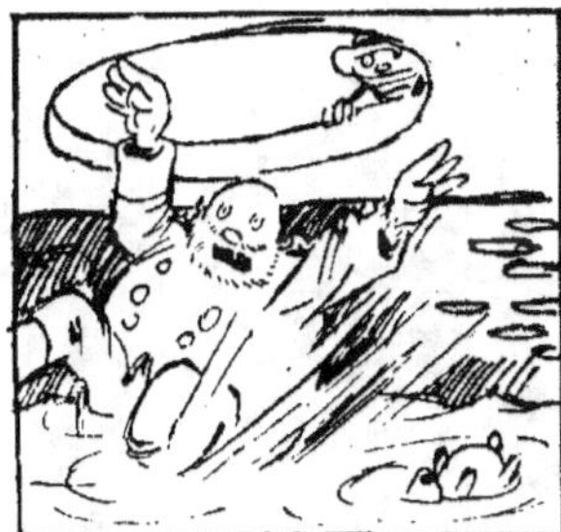

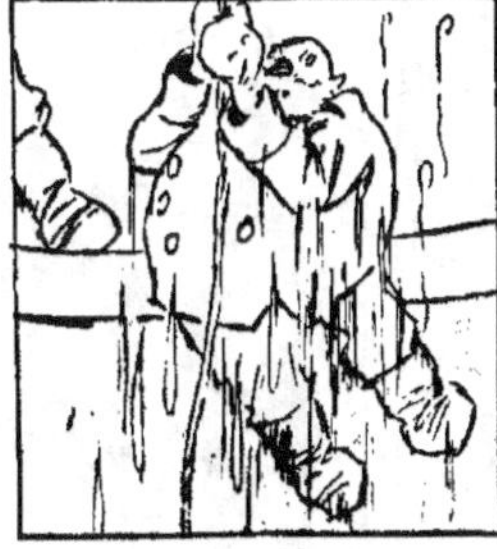

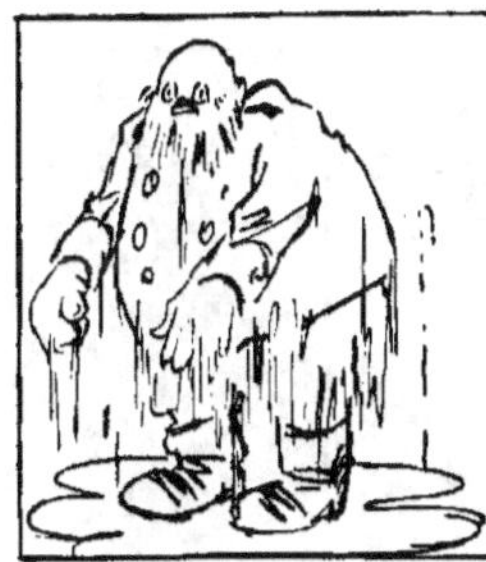

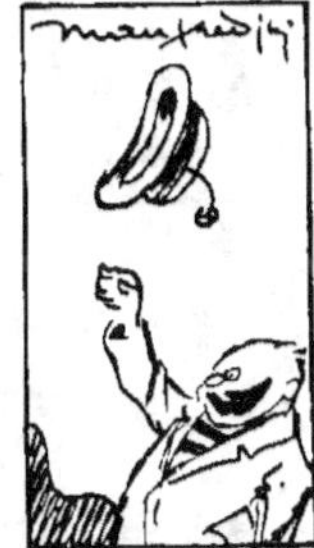

12. — ... pressés, posa sans méfiance sa grosse botte sur cette plaque, laquelle, en basculant, le précipita dans l'égout où il fit un plongeon aussi superbe qu'imprévu. « Attends-moi ! lui criait Jef d'un air goguenard, en se penchant sur l'orifice du trou ; je reviendrai te chercher dans un instant. »

13. — Les cris poussés par le sous-officier révélèrent sa présence à une patrouille boche qui passait. Avec des cordes, les hommes réussirent à retirer leur sergent de sa malodorante oubliette et se détournèrent pour ne pas lui éclater de rire au...

14. — ... nez en voyant dans quel piteux état il se trouvait. Quant aux deux amis, Karl et Jef, leur bonheur était à son comble. Ils avaient retrouvé toute leur gaieté et se promettaient de faire naître les occasions de jouer les plus...

15. — ... vilains tours aux boches afin de leur rendre, aussi longtemps qu'ils resteraient à Bruxelles, le séjour de la capitale belge insupportable.

UNE CHARGE DE FANTOMES

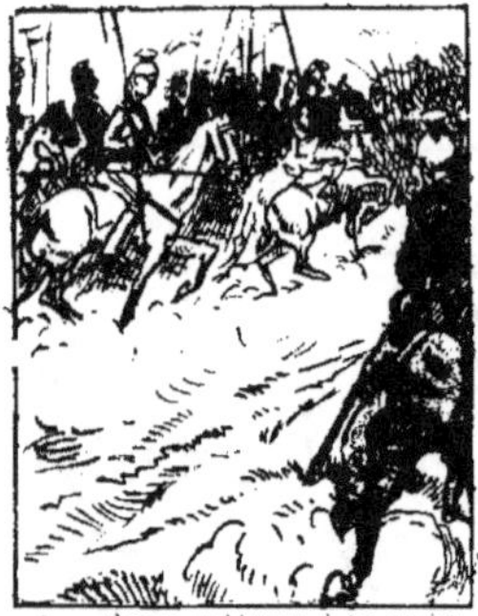

1. — C'était en Flandre, à fin octobre. La horde du duc apache de Wurtemberg, refoulée de la rive gauche de l'Yser, battait en retraite et, pour donner le change, un corps de cavaliers de Wurtembergeois vint occuper, dans le nord-est d'Ypres, une position, pour tenter un mauvais coup.

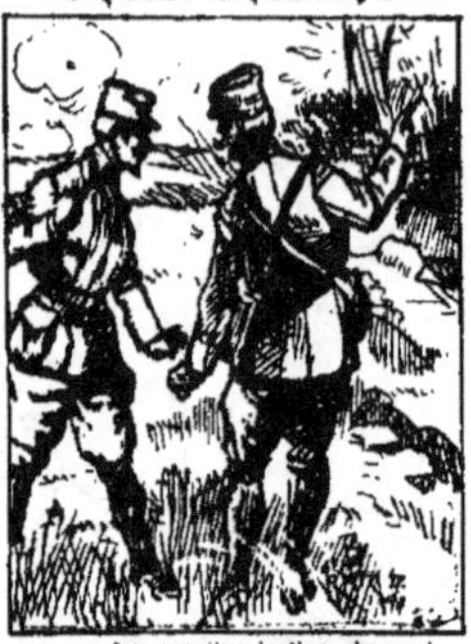

2. — A nos poilus de l'en chasser !... Pour ce faire, un de nos colonels de hussards reçut des instructions à ce sujet et il fit appeler un de ses capitaines, un Gascon résolu et subtil, arrière-cousin de d'Artagnan... et il le chargea de cette délicate opération.

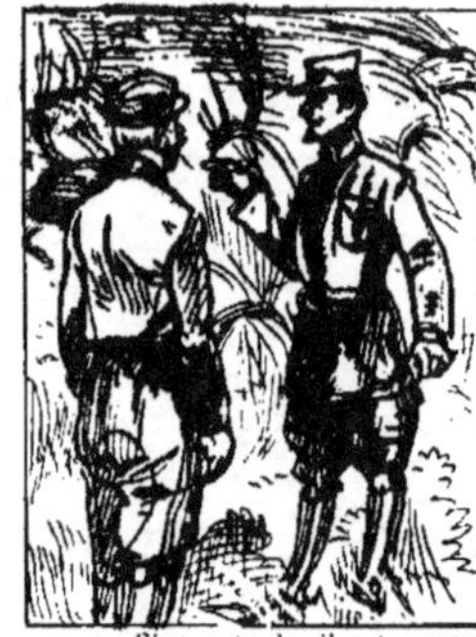

3. — C'est entendu, j'en fais mon affaire ! répondit le capitaine et, retournant vers ses hommes, il dit quelques mots à un brigadier, lui montre des bottes de paille... Et le brigadier de s'esclaffer en se frappant sur la cuisse : « Celle-là, elle est fameuse ! »

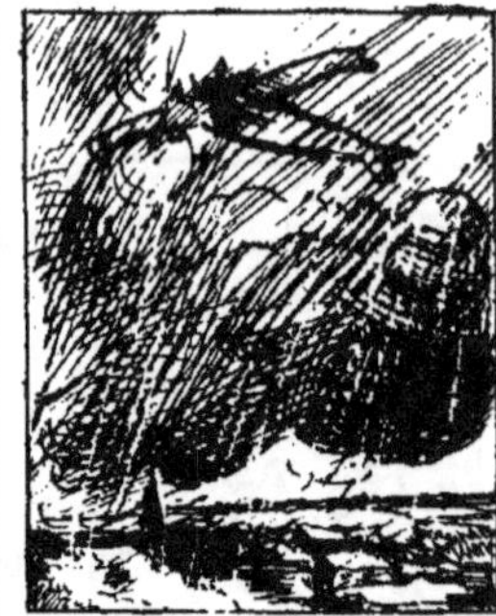

4. — Quand vient le soir, malgré la pluie qui tombe drue, l'escadron de hussards se met en marche et, tout de suite, un taube le survole et n'a rien de plus pressé que d'aller prévenir l'état-major boche. Malgré cela l'escadron français poursuit sa route comme si de rien n'était.

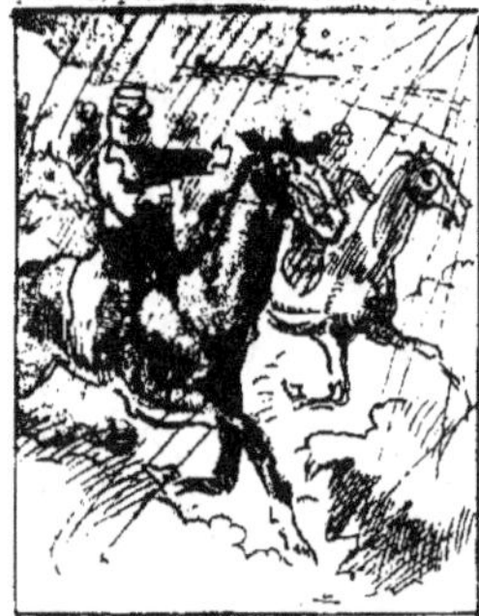

5. — Chose bizarre ! En marchant, l'escadron a fait des petits... il semble avoir doublé d'effectif ! La marche dure deux heures. Enfin on arrive à un carrefour où on fait halte. La nuit est tout à fait venue, la pluie redouble et le vent souffle.

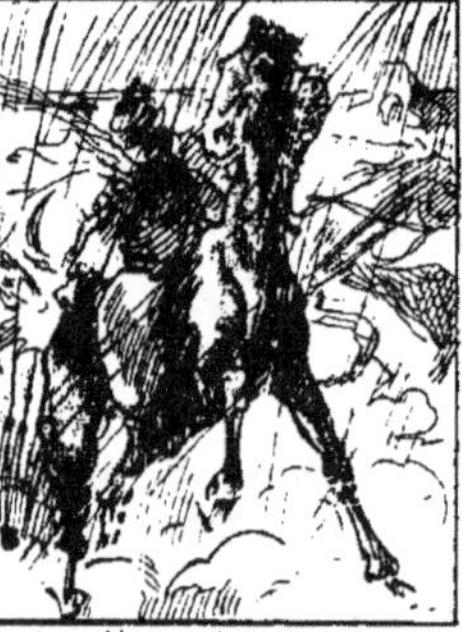

6. — Alors, un fait singulier se produit. Des cavaliers partent à fond de train, droit devant eux. On dirait qu'ils n'ont pas conscience du danger auquel ils s'exposent car ils ne prennent pas la moindre exécution.

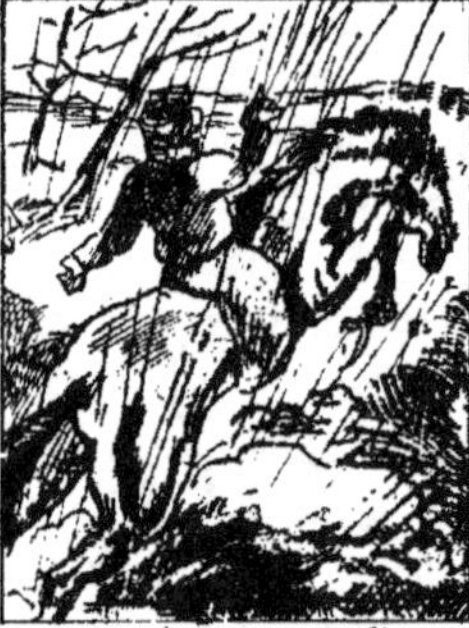

7. — Tandis que ceux-là filent en ouragan, d'autres poussent et, aussi plus nombreux, obliquent, prennent un chemin détourné. Mais ceux-ci ne font pas cliqueter les fourreaux de leurs sabres et leurs chevaux ne marchent pas outrés.

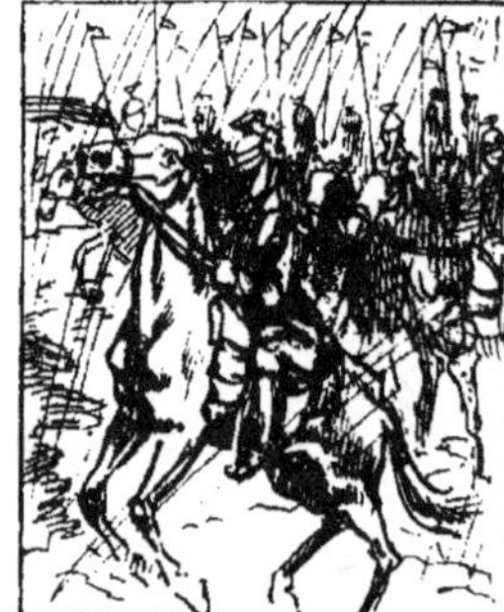

8. — Cependant, les Wurtembergeois avertis par le taube éclaireur sont sur leurs gardes et ils s'apprêtent à charger. Le temps affreux les fait bien hésiter un tantinet, mais, tout de même, il faut se mettre en route. Ils se décident donc à sauter en selle.

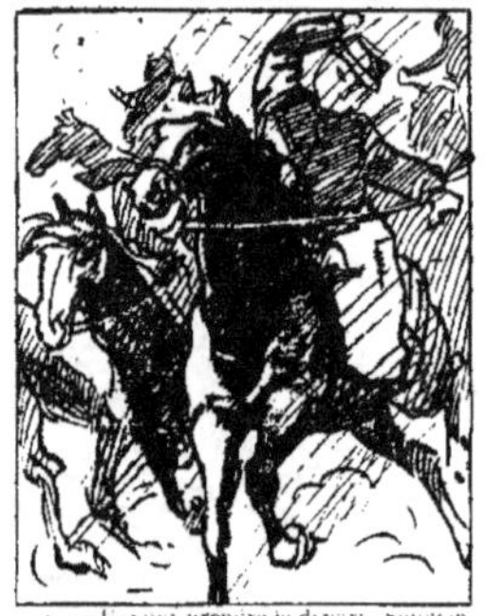

9. — Ils vont prendre le départ. Soudain, surgit en face d'eux une masse terrible bousculant tout. Les cavaliers wurtembergeois la reçoivent à coups de sabre. Mais les cavaliers français... car ce ne peut être qu'eux... sont véritablement étranges !...

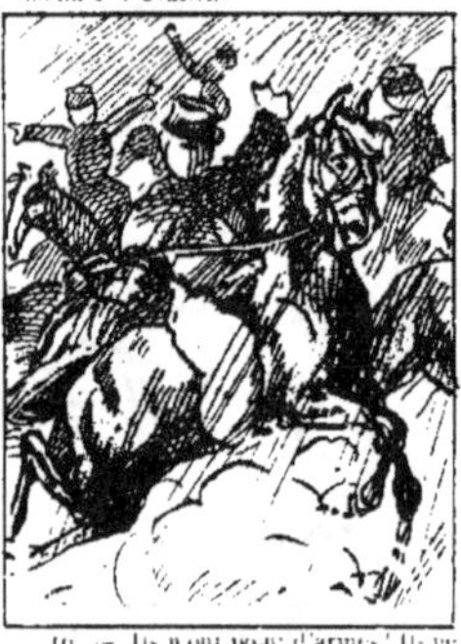

10. — Ils n'ont point d'armes ! Ils ne répondent pas aux coups que leur porte l'ennemi et ils ne sont pas désarçonnés. Ils passent malgré tout, franchissant tous les obstacles, sur leurs chevaux qui galopent toujours comme des enragés !

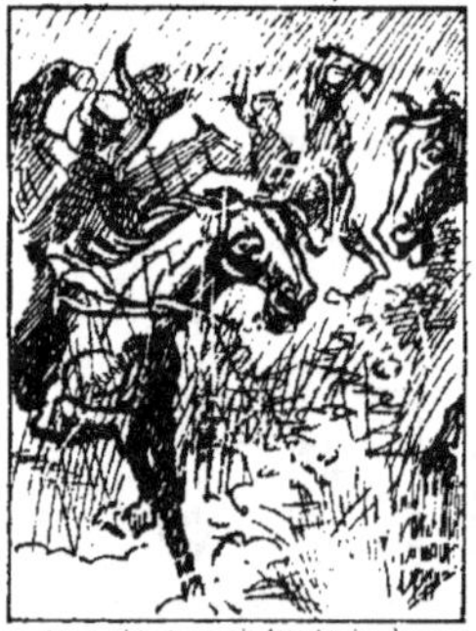

11. — Le spectacle terrifie les Boches qui s'enfuient et tournent bride, fuyant en un panique folle devant ces cavaliers fantômes qui semblent invulnérables. Mais voici que tout à coup, sur la route par où ils décampent...

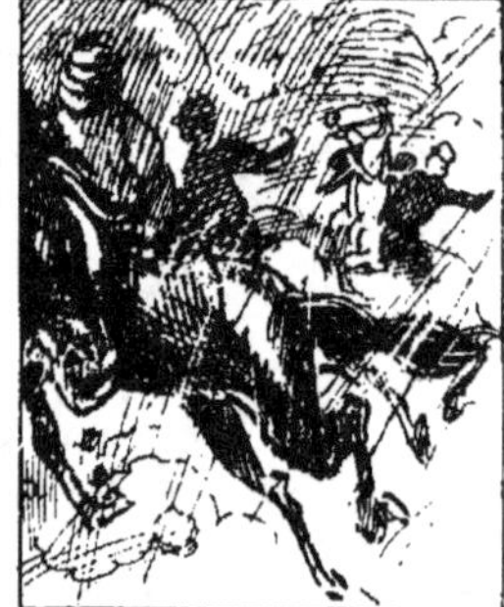

12. — ... grondent de nouveaux bruits de galop. L'épouvante des Wurtembergeois ne fait que grandir... Qu'est-ce encore ? Sont-ce les mêmes cavaliers fantômes de tout à l'heure qui reviennent ?... Non ! cette fois c'est un simple escadron de hussards.

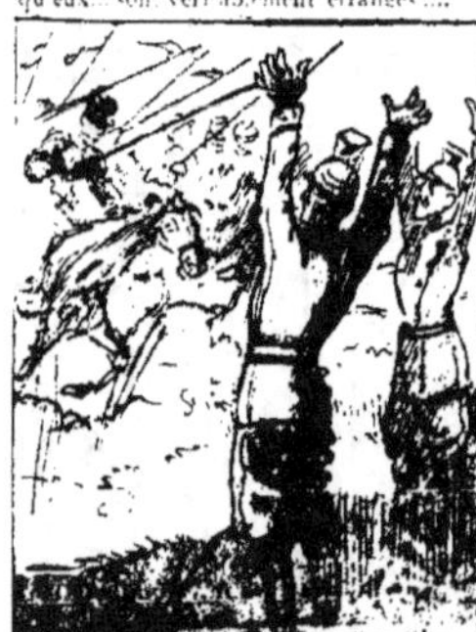

13. — Et, cette fois, ces poilus ont des armes !... Et ils s'en servent ! Aussi bientôt, les Boches qui n'ont pas mordu la poussière se rendent. La ruse du capitaine gascon était simple et ingénieuse : il avait comme pour instruction à ses poilus de...

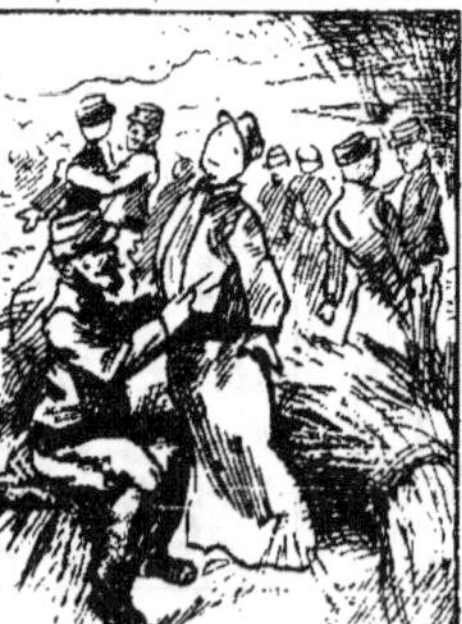

14. — ... attaquer des mannequins de paille, ressemblant tant bien que mal à des hussards et qu'ils avaient, au départ, pris en croupe sur leurs selles. Une fois venus au carrefour, ils avaient installé ces mannequins sur des chevaux conduits...

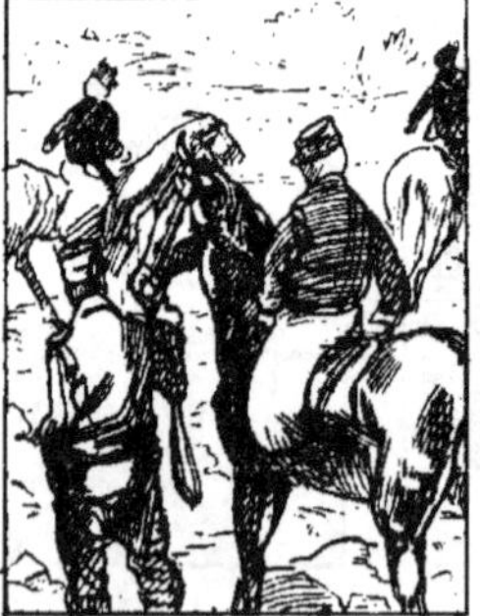

15. — ... jusque-là par la bride, mais à qui, au préalable, on avait injecté sous la peau une préparation qui devait les surexciter. Et c'étaient ces chevaux, montés par des mannequins de paille, qui avaient été lâchés...

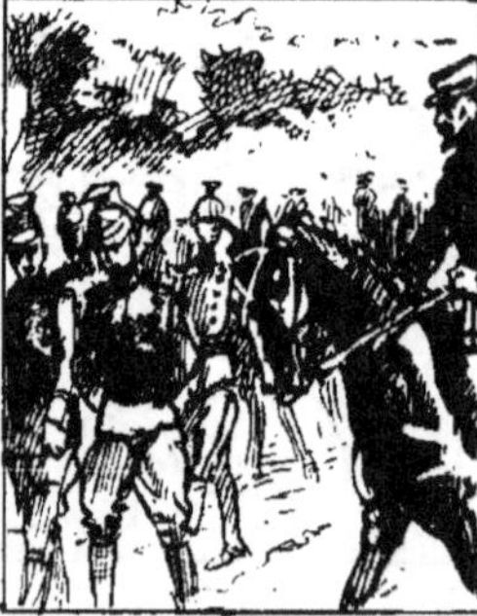

16. — ... sur les Wurtembergeois et que ceux-ci avaient pris pour des fantômes. Mais, maintenant, les poilus du capitaine gascon qui n'étaient pas des fantômes, ramenaient, tout penauds dans nos lignes, les Boches survivants.

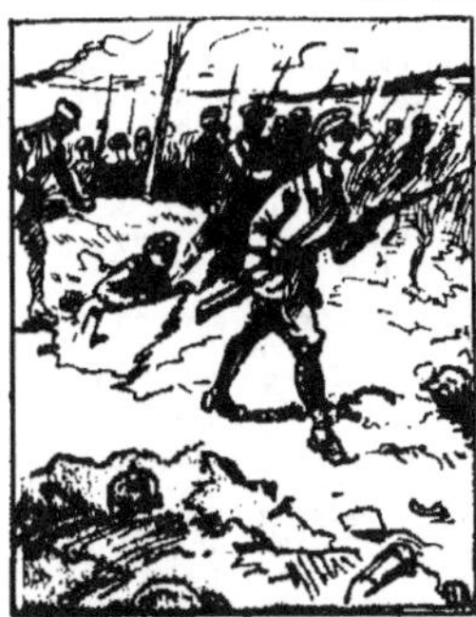

1. — A Ypres, les *tommies*, après une glorieuse résistance de cinq jours contre des forces très supérieures, avaient fait reculer l'ennemi de 24 kilomètres. Par une nouvelle avance, au cours de laquelle la bocherie avait en ore été durement étrillée...

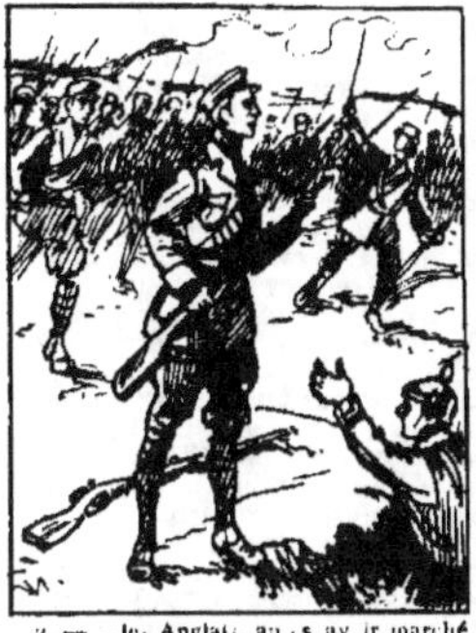

2. — ...les Anglais, après avoir marché à travers champs, s'emparaient avant la tombée de la nuit de Langemarck et se retranchaient au delà du village où la bataille continua furieuse, jusqu' à la nuit. Alors, seulement cessa la canonnade.

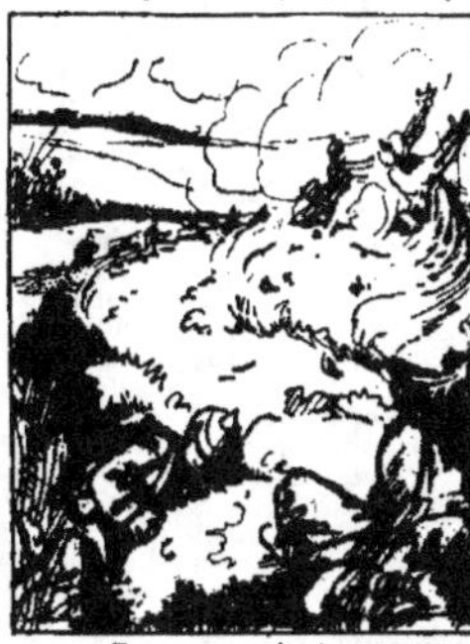

3. — Brusquement, les *tommies* entendirent un coup de sifflet aigu et ils furent témoins d'un spectacle étrange: les Boches, dont les tranchées n'étaient qu'à quelque cent mètres, avaient arrosé les buissons de pétrole...

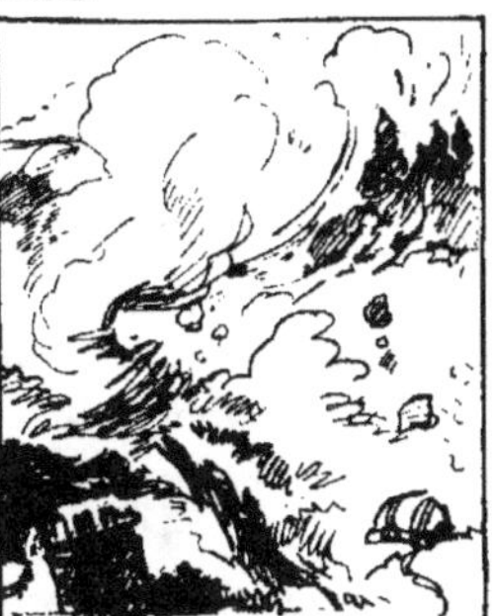

4. — ... et ils y avaient mis le feu. En même temps, au son des bugles, les Boches, sous la clarté des buissons en flammes qui les faisaient ressembler à des démons, sautèrent hors de leurs taupinières en poussant des hurlements terribles.

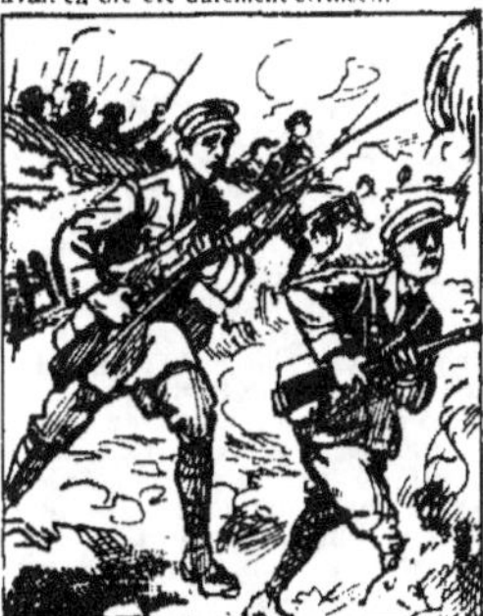

5. — Puis, bondissant à travers les champs de betteraves, ils se précipitèrent tête baissée contre les positions des *tommies* qu'ils espéraient surprendre et trouver glacés d'effroi, par l'invention infernale de l'incendie des buissons.

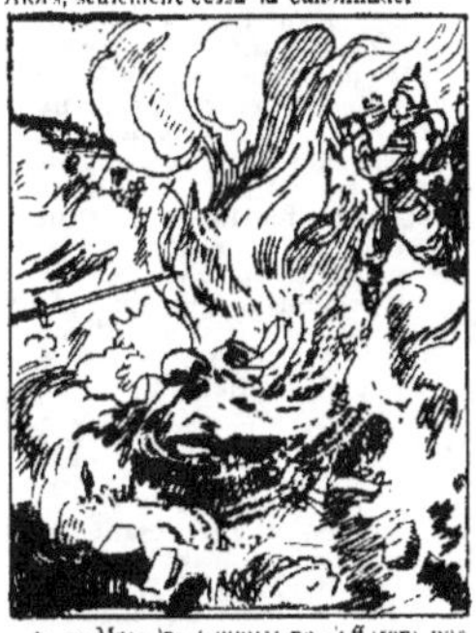

6. — Mais les *tommies* ne s'effrèrent pas pour si peu! Quelque attaque par surprise, la ruée boche les trouva prêts. Ils prirent leurs places dans les tranchées, tout en se réjouissant de ce que les Boches avaient pris soin d'allumer des torches...

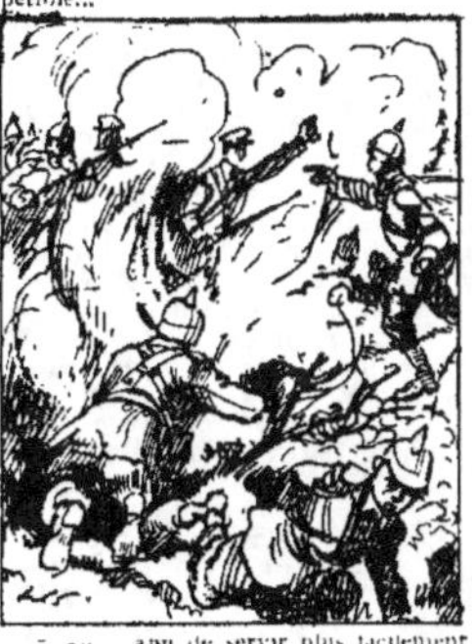

7. — ... afin de servir plus facilement de cibles. Et, tout de suite, une grêle de balles tomba sur les apaches du kaiser. Les *tommies* tiraient à raison de quinze balles à la minute, tandis que leurs mitrailleuses se mettaient aussi de la partie.

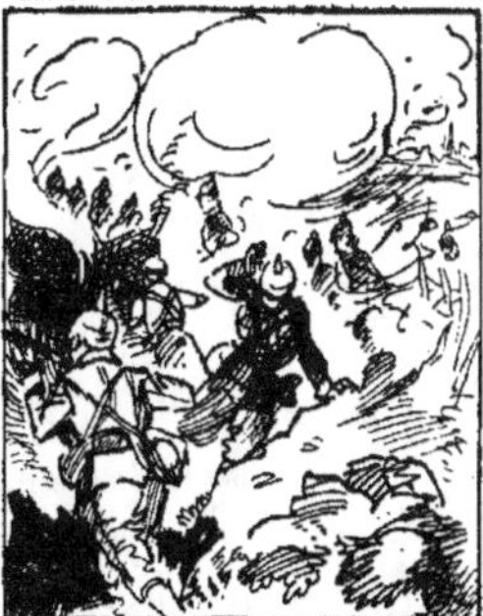

8. — Malgré cette rafale de fer et de feu, les Boches avançaient toujours, répondant, eux aussi, avec leurs mitrailleuses et leurs fusils et criant à pleins poumons: Hoch! Hoch! » tandis que leurs bugles sonnaient toujours, les excitant à aller de l'avant.

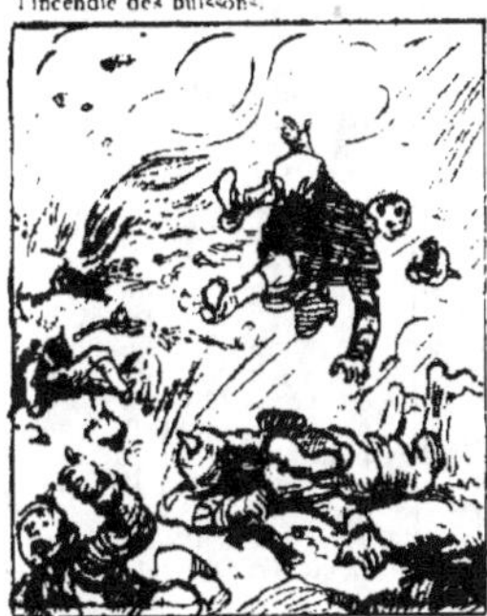

9. — La horde arriva ainsi jusqu'à trente mètres des tranchées anglaises, en masses compactes où les mitrailleuses et les feux fauchaient les barbares par centaines!.. Mais elle était à bout d'élan. Trois coups de sifflet retentirent:

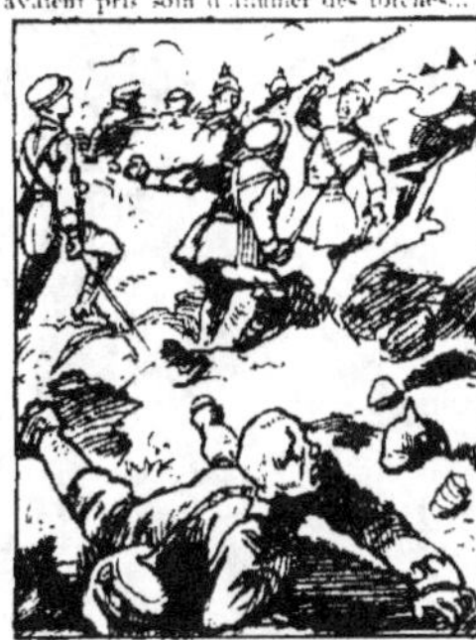

10. — ... la retraite des Boches était ordonnée. Sur ce, à leur tour, les *tommies* bondirent hors de leurs tranchées et se précipitèrent baïonnette au canon... et il y eut là une effroyable boucherie, à la lueur fantastique des buissons qui flambaient.

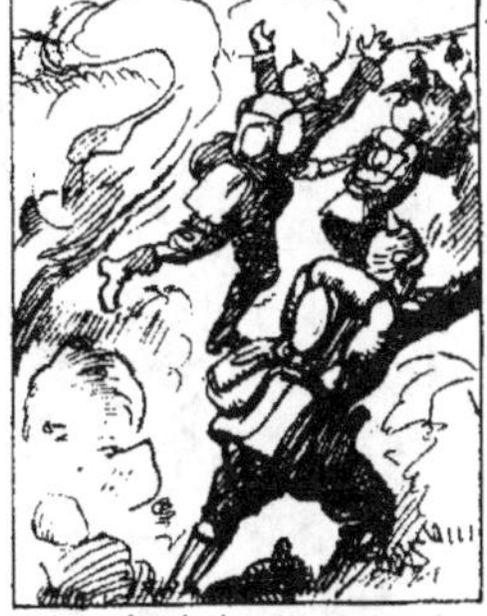

11. — Les boches fuyaient éperdus, décimés par les *tommies* qui ne cessaient d'en faire un horrible carnage. Et les soldats de l'empereur des apaches dégénérpirent si bien qu'ils ne s'arrêtèrent qu'à quelques kilomètres plus loin, à Roulers.

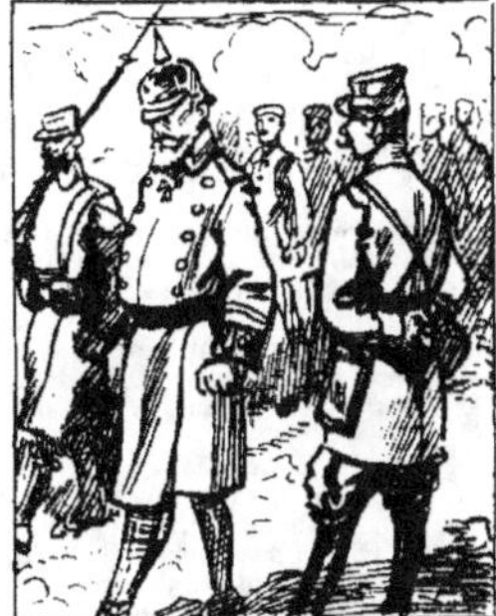

12. — Le stratagème de se battre à la lueur de buissons enflammés ne réussit guère à la bocherie qui, cette nuit-là, perdit plusieurs mitrailleuses, une batterie de canons et des milliers de prisonniers, y compris un général.

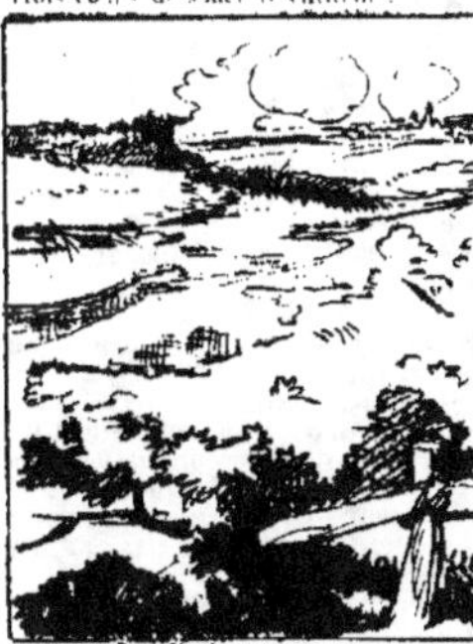

13. — Les Boches ne furent pas plus heureux dans un autre coup de Jarnac qu'ils tentèrent pour traverser l'Yser. À l'endroit qu'ils avaient choisi, la rivière s'écoule par une infinité de petits ruisseaux, guéables mais marécageux.

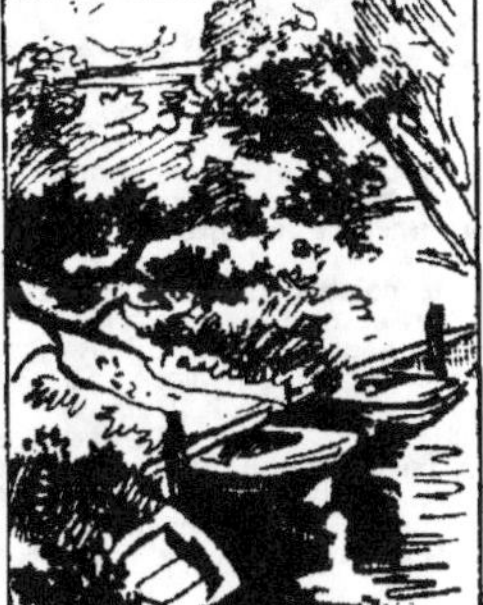

14. — Dans ces parages, les canaux forment un dédale plein de traîtrises. Des taillis touffus, des oseraies épaisses, cachent les bords des eaux stagnantes. C'est sur ce point que les Boches jetèrent un pont dissimulé par les fourrés.

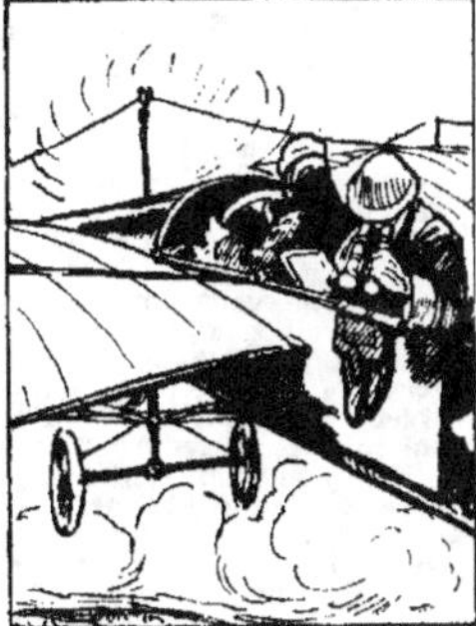

15. — Mais un avion français survolait l'Yser et, à l'aube, il avait aperçu un régiment boche qui, silencieusement, traversait la rivière sur ce pont. Sur ce, il jeta trois bombes, qui culbutèrent le pont et noyèrent quelques boches.

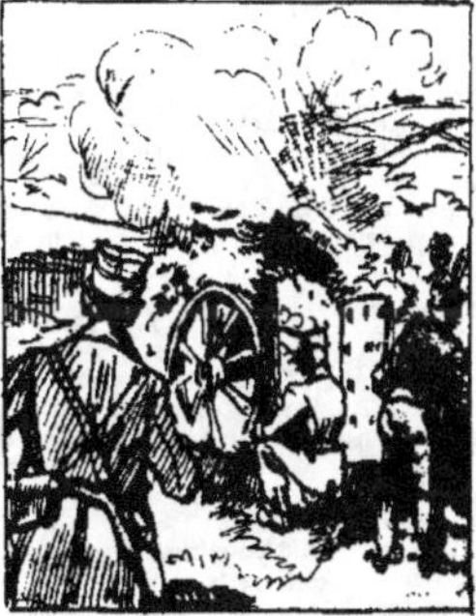

16. — Après quoi, il s'empressa d'aller donner l'alarme et, comme les canons boches étaient restés sur la rive droite, rien ne fut plus facile à nos poilus arrivés en hâte d'acculer à l'Yser les Boches, qui furent tués ou faits prisonniers.

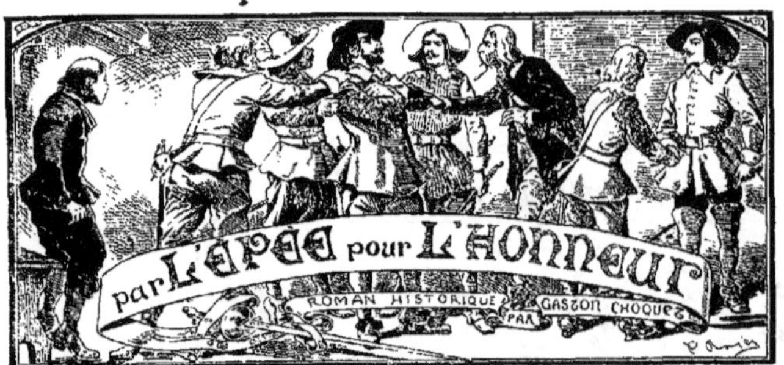

RÉSUMÉ DES CHAPITRES PRÉCÉDENTS

A la fin du XVIIe siècle, à Londres, le vieil apothicaire égyptien Ramsès reçoit la visite de la comtesse Mary de Treffanges, femme du comte français Hector. Il lui raconte qu'il a reçu la visite d'un homme — actuellement sous l'influence d'un narcotique dans la pièce voisine — qui lui a parlé de la mort mystérieuse de la comtesse Noémie, première femme du comte Hector, dont il se dit le fils disparu. Soudain, l'homme paraît, réveillé par Nelly, fille adoptive de Ramsès, accuse Mary du meurtre de Noémie, puis disparaît soudain dans une trappe. Il est délivré par trois personnages entrés peu après dans la boutique : Claude Duval, Ned Cornil, célèbres brigands, et un jeune homme de 20 ans, Adalbert de Ranson, il leur raconte la mort de sa mère, et expire dans leurs bras. Mais la boutique est envahie par des mousquetaires, envoyés par Mary qui s'est esquivée, et que conduit son affidé, le sinistre colonel Blodson. Adalbert et les deux autres s'esquivent, gagnent Whitefriars, où ils portent secours à trois gentilshommes attaqués par des malandrins; tous six se rendent dans une auberge où ils boivent; survient Blodson, qui est présenté comme le père d'Adalbert. Mais l'un des gentilshommes, qui est reconnu comme étant Charles II, roi d'Angleterre, dont c'est l'habitude d'errer la nuit dans les bouges, émet des doutes sur cette paternité; Blodson s'emporte et tire sur le roi un coup de pistolet que fait dévier Adalbert.

CHAPITRE VI

PÈRE ET FILS

Le bruit de la détonation ne s'était pas encore éteint que Claude, puis Ned Cornil et les deux compagnons du roi s'étaient élancés sur le colonel; il y eut une courte lutte, mais presque aussitôt, le meurtrier se croisait les bras sur la poitrine, et sa voix forte et frémissante domina les objurgations.

« Assez, dit-il. J'ai été fou, soit. Mais comme ce n'est pas la première fois... Avez-vous vu, sire ? Et pensez-vous que, sans le geste de ce jeune imbécile (il désignait Adalbert), votre royale poitrine aurait résisté au choc du lingot de plomb projeté par mon arme ?... Maintenant, que ferez-vous ? Ordonnerez-vous mon arrestation, et le peuple de Londres aura-t-il la joie d'apprendre que son roi, mal satisfait des pompes de la Cour, s'en va dans une taverne mal famée de Whitefriars, chercher l'oubli des soucis que lui cause le sort de ses États ? »

Le roi lui tourna le dos, et, souriant, tendit la main à Adalbert.

— C'est la deuxième fois, cette nuit, fertile en incidents, que vous me secourez dans un péril, monsieur. Je ne vous fais pas l'injure de vous croire le fils de cet homme ; il suffit de vous considérer tous deux pour se convaincre que pareille assertion est simplement risible. Je veux faire quelque chose pour vous : après-demain, à dix heures, présentez-vous à Whitehall. Vous me le promettez ?

— Sire ? fit Adalbert, surpris, je ne sais, en vérité...

— Pas d'excuses, monsieur. C'est chose promise. Venez, mes amis, acheva le roi en se tournant vers ses deux compagnons le colonel Blodson a raison: il est indigne de nous de nous commettre plus longtemps en sa société, et celle de monsieur Golbrigue, Claude.

Quand il le voulait, Charles II ne manquait pas de grandeur, ni même de majesté. Il serra la main du routier et celle de Ned, fit un signe amical à Adalbert et, gagnant l'escalier, disparut. Un fauve sourire sur les lèvres, Blodson attendit que la porte se fût refermée sur lui et ceux qui l'accompagnaient. S'adressant alors à son fils, ou prétendu tel :

« Voilà de beaux débuts, jeune homme, fit-il d'un ton sardonique. Quoi ! vous avez déjà eu deux fois sauvé la vie du roi ?... C'est un geste bien fâcheux que vous avez fait là, et je ne sais si l'histoire de l'Angleterre vous en sera bien reconnaissante.

— Vous, en tout cas, riposta froidement Adalbert, devriez au moins me remercier, car, grâce à moi, un régicide ne s'ajoutera pas aux crimes si nombreux qu'on vous impute déjà.

Le colonel devint cramoisi, et regarda Duval, impénétrable.

— L'éducation qu'on donne en France est réellement tout à fait supérieure, dit-il ironiquement. On n'y oublie pas, je le constate, d'enseigner le respect qu'un fils doit à son père.

— Qui est mon père ? interrogea Adalbert. Vous, colonel ? C'est peut-être vrai, mais...

— Mais vous ne le croyez pas ? Vous avez tort, monsieur. Quel autre qu'un père eût pris soin de votre enfance, vous eût fait élever à l'étranger pour vous soustraire aux périls que votre nom vous eût infailliblement attirés ici, où je compte autant d'ennemis qu'il nage de poissons entre le Pont de Londres et l'embouchure de la Tamise ?

Adalbert se tut d'abord ; il demanda ensuite :

— Pourquoi donc m'avez-vous fait revenir auprès de vous ?

— Je vais vous le dire. Vous avez entendu le roi ? Il ne se trompait pas, en parlant d'un complot ourdi contre lui, et prétendant que j'en suis un des chefs principaux. Si nous réussissons, je deviendrai donc un personnage important ; j'ai voulu que vous fussiez présent en Angleterre à ce moment-là, afin de participer aux grandeurs qui m'attendent.

Un vaste éclat de rire lui coupa la parole : c'était Claude Duval qui, sans doute, s'amusait follement à l'idée que le colonel Blodson pût devenir un homme considérable. Quant à Adalbert, il secoua la tête.

— Non, dit-il. Cette existence ne me convient pas, je n'aime point les conspirations, les menées souterraines, les trahisons occultes, les coups de poignard dans l'ombre. Je préfère la pauvreté, la misère même, pourvu que je puisse converser en paix avec ma conscience.

— La conscience ! répéta Blodson avec un ricanement et un haussement d'épaules. Ainsi, vous refusez de partager mes destinées ? Brillante récompense de ma sollicitude pour vous !

— Je vous l'avais prédit, colonel, intervint Claude d'un air grave. Cet enfant est d'une autre race que vous.

— Comment pourrait-il être d'une autre race, protesta le colonel avec colère, puisqu'il est de mon sang ?

— Claude, Claude, s'écria soudain Adalbert en s'élançant vers le routier et lui saisissant les mains, malgré le métier que vous faites, je vous crois... oui, un homme d'honneur, incapable d'un mensonge en pareille matière. Et l'on dit, en outre, que vous êtes d'extraction noble ; eh bien ! je vous le demande, donnez-moi votre parole d'honneur que je suis bien le fils de cet homme.

Le routier se redressa, et leva solennellement la main :

— Sur mon âme et sur ma conscience, Adalbert, déclara-t-il, sur mon honneur de gentilhomme, je vous jure que je ne puis nier ni affirmer et que je ne sais rien de plus que ce que vous en savez vous-même. Un jour, il y a quelque vingt ans, j'eus l'occasion de sauver la liberté et sans doute la vie du colonel Blodson, alors qu'il était aux prises avec les dragons royaux qui le traquaient pour je ne sais plus quelle affaire. Il m'en remercia trois ans plus tard en m'aidant à m'évader des galères : nous étions quittes. Néanmoins, quand, peu après, il me pria de me rendre en France à sa place, pour m'y occuper de son fils, je ne refusai pas. C'est moi qui vous pris au village de pêcheurs où vous aviez vécu jusqu'alors pour vous mener à Rouen. Mais Blodson ne me fournit aucun autre détail, ni alors, ni par la suite, et si je conçus des doutes sur la réalité des liens qui vous uniraient, ils ne sont fondés sur rien, sinon des impressions, dépourvues de bases précises ; des doutes, j'en ai ; j'ai aussi des présomptions ; mais je me refuse à vous les communiquer, parce que, je le répète, ce ne sont que des présomptions.

Adalbert courba le front tristement. Les bras croisés sur sa poitrine, Blodson le fixait d'un air sombre ; il dit enfin :

— Eh bien ! jeune homme ?

— Monsieur, répondit Adalbert en se redressant, je vous conjure, vous aussi, de me répondre franchement. Jusqu'à mon arrivée en Angleterre, il y a deux jours, la

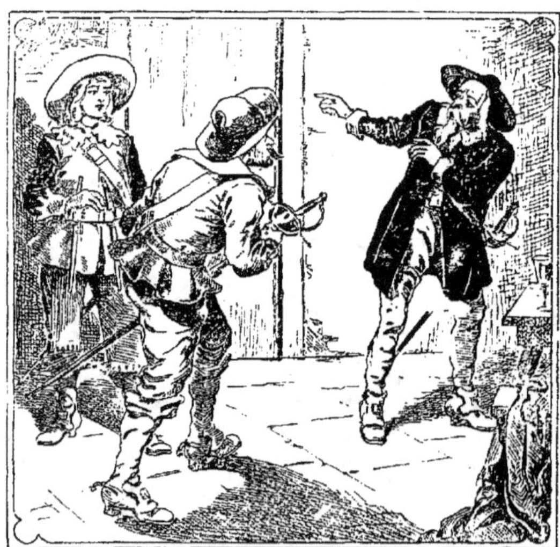

Le son perçant d'une trompe...

seule chose que je connusse de vous, c'était votre nom ; mais depuis, j'ai appris à votre sujet des choses qui m'ont épouvanté. Je vous demande en grâce de me dire si elles sont vraies.

— Je vous comprends, fit le colonel durement. On vous a dit que j'étais un spadassin et un assassin, un léopard à face humaine, ignorant du bien et du mal, inaccessible à toute pitié, à toute tendresse, un monstre. Eh bien ! monsieur, si cela était exact, en résulterait-il que je ne sois pas votre père ?

Il y eut un silence ; sur la fine et mobile physionomie du jeune homme, transparaissaient les sentiments qui l'agitaient et les souffrances qui l'étreignaient. Brusquement, il s'avança, et étendant solennellement la main vers Blodson :

— Existe-t-il quelque part, monsieur, une preuve que je sois votre fils ?

— Des circonstances tragiques, répondit le colonel en hésitant, m'empêchèrent de faire établir les actes nécessaires.

— Alors, voici ce que je vous propose: nous allons partir, quitter l'Angleterre, fuir n'importe où; nous irons, sous de faux noms, vous et moi, prendre du service dans les armées du roi de France, par exemple, ou dans celles de l'Empereur qui bataillent contre les Turcs; en Pologne, en Suède n'importe où. Vous renierez votre passé, vous deviendrez un honnête homme, vous rachèterez vos crimes en pratiquant les vertus que vous avez méprisées jusqu'ici. Vous aurez auprès de vous un respectueux et soumis qui jamais ne se permettra un mot de blâme ni une allusion à vos erreurs d'antan, et vous vieillirez à mon côté jusqu'au jour où, subissant la loi commune, vous partirez pour le lieu où les bons sont définitivement séparés des mauvais. Mais si vous entendez persister dans l'existence qui fut jusqu'ici la vôtre ; si, ayant sondé votre cœur, vous ne vous sentez pas la force de réfréner les passions qui vous ont jeté dans l'abîme d'abjection où vous gisez, si vous refusez de rompre pour jamais avec elles, si, en un mot votre âme inaccessible au remords recule devant l'expiation qui vous conduirait à la régénération, alors, monsieur, adieu.

— Que comptez-vous donc faire ? questionna froidement le colonel.

Il ne répondit que par un geste d'ignorance ; mais ses traits exprimaient un tel désespoir que Blodson pâlit, puis, inclinant la tête, il murmura des mots qui produisirent une vive impression sur Claude et sur Adalbert :

— C'est vrai, j'étais fou d'espérer... fou de désirer le voir, fou d'oublier la malédiction qui pèse sur moi et le sang qui rougit mes mains. Pourquoi l'ai-je fait venir ?...

— Monsieur, insista Adalbert, écoutez ma voix. Partons tous deux. Vous avez encore de longues années à vivre sans doute ; consacrez-les à votre relèvement, après tant d'autres sacrifiées à votre déchéance. Quoi ! Si longtemps, vous avez eu souci de celui que vous dites votre fils et, maintenant qu'il est là, devant vous, qu'il vous supplie de commencer, à son côté, une vie nouvelle, vous le repousseriez ?

Dans cette salle de cabaret, aux tentures flétries, où tout parlait de vice et d'orgie, où sur les tables s'étalaient encore les verres pleins d'alcool, cette scène revêtait une grandeur étrange où un symboliste eût vu une phase de l'éternelle lutte qui se livre dans les âmes des hommes. Et le colonel Blodson, aux membres herculéens, à l'encolure épaisse, aux traits brutaux et cruels, eût en effet aussi bien figuré le Mal, que le loyal et clair visage d'Adalbert, ses yeux limpides, sa voix chaude et vibrante, la grâce un peu frêle de son corps, eussent personnifié le Bien. Du reste, il était manifeste qu'un combat terrible bouleversait l'esprit du premier ; parfois, son regard s'adoucissait, un attendrissement singulier s'y lisait, ou bien, il se faisait vague, absent, comme perdu en de lointaines évocations. Il est impossible de préjuger ce qu'il allait résoudre, quand le petit homme noir se leva, et de sa voix aigre, laissa tomber ces mots :

— Je ne sais pas ce que je fais en cet endroit, moi... quoique, au surplus, je ne regrette point d'y être resté, puisque je vais pouvoir annoncer à nos amis que le colonel Blodson, sous peu, s'en va terminer sa brillante carrière au fond de quelque monastère, entre l'eau de douleur et le pain d'amertume.

Son rire grinça comme une crécelle, tandis qu'il se dirigeait vers la porte ; mais son discours avait produit sur la nature de Blodson, violente, impulsive et emportée, l'effet d'une décharge électrique. Il bondit sur place, brandit les poings en l'air, et rugit plutôt qu'il ne cria :

« C'est ma foi vrai !... C'est que cet olibrius dit la vérité, par le diable son compère !... Mômeries que tout cela : le remords, le bien, le mal, le juste et l'injuste ! Par la barbe du bourreau-juré, est-ce qu'il y aurait en moi l'étoffe somnolente d'un ermite ?... Golbrige, vieux coquin à mine chafouine, je te pardonne d'avoir dit du mal de moi au duc, en faveur de ta présente intervention : tu me rends à moi-même... Ainsi, jeune homme, voilà où vous en êtes ! C'est tout naturel, parbleu, puisque vous ne connaissez rien de la vie, et j'aurais dû supposer qu'un jouvenceau à peine sorti de nourrice, se voilerait la face quand on lui parlerait net en lui montrant le monde tel qu'il est... Je me suis trop pressé, triple sot que je suis !... Mais attendons la fin : six mois, je vous accorde six mois, pour hurler avec les loups, et plus fort qu'eux, s'il est vrai que « bon sang ne peut mentir... » Allez donc après-demain, voir votre ami Charles, puisqu'il vous a donné rendez-vous; peut-être vous octroiera-t-il quelque place à sa Cour. C'est ce que je souhaite le plus, car ce serait la meilleure école pour faire un homme du moinillon que vous êtes... Alors, vous rirez bien de vos sermons actuels, et nous en serons désormais gens à nous entendre, si quelque mousquetade, pétarade ou pendaison n'a point en ce temps clôturé le dernier chapitre de ma vie... Attendsmoi, Golbrige, idole du peuple imbécile, apôtre des temps nouveaux, astucieux Janus, attends-moi, merveilleux abrégé de notre siècle. A toi, pétri de vices et d'envie, je suis à toi.

En proie à une indicible exaltation, il saisit au hasard un bol plein de punch, qu'il avala d'un trait, et il allait sortir, lorsque Claude lui saisit le bras.

« Blodson, fit-il d'un air sévère, est-ce donc pour en venir là que vous m'avez envoyé arracher ce jeune homme à sa quiétude ? Ne valait-il pas mieux le laisser en France?

— Eh ! vociféra le colonel en se dégageant, avec violence, suis-je cause qu'il ne veut rien entendre ? M'attendais-je à trouver en lui un petit oison bêlant... Je veux dire un agneau pur et sans tache ? Vous voyez bien qu'il n'y a rien entre lui et moi ?

— Mais il est votre fils, et vous ne pouvez l'abandonner ainsi ?

— La paix ! rugit le forcené en frappant du pied avec colère. Qu'il s'arrange, puisqu'il ne veut pas de mon aide. Et puis, il a son ami Charles... un roi, peste ! Monsieur est bien à plaindre.

— Eh bien ! Blodson, riposta encore Claude, voilà qui change mes doutes en certitude au moins morale : vous n'êtes pas le père d'Adalbert... Ou, si vous l'êtes, votre âme est encore plus corrompue que je ne le pensais.

Le colonel, visiblement, n'était plus maître de lui, et Adalbert, qui écoutait avec une angoisse croissante, crut qu'il allait se porter à quelque extrémité sur le routier : il s'élança.

— Tout à l'heure, lui cria le colonel en agitant son poing formidable, je me suis peut-être créé une ennemie mortelle à cause de vous... et quelle ennemie !... Et pour en être ainsi récompensé ! Mais si vous laisse la diable me grille si je bouge maintenant un doigt pour vous être utile, et si quelque jour vous vous trouvez en danger, appelez à votre secours monsieur le Bien et madame la Vertu. Puissent-ils vous tirer d'affaire, car pour moi...

Il projeta dehors le petit homme au costume noir, s'élança lui-même comme une trombe en tirant la porte derrière lui avec une vigueur qui ébranla la maison tout entière. Pâle et frémissant, Adalbert resta sur place, contemplant avec une sorte d'horreur l'endroit par lequel il venait de disparaître ; ce fut Claude qui l'arracha à ses pensées en lui touchant l'épaule :

— Eh bien ! conclut le routier d'un ton presque joyeux,

voilà l'épreuve subie, et elle a tourné comme je l'espérais.

— Que voulez-vous dire ? questionna le jeune homme.

— Ceci, que je vous prie d'écouter avec attention. Il y a bien quatre ans déjà que Blodson avait dessein de vous faire venir auprès de lui ; mais, jusqu'à présent, j'avais trouvé le moyen de l'en dissuader, parce que je redoutais l'emprise d'un scélérat comme lui sur un jeune cerveau ; maintenant que vous voici presque en état de résister à cette influence, c'est pourquoi je me suis résigné à vous amener. Il avait été d'abord convenu que je ne vous accompagnerais que jusque sur la côte d'Angleterre, Ned seul devant vous conduire à Londres, parce que l'air de la capitale est plutôt malsain pour moi. Eh bien ! malgré tout, j'ai tenu à vous y guider, afin d'assister à votre première entrevue : c'est ce que j'appelle l'épreuve. Elle est faite, vous dis-je, et ma conviction aussi, qui est que ce sinistre bretteur (1) ne fut jamais l'auteur de vos jours.

— Alors, objecta Adalbert, avec courroux, pourquoi a-t-il pris soin de mon enfance ?

— Si nous le savions, nous saurions problablement le reste. Il avait ses raisons, voilà ce qui est sûr. L'homme, Adalbert, n'est pas un « tout » uniforme, ce qui signifie qu'il existe souvent dans chacun de nous, des contradiction incroyables. Je veux parier qu'il a pour vous à la fois une affection réelle et une haine profonde.

— Ce sont des mots, cela, Claude.

— Non, palsambleu, corbleu et jarnibleu ! C'est vérité et réalité ; il vous tuerait avec délices, et se ferait allègrement tuer pour vous défendre.

— Vous déraisonnez, mon ami. Cela n'a pas de sens.

— Nous verrons... Mais je n'ai pas fini. Blodson, à jeun, est un puits de discrétion : seulement, comme tous les puits, il aime le liquide, et quand il en a trop absorbé,

(1) *Ferrailleur qui aime se battre à l'épée.*

il devient bavard. On ne m'ôtera pas de la cervelle, Adalbert, que votre histoire est liée au drame de Curtissac dont vous avez entendu le récit de la bouche que vous savez ; voilà pourquoi je vous répète : méfiez-vous de la comtesse de Treffanges.

— Comment serait-ce possible ? D'après ce récit même, le comte Hector n'aurait qu'un fils, Jean, celui-là qui est mort dans nos bras... D'ailleurs, si j'ai bien compris, ce crime remonte à quelque vingt-cinq ans, et il est tout à fait sûr que je n'ai pas cet âge.

— Oui, oui, et c'est bien ce qui me chiffonne... sans quoi, j'aurais volontiers admis... Maintenant, il s'agit de décider ce que vous allez faire ? Avez-vous l'intention de vous rendre à Whitehall ?

— Pourquoi non ? Il me semble que si je veux éclaircir le secret de ma naissance, c'est ici que je dois d'abord commencer mes démarches.

— Londres est un séjour dangereux, pour un Français surtout, car, millebleu, je ne vois point en vous un fils de leurs maussades brouillards, mais de notre beau ciel et de notre plaisante France, amie. Au fait, vous avez peut-être raison, à condition que vous unissiez en vous la finesse du renard, la prudence du serpent. Oui, allez à Whitehall, et si le roi vous offre quelque chose de passable, acceptez. Eh! ventrebleu, c'est un coup de chance, cela !... Peste ! un roi, comme dit Blodson. Avez-vous de l'argent ? Oui, je me souviens ; là-bas, à Rouen, m'avez-vous dit, vous donniez des leçons d'armes et travailliez à des traductions anglaises. Souvenez-vous, où irez-vous gîter ? Vous n'en savez rien ? Eh bien ! je vais vous indiquer une hôtellerie, dans les prix doux.

Le routier prit une feuille de papier dans sa poche, y traça quelques mots ; puis, ayant réfléchi, il ajouta une seconde adresse, en lui annonçant que, par l'intermédiaire de la personne dont le nom et le domicile y étaient inscrits, ils pourraient demeurer en communication.

— Vous allez donc me quitter, Claude ? fit Adalbert avec tristesse.

— Hélas ! Il le faut ! Outre qu'ici ma tête tient mal à mon cou, j'ai pris avec... mais cela ne vous intéresse pas... des engagements qu'il me faut remplir ; dans une heure, Ned et moi, nous serons partis. Du reste, cela vaut mieux ; rien n'est plus mauvais que de tenir les jeunes gens en lisières, et seul, vous en apprendrez plus en quatre jours... Eh ! jarnibleu, pas possible !... Les mousquetaires, encore !...

Le son perçant d'une trompe, aussitôt répercuté par l'écho, venait en effet de retentir, et c'était lui qui motivait l'exclamation du routier. A la limite de Whitefriars, veillaient nuit et jour des hommes munis de cors, qui avaient mission d'avertir le quartier d'une de ces irruptions que la force armée y faisait de temps à autre dans le but d'opérer des rafles, lesquelles produisaient d'ailleurs autant de résultat qu'on en obtiendrait en retirant un verre d'eau de l'océan Atlantique. Mais Claude avait de fort sérieux motifs de ne point se désirer à nouveau en présence des auxiliaires de la loi : lors de sa précédente rencontre avec eux, ayant reconnu la voix de Blodson, dont il n'ignorait pas l'occulte influence, il était relativement rassuré ; mais cette fois-ci, nul Blodson ne l'aiderait à éviter leurs griffes : en hâte, la figure subitement soucieuse, il boucla son ceinturon, jeta une pièce d'or à l'hôtesse et s'élança dans la rue, suivi de Ned, toujours grave et muet qu'Adalbert, en proie à une agitation fébrile.

Dans les ruelles, tout était en rumeur ; surgis de leurs tanières, tous les « Frères blancs » se pressaient, se bousculaient, se précipitaient vers la Tamise, au milieu des bourrades et des cris. Les lanternes et quelques rares torches ne suffisaient point à dissiper les ténèbres ; cependant, au bout de deux minutes, Adalbert s'aperçut qu'il était séparé de ses deux compagnons.

(*À suivre.*)   GASTON CHOQUET.

POUR L'HONNEUR

C'était au temps de la grande guerre d'Espagne. Le 22 juillet 1808, les 18,000 Français de la division Dupont de l'Étang se trouvaient concentrés autour de Baylen, au fond de l'Andalousie. Depuis quinze jours, coupés du reste de l'armée, ces braves, que décimaient les fièvres, se battaient contre les 50,000 soldats du général Castanos. Pourtant, on n'attendait qu'un ordre, celui de faire la trouée ; pour cette ruée dernière chacun était prêt, mais fatigué, malade, Dupont hésitait et le soir du 22 un bruit courut le camp. Dupont avait signé la capitulation, toute la division allait être prisonnière ! Ce fut une explosion de belle colère. Dans un coin du camp bivouaquait une poignée d'hommes, une douzaine tout au plus,

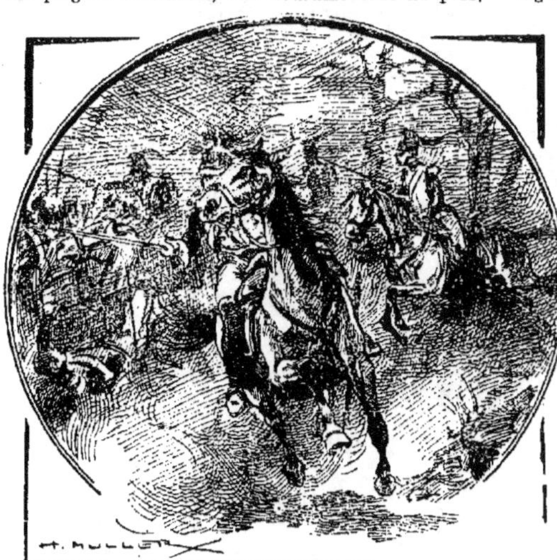
Et les cavaliers se ruent en avalanche.

tout ce qui restait d'un escadron de dragons. C'étaient des vieux soldats qui n'en étaient pas à leur première campagne.

— Alors, margis, quoi, c'est fini ? On s'rend à l'ennemi comme si qu'on s'rait d'Prusse ou d'Autriche ? grommela l'un des hommes.

— Paraît, fiston ; c'est l'ordre du Dupont, fit le maréchal des logis.

— Et là dedans qu'est-ce qui fichent les citrouillards du 10e ?

Un instant les deux hommes se considérèrent en silence. Se rendre lorsque, encore, on peut tenir debout, c'était fou. D'un regard, ils se comprirent.

— J'pense comme toi, Maclou, fit le sous-officier, va-t'en chercher les autres !

La seconde d'après, les dragons du 10e se groupaient, autour du maréchal des logis.

— Les enfants, v'là la chose, fit à mi-voix celui-ci. Mieux vaut crever à cheval que su' l'ponton anglais. Alors, flanquez double ration aux chevaux, qu'à minuit on soye prêt et gare aux hidalgos !

Il était minuit, sur le camp français d'où nul bruit ne montait, la pluie ruisselait en cataractes, un vrai temps de déluge. Au bivouac du 10e, les douze dragons attendaient la bride au bras, prêts à monter en selle.

— A cheval, fit le margis Cahusac. Par deux... au pas... et surtout qu'on la boucle !

Lui-même, droit sur sa bête, un grand alezan osseux, prit la tête et la petite troupe s'avança vers l'ennemi. Bientôt on arriva sur une grande route.

— Le chemin de Villapenas, souffla le margis, attention et en ligne !

Soudain, à l'angle d'un bois d'oliviers, une voix, en espagnol, crie : Halte !

— Sabre... commande Cahusac... En avant et... vive l'Empereur !

Et les douze cavaliers se ruent en avalanche, des hommes avaient surgi des deux côtés du chemin, un feu de salve crépita à la lueur duquel étincelèrent les sabres, et comme une bourrasque, le peloton passa. Cent mètres plus loin, on reprenait le trot, alors ils se comptèrent, un homme était resté là-bas.

Mais, par la plaine, s'élevait une rumeur vague, l'ennemi prenait les armes et sur le chemin, qui maintenant descendait, une troupe de cavaliers, au grand trot, s'avançait.

— Ils sont bien une centaine, grogna Maclou en rajustant sa jugulaire de cuivre.

— Ils seront moins tout à l'heure. Pour charger... au galop ! Et les bêtes s'enlevèrent dans un vent de tempête, les dragons roulèrent au bas de la montée, trouèrent l'escadron à grands coups de latte et du même élan furent sur la crête opposée, ils n'étaient plus que huit.

A ce moment des quatre coins de l'ombre, des coups de feu partirent encerclant le peloton et ensemble deux cavaliers vidèrent les arçons.

— Dragons... c'est pour la France ! tonna Cahusac en brandissant sa latte. En avant et chargeons !

Un mur de baïonnettes accourait, au-devant des dragons ; d'un bond, ils l'escaladèrent. Ils allaient ventre à terre, couchés sur l'encolure, leurs sabres rouges au poing, ne pensant plus à rien, ils chargeaient simplement, avec le seul espoir de mourir crânement.

— A gauche, mille diables ! A gauche ; en voilà qui rappliquent.

C'étaient des hussards bleus, des hussards andalous. Les cinq dragons restant les abordèrent ; leurs grands sabres fendaient les têtes, fauchaient dans le tas.

L'heure d'après, Cahusac, Maclou et le troisième survivant sabraient dans un village une compagnie de chasseurs. Cahusac et Maclou passèrent comme la foudre et lorsque l'aube parut, blêmissant l'orient, ils étaient loin du camp et de l'armée espagnole.

— J'crois qu'ça y est ! grogna le margis en arrêtant son alezan dont la robe était à présent pourpre de sang.

— Tout de même, c'est pas trop tôt, approuva Maclou dans un souffle, mais descends-moi de cheval, je s'rai mieux pour crever, au revers de ce fossé.

— T'as ton compte ?

— Parbleu ! y m'ont fourré trois grands coups d'sabre dans l'ventre, c'est pas des blagues à faire ! J'ai déjà bien mangé d'la salade d'acier, mais cette fois-ci, j'crois pas que j'pourrai la digérer !

Un flot de sang jaillit des lèvres du moribond, il se dressa et cria dans un râle :

— Vive la France !

Puis il retomba, Cahusac avait perdu son dernier dragon.

Le soir, une patrouille du 15e hussards, division Belliard, rencontrait un homme à demi-fou, qui traînait un grand cheval boiteux. C'était Cahusac et par lui, on connut la capitulation de Dupont.

— Si tous avaient fait comme toi, lui dit le général, l'armée, l'Empereur, ne seraient pas en deuil. Tu es un vrai dragon... tiens, voici ma croix !

Et Cahusac pleura de regret... et de joie !

PAUL DARCY.

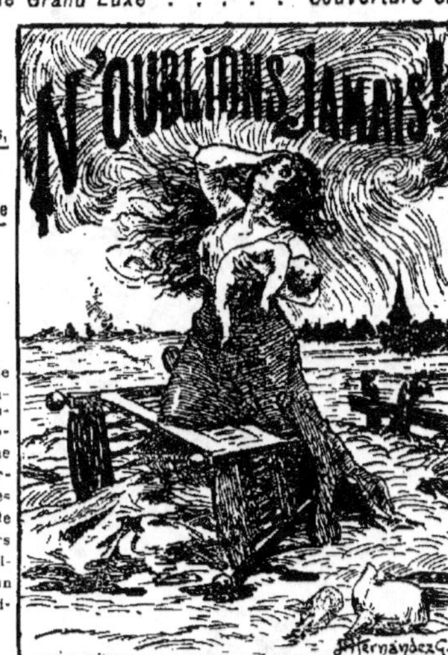

UN RECUEIL UNIQUE DE DOCUMENTS SENSATIONNELS
N'OUBLIONS JAMAIS !

Album de Grand Luxe : : : : : *Couverture en couleurs*

Dévoilant, pour la première fois, dans toute leur véridique horreur,

L'ouvrage, de 36 pages, contient de nombreuses photographies d'une exécution parfaite, et des compositions de nos meilleurs artistes, dessinées avec un réalisme poignant.

les atrocités et les crimes commis par les Allemands.

Une grande carte panoramique des ruines complète la documentation. Un texte bref et basé uniquement sur des informations strictement contrôlées accompagne les gravures.

Pour conserver en votre cœur et en celui de vos Enfants
TOUJOURS ROBUSTE ET TENACE, LA HAINE DES BARBARES TUDESQUES
Ayez sans cesse sous les yeux
LEUR ŒUVRE DÉVASTATRICE ET SANGUINAIRE
Reproduite, avec l'implacable fidélité de l'objectif, dans
N'OUBLIONS JAMAIS !

En vente partout, au prix de : **60** *centimes.*

Envoi franco contre 75 cent. en un mandat, adressé à l'Administration de JEUNE FRANCE 3. rue de Rocroy. Paris (Xe).

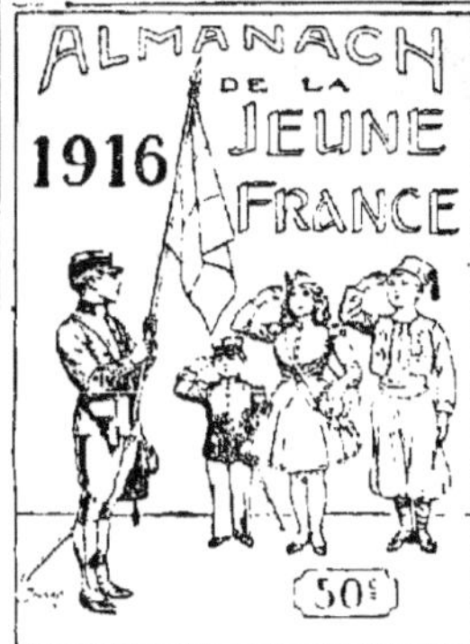

DEMANDEZ

En vente partout :

L'ALMANACH
DE LA
JEUNE FRANCE

50 Centimes

Envoi franco contre O fr. 60

Adresser commandes et mandats à la **JEUNE FRANCE** 3, rue de Rocroy, Paris.

LES MÉSAVENTURES DE L'EMPEREUR DES APACHES

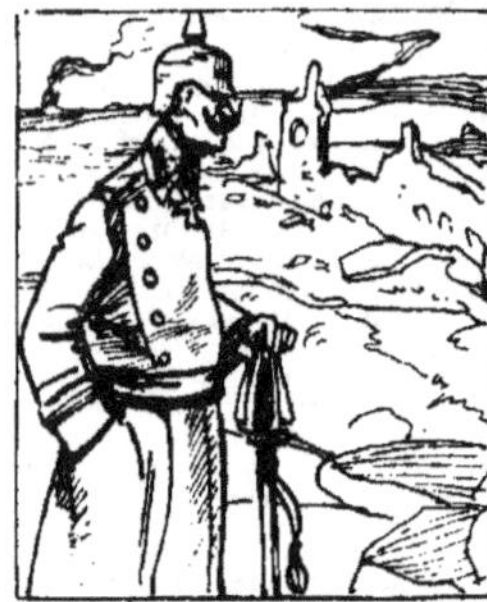

1. — L'empereur des apaches avait ordonné à sa horde de s'emparer de Dunkerque et de Calais. Or, quand le maître donne un ordre, il n'y a qu'à obéir. Donc, convaincu dans son présomptueux orgueil qu'il allait assister à la kolossale victoire de ses barbares, il vint dans les Flandres.

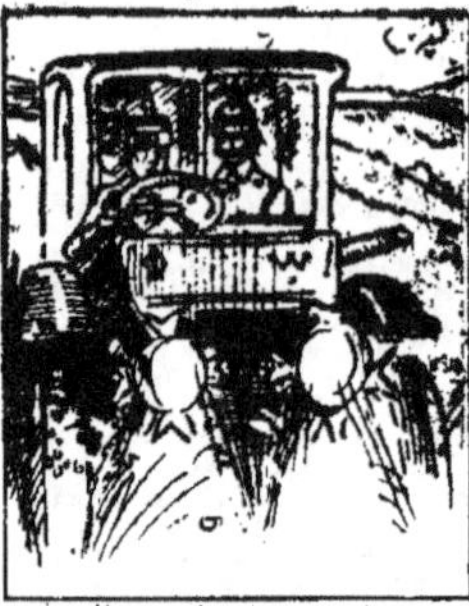

2. — Il resta cinq jours, naviguant en automobile, dans la région, entre Nieuport et Ypres et, malgré que durant ces cinq jours, ses généraux eussent fait donner leurs Boches avec une frénésie redoublée, l'empereur des apaches ne constata que leur mise en capilotade. Était-il là quand...

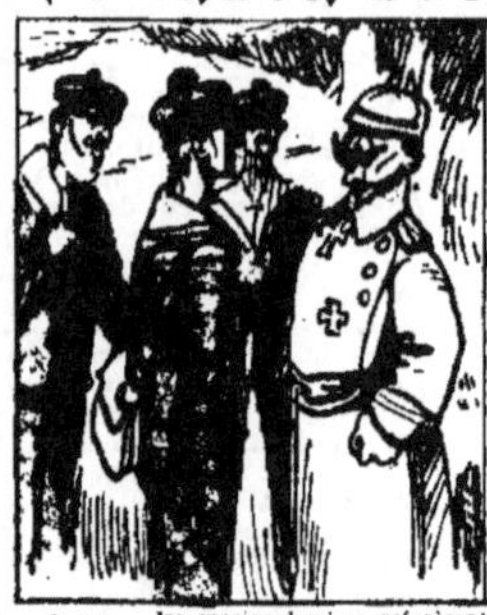

3. — ... les marins boches refusèrent d'aller au front et se révoltèrent? Si oui, ceux-ci eurent à réfléchir!... Et ce n'est pas parce que deux cents de ces marins furent fusillés en guise de représailles que l'empereur des apaches eut lieu de se réjouir! Ces marins...

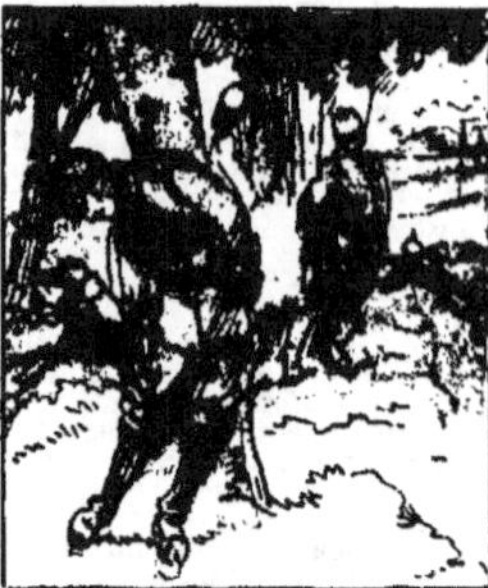

4. — ... ne furent pas les seuls à refuser de marcher. Bien d'autres boches, de tous les corps, démoralisés par leurs échecs successifs, refusaient, eux aussi, d'aller se battre... Et, peut-être est-ce le kaiser qui les fit attacher à des arbres, fusiller et laisser là... où les nôtres les trouvèrent en avançant.

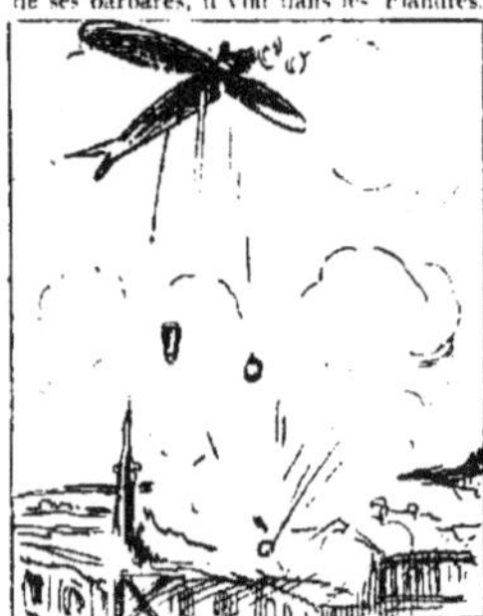

5. — L'empereur des apaches s'était installé à Thielt, où l'état-major des apaches avait établi son quartier général. Mais, comme ce grand bandit a la hantise du châtiment qu'il mérite, et qu'il a toujours peur qu'un avion prenne sa vilaine carcasse pour cible...

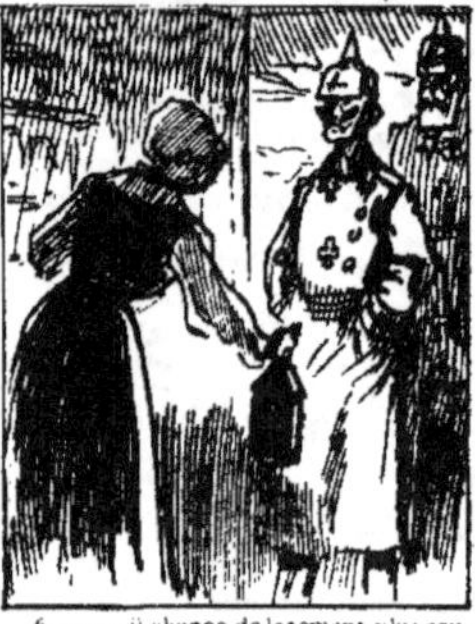

6. — ... il change de logement plus souvent que de chemise, c'est-à-dire, plusieurs fois par jour. C'est ce qu'il fit à Thielt. Il y arriva en auto, vers cinq heures de l'après-midi. Des appartements lui avaient été réservés dans une auberge et un succulent repas lui avait été préparé.

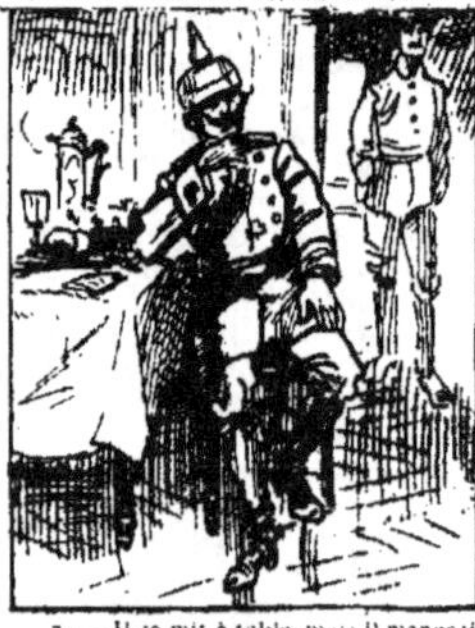

7. — Il se mit à table, mais il mangeait avec l'angoisse au cœur, aussi expédia-t-il vite son repas et c'est plus précipitamment encore qu'il quitta l'auberge, escorté de ses aides de camp et il se rendit en auto à l'autre bout de la ville où il fit le choix d'un nouvel appartement.

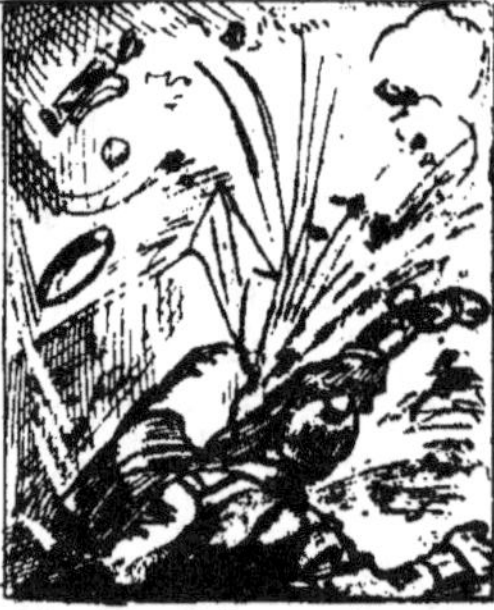

8. — La peur de l'empereur des apaches, pour être le signe d'une conscience chargée de crimes, n'en était pas moins justifiée. En effet, la table n'était pas encore desservie, à la taverne où il avait dîné, qu'un avion allié vint survoler l'établissement sur lequel il laissa tomber six bombes...

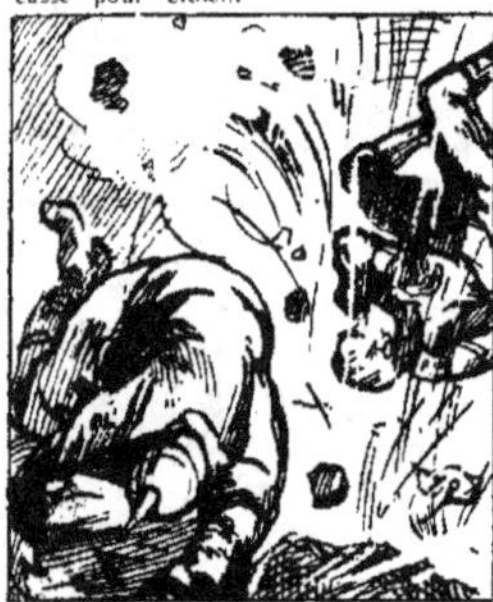

9. — ... et elles furent lancées avec une telle précision que la chambre dans laquelle étaient remisés les bagages de l'empereur des apaches fut complètement détruite et, qu'en outre deux de ses aides de camp restés en arrière furent déchiquetés.

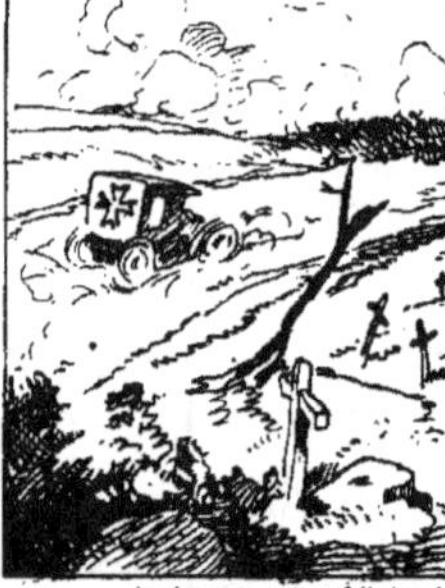

10. — ... de plus, une automobile impériale, qui était dans la cour fut pulvérisée. Aussi, quand l'empereur des apaches fut avisé du péril auquel il venait d'échapper, il s'empressa de fuir Thielt, et son automobile fila à toute allure dans la direction d'Arras.

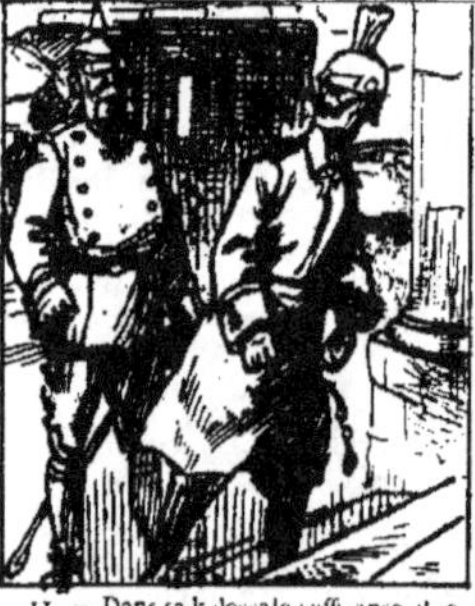

11. — Dans sa kolossale suffisance, il se disait que si les hordes ne pouvaient pas atteindre Dunkerque et Calais par les plaines des Flandres, il fallait qu'elles fissent une trouée dans la région d'Arras. Or, il voulait être là pour assister à cette triomphale victoire.

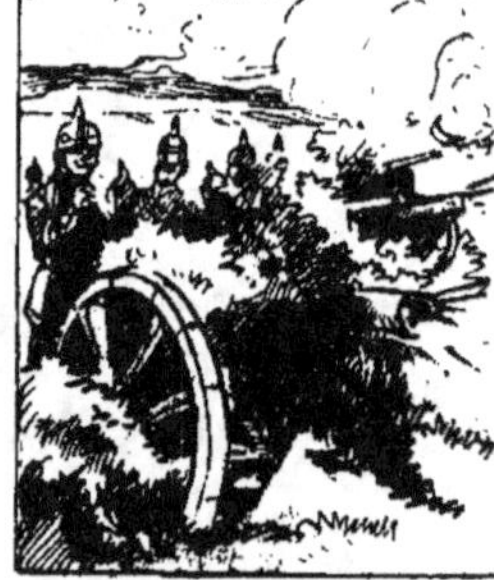

12. — Il arriva donc, en compagnie du roi de Saxe, dans le voisinage d'Arras, les premiers jours de novembre et, tout de suite, en son honneur, deux corps d'armée furent jetés sur les poilus franco-anglais. L'opération commença par un furieux bombardement qui dura trois heures.

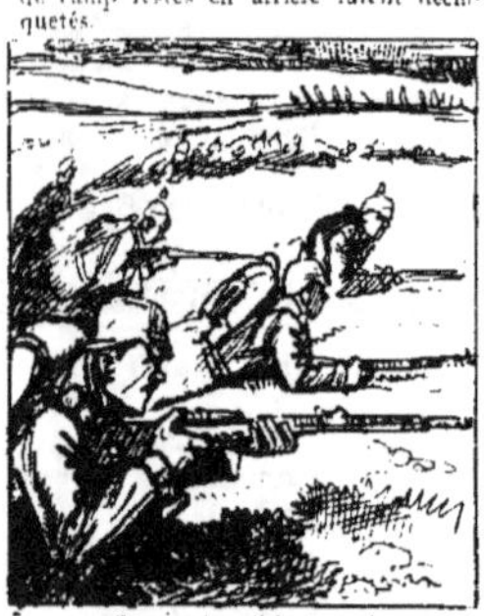

13. — Comme les alliés furent les maîtres, les généraux apaches les crurent anéantis et ils ordonnèrent à leurs boches d'aller à l'assaut en masses compactes. Mais, quand ils furent assez proches, un tonnerre éclata soudain... et les balles et les obus firent des ravages effroyables dans les rangs des boches qui s'arrêtèrent. Sur ce, la boucherie recommença pendant une heure son...

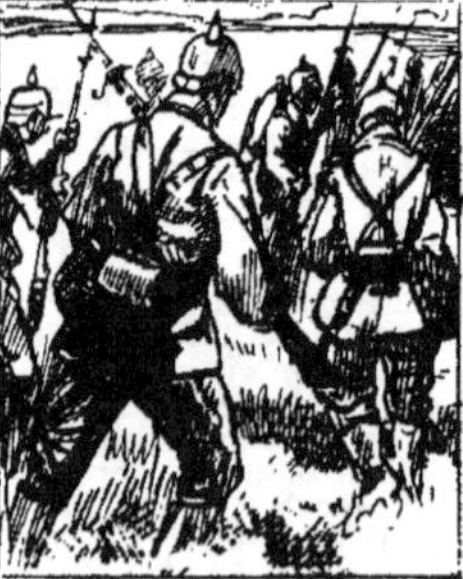

14. — ... inutile bombardement. Après quoi, les Boches revinrent à l'assaut, sous une pluie d'obus et de balles. Ils marchaient difficilement dans les terres détrempées et des mottes énormes leur collaient aux pieds; mais les officiers les poussaient, les forçaient à avancer cependant, devant les salves meurtrières des alliés, les boches...

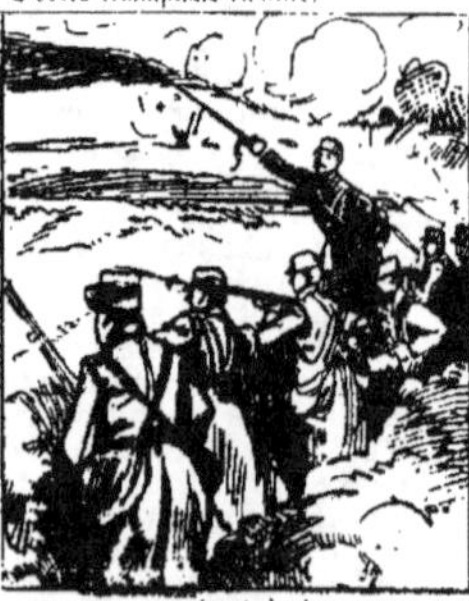

15. — ... se mirent à plat ventre... et nos poilus de les canonner et de les fusiller à plaisir!... Pour éviter l'anéantissement complet de la horde, les officiers voulurent à coups de plat de sabre et à coups de pied, faire avancer encore les Boches. Mais ceux-ci ne bougèrent pas plus que des souches! Soudain, notre feu cessa et les poilus sortirent...

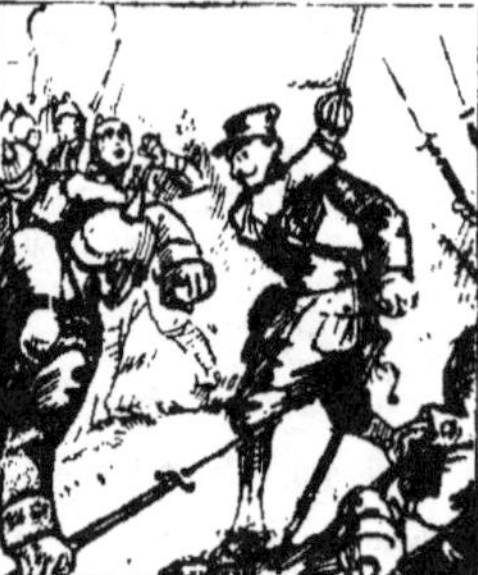

16. — ... des tranchées, baïonnette au canon. La peur rendit du courage aux boches; eux aussi, mirent baïonnette au canon. Il y eut une mêlée terrible et, bientôt, les Boches tournèrent les talons... Et l'empereur des apaches qui, au lieu de la victoire escomptée, assistait à la déroute de ses Boches, remonta vite en auto et s'enfuit lui aussi!

Numéro 38. — 28 Novembre 1915. **10 Centimes.** TOUS LES DIMANCHES

ABONNEMENTS
Seine, Seine-et-Oise . 6 fr.
Départements . . . . . 7 fr.
Étranger . . . . 9 fr.

ADMINISTRATION
3, rue de Rocroy
PARIS (X°)

LA JEUNE FRANCE
HISTOIRE ILLUSTRÉE DE LA GUERRE 1914-1915

LE "TRAVAIL" DES HINDOUS

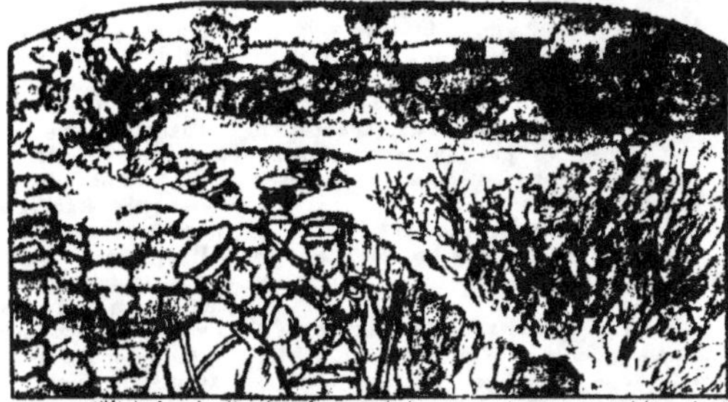

1. — C'était dans les Flandres. La nuit était venue et les troupes anglaises, éveillées dans leurs tranchées, s'attendaient à une attaque des boches quand, à leur arrière, abrités dans un boqueteau, s'assemblèrent silencieusement des silhouettes sombres, presque invisibles dans l'obscurité. Quelques-unes de ces ombres se détachèrent, s'avancèrent en rampant et eurent bientôt dépassé le front de la ligne anglaise. « Les Indiens font une sortie! » se dirent de bouche à oreille les tommies et ils s'efforcèrent de percer l'obscurité du regard, pour voir ce qui allait se passer.

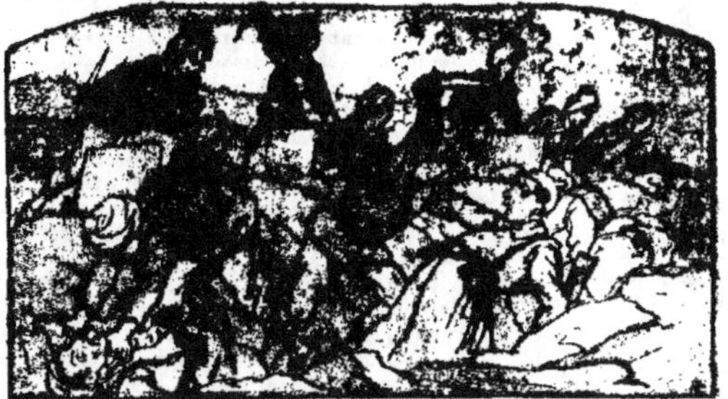

2. — Rampant sans bruit, les quelques Indiens qui étaient partis en éclaireurs arrivèrent jusqu'à la première tranchée, où se trouvaient les avant-postes de l'ennemi. Il n'y eut ni bruit, ni cris... mais les boches qui étaient là furent immobiles pour toujours... sans avoir eu le temps de faire un geste! Ce « nettoyage » préliminaire accompli, un des Indiens revint vers ses camarades restés en arrière et, alors, toute la troupe d'Hindous — plusieurs centaines. — se mit en marche toujours rampante, et toujours sans faire le plus léger bruit, sans qu'on perçût même le frôlement des herbes.

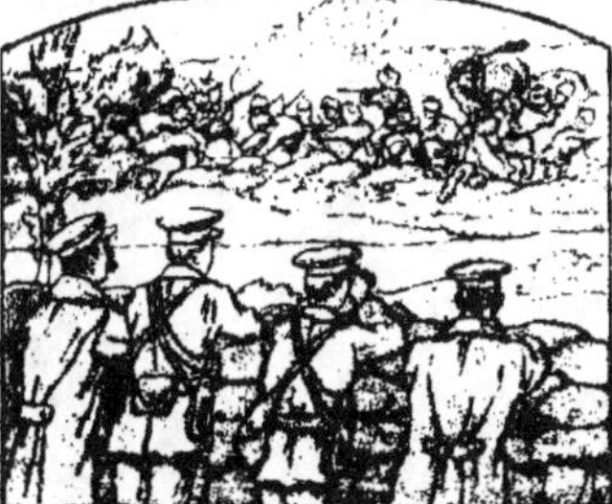

3. — Pendant cinq minutes, ce fut un calme absolu. Puis, on entendit quelques coups de feu, suivis d'une violente fusillade, le tout entremêlé de cris et de gémissements. Trois ou quatre fusées vinrent éclairer la scène et, à 600 mètres de leur front, les tommies purent apercevoir une masse d'hommes se débattant, les lueurs de l'acier, le moulinet des fusils. C'étaient les Indiens ... qui ... à leur œuvre de mort.

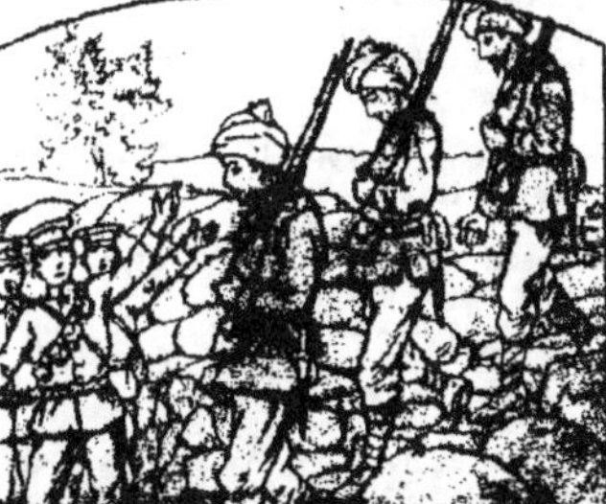

4. — ... Pendant dix minutes ils firent un carnage de boches à moitié endormis encore et qui s'étaient couchés en rangs serrés, attendant l'ordre de l'assaut de nuit. La boucherie fut terrible et elle ne se termina que lorsque les boches survivants prirent le parti de s'enfuir en courant. Après quoi, les Indiens, satisfaits de leur travail de nuit, ... revinrent sur les lignes anglaises et fièrement...

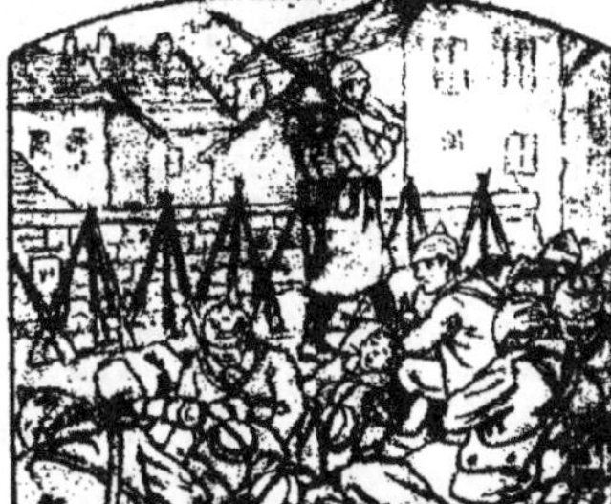

5. — ... quoique toujours silencieux ils allèrent reprendre leurs places primitives. Une autre nuit, l'armée du duc apache de Wurtemberg, repoussée des rives de l'Yser, avait occupé deux villages dans la région d'Ypres d'où les alliés décidèrent de la déloger. La nuit choisie était donc et le calme le plus absolu régnait, malgré qu'il y eût, face à face, des milliers d'hommes.

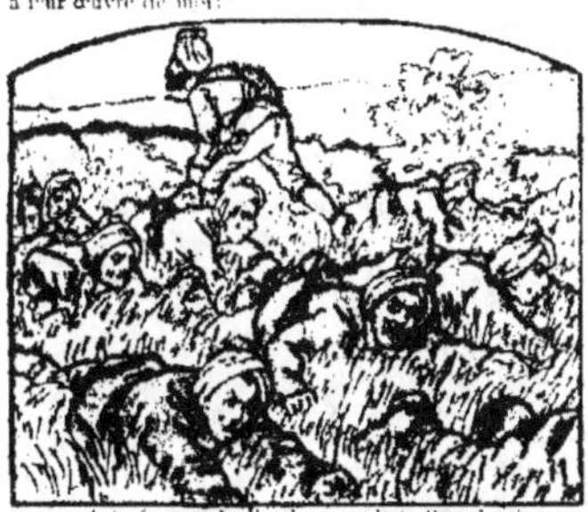

6. — À la faveur de l'ombre, un bataillon de cipayes glissa dans l'herbe humide, se faufila jusqu'aux avant-postes boches. Un officier vint en avertir le gros des troupes qui se préparèrent à l'attaque. Puis, ce fut un assez long moment d'attente... sans un bruit! sans un frôlement! Soudain, un vacarme indescriptible se fit entendre.

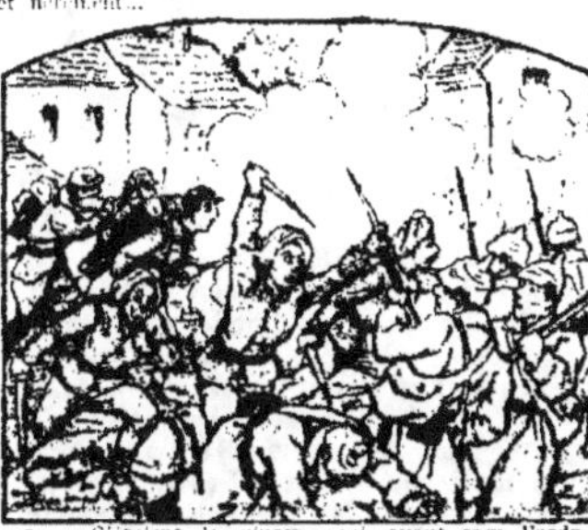

7. — C'étaient les cipayes qui, ayant reçu l'ordre d'attaquer, avaient bondi avec la souplesse de jaguars et qui, avec leurs yatagans pour seule arme, « travaillaient » à anéantir plusieurs détachements de boches. Aux cris, des coups de feu succèdent. Les boches, stupéfaits, croient d'abord à une petite attaque. Mais voici que les nôtres se mettent en mouvement...

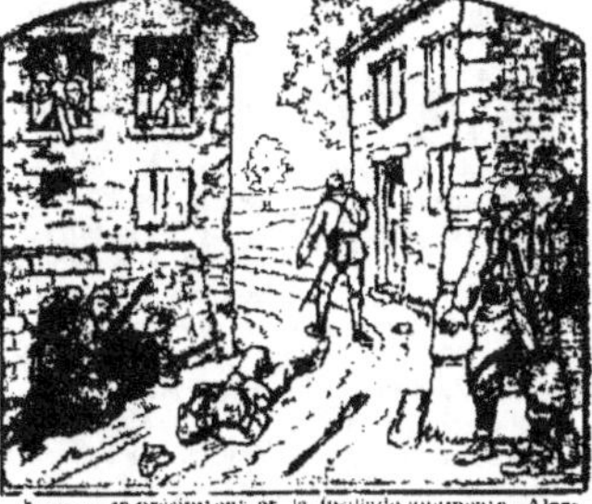

8. — ... se précipitent et la fusillade augmente. Alors, la Bocherie met ses mitrailleuses en action. Mais nos poilus s'éparpillent, se couchent à terre et la rafale passe sur leurs têtes. À ce moment, héroïquement, un officier, un poilu entre les poilus!... va seul reconnaître le terrain. Les Wurtembergeois, voyant que rien ne bouge, nous croient anéantis et ils se dirigent sur nos troupes.

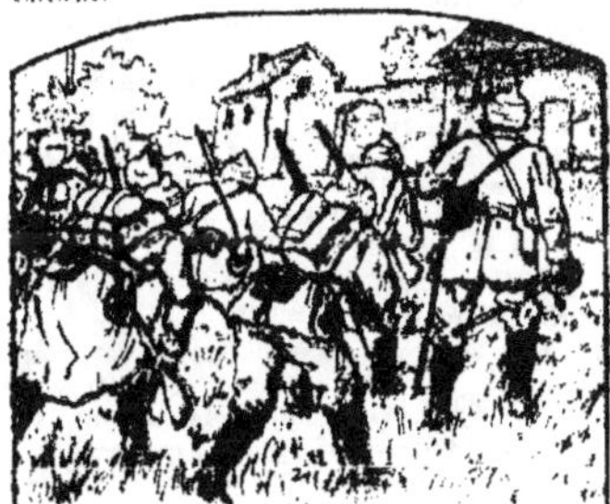

9. — Ils avancent prudemment, redoublant de précautions, et quand ils arrivent à cent mètres de nos troupes, nos mitrailleuses et nos fusils partent avec ensemble. Avant qu'ils aient pu se ressaisir, nos poilus s'élancent à la baïonnette; de leur côté, les cipayes manœuvrent...

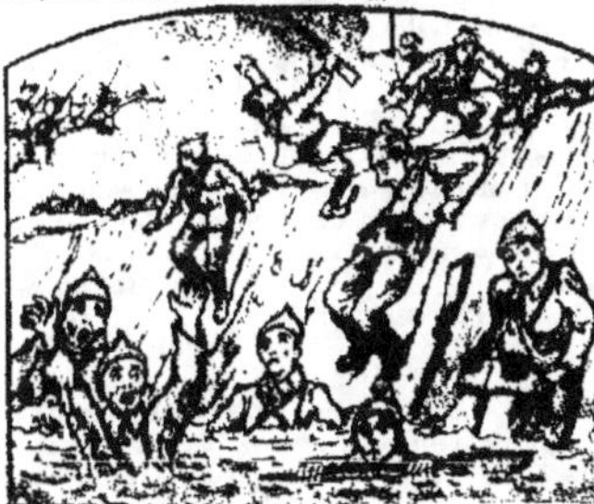

10. — ... avec un redoublement d'ardeur leurs terribles yatagans, de sorte que, sous cette formidable avalanche, les boches reculent et bientôt ils tournent les talons. Maintenant, ils s'enfuient en débandade, poursuivis par les nôtres. Et voilà que, dans la panique qui s'est emparée de la boucherie...

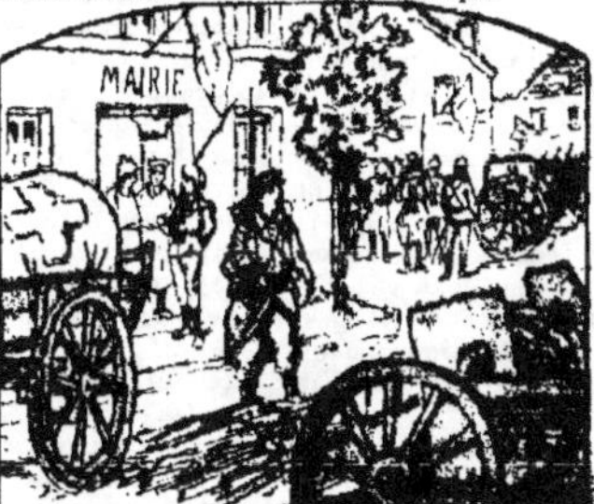

11. — ... un de ses bataillons est précipité dans un ruisseau où il patauge, s'embourbe. Après cinq heures de bataille, les Wurtembergeois avaient perdu trois mille hommes, laissé entre nos mains six canons et tout un matériel d'ambulance. Ils allèrent établir leurs nouvelles positions à dix kilomètres en arrière.

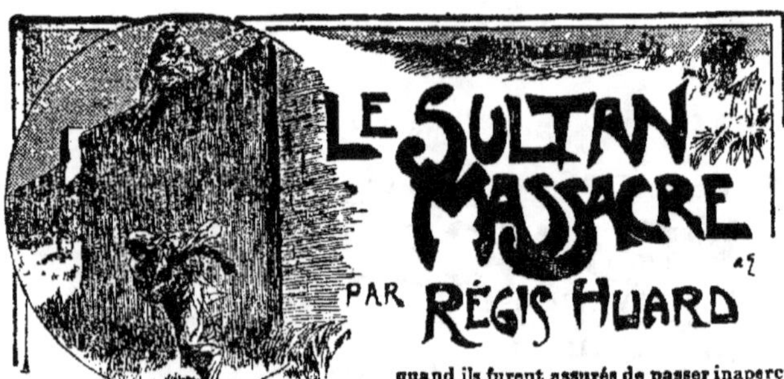

RÉSUMÉ DES CHAPITRES PRÉCÉDENTS

Aux territoires du Tchad (Centre Africain) en 1900. En pleine lutte entre les troupes de Rabah (le sultan Massacre) et les Français. C'est l'écrasement pour les rabhistes. Le sultan est tué: Dikoala, capitale, enlevée par nos tirailleurs.

Les deux fils aînés de Rabah sont obligés de tenir la brousse.

Le troisième : Hassein, vient d'être fait prisonnier par les deux sergents de la coloniale: Durantin et Kermarec.

Au milieu de la nuit, sa fiancée Hadjia vient le délivrer, elle a rampé jusqu'au campement, et profitant de ce que les gardiens dorment, elle s'approche du jeune rabhiste.

CHAPITRE XXVII (Suite.)
OU LE HASARD FAIT BIEN LES CHOSES

Les dormeurs n'avaient pas bougé... Les deux sergents reposaient, Kermarec sur le dos, la face au ciel; Durantin sur le côté, la tête posée sur l'avant-bras... Le tirailleur ronflait bruyamment. Personne aux alentours, aucun bruit dans cette nuit profonde. Il n'y avait donc aucun danger pressant et Hassein, subitement revenu aux réalités de l'heure, le comprit aussitôt... Aidé d'Hadjia, il continua le mouvement de reptation qui l'éloignait des dormeurs... Le petit foyer clignotant mourait faute de soins.

Mais c'était précisément là qu'était le danger. Le froid matinal allait réveiller les dormeurs et ils s'apercevraient vite que leur prisonnier avait disparu... Hassein et Hadjia comprirent qu'il fallait faire vite et jouer le tout pour le tout...

Il pria Hadjia très bas, lui parlant à l'oreille, de commencer à défaire la corde qui lui liait les poignets derrière le dos.

Ce fut long et pénible... Le nœud était serré et les doigts fins d'Hadjia n'avaient aucune prise. Elle se retourna les ongles dans la fièvre de faire vite, de ne pas perdre une minute... Enfin elle réussit à desserrer le nœud, puis à le défaire complètement...

Hassein avait maintenant les mains libres et, malgré l'engourdissement des poignets, il desserra lui-même la corde qui attachait ses pieds.

Cette fois, ce fut plus rapide. Quelques minutes après, ils étaient complètement dégagés...

Lentement, sans quitter des yeux le foyer qui clignotait et les dormeurs attardés dans le repos, il se mit debout et prit la main d'Hadjia...

— Viens, fit celle-ci... Gagnons à droite... Laisse-moi te conduire... Ne faisons pas de bruit... Il nous faut gagner l'extrémité de la maison de Fad' el Allah et nous glisser dans la ruelle qui la sépare de la maison de Faki-Ahmed... Ce coin-là est mal gardé, j'en suis sûre... Il n'y a qu'une sentinelle que nous éviterons à la faveur de la nuit. De là, par les rues sombres et les vérandas, nous gagnerons la grande maison de Hite, le chef de bannière... Il y a tout près un campement de femmes prisonnières : c'est de là que je me suis échappée... Il sera facile de passer inaperçus... Elles sont plus de deux cents sous la garde d'un seul esclave des infidèles. Nous serons alors sur la grande place de manœuvres où il fait si noir que personne ne nous verra...

— Je sais maintenant, fit Hassein... Le mieux est alors de gagner le parc à bœufs adossé à la muraille... Nous y monterons et nous nous y laisserons tomber de l'autre côté... Ces chiens ont dû mettre peu de monde de ce côté, où ils ne prévoient aucune surprise... Et puis tous dorment !... Viens !...

Hassein prit les devants maintenant, tenant la main d'Hadjia qui le suivait, le cœur battant, l'œil au guet, osant à peine respirer dans la crainte de se trahir...

Les deux jeunes gens exécutèrent le plan que leur parfaite connaissance des lieux leur avait permis d'arrêter si rapidement.

Ils gagnèrent dans l'obscurité la grande maison qui servait d'habitation personnelle à Fad' el Allah et à ses gens. Ils se couchèrent sur le sol, laissèrent passer la sentinelle dont ils virent briller la baïonnette et

quand ils furent assurés de passer inaperçus, se coulèrent dans la ruelle étroite qui longeait la vaste bâtisse et la séparait de la maison de Faki-Ahmed, le chef du trésor...

Là, le danger diminuait. Ils étaient à l'une des extrémités de la ville. Toutes les maisons avaient été fouillées par les Français avant la tombée de la nuit et, seules, quelques sentinelles, très espacées, assuraient une surveillance qu'on estimait suffisante.

Le long des vérandas noyées d'ombre, ils longèrent les maisons, traversèrent des ruelles, des cours, des patios, inspectant les alentours, attendant, tapis dans des coins, le passage des sentinelles...

Cette fuite se passa sans encombre et après une demi-heure de cette course dans la nuit, les deux jeunes gens arrivèrent derrière la maison du zhâbit Hite, à l'un des bouts d'une vaste place qui servait habituellement de terrain de manœuvres...

En face, à l'autre bout, se dressait l'enceinte de la ville, c'est-à-dire le salut, pour eux, le dernier obstacle devant la brousse hospitalière...

Mais il y avait tout près un danger à éviter... A cinquante mètres de la maison, avait été établi le campement des femmes prisonnières. Des feux rougeâtres trouaient l'ombre, éclairaient des têtes noires qui se mouvaient, et les silhouettes de la sentinelle au port d'armes.

On entendait des bruits confus de voix... C'est une habitude des Européens et surtout des Français d'user de la plus grande humanité envers les femmes que les hasards de la guerre font tomber entre leurs mains.

Elles sont rassemblées, surveillées pour la forme, mais ne manquent de rien, jusqu'à ce qu'il soit statué sur leur sort, c'est-à-dire qu'elles soient renvoyées dans leurs villages au fur et à mesure que ceux-ci font soumission, ou reçoivent l'*aman* (pardon).

Il n'y avait donc qu'une sentinelle pour garder le campement, mais les deux jeunes gens étaient obligés de franchir la place, complètement déserte, sous ses yeux pour gagner les étables adossées au mur d'enceinte à l'autre face...

Et le moindre cri, le moindre appel de la sentinelle les perdaient, les obligeant à se rejeter dans la ville que fouilleraient les tirailleurs prévenus...

Hassein n'hésita pas cependant et glissa à l'oreille d'Hadjia :

— Traversons sans hâte, courbés en deux... Si l'attention de la sentinelle n'est pas attirée, nous pouvons gagner les étables... Là ce sera plus difficile de passer inaperçus, mais Allah nous protégera...

La traversée de la place n'offrait, en effet, que peu de danger, car les deux fugitifs glissaient littéralement dans l'ombre, sans quitter des yeux le campement des prisonnières, prêts à se jeter face contre terre au premier signe de danger...

Ils gagnèrent ainsi les étables... Elles étaient presque vides et sans la moindre surveillance. Niébé avait emmené pour la subsistance et le transport des bagages de ses troupes une partie du troupeau déjà raréfié par l'état de siège...

Le plan d'évasion s'offrait de lui-même à Hassein...

Les étables, nous l'avons dit, étaient adossées au mur d'enceinte et le toit en pente très douce arrivait au milieu du mur...

Une courte échelle suffisait pour atteindre la crête.

Il suffisait donc d'y arriver sans avoir été vu, vérifier qu'aucune sentinelle extérieure n'était en vue... une dizaine de mètres assurait la liberté, car deux minutes après, les fugitifs étaient dans une brousse assez dense, d'où ils pouvaient gagner les plantations et la route de Deguemba...

Hassein prit donc dans un coin de l'étable une échelle courte à l'aide de laquelle il monta sur le toit, suivi d'Hadjia...

Pendant que celle-ci s'allongeait sur le chaume, sans quitter des yeux le gardien des prisonnières, Hassein, avec un sang-froid remarquable, appliqua l'échelle contre le mur d'enceinte, en atteignit rapidement le faîte et regardait dans la nuit...

Rien... Pas un homme, pas un bruit,

aucun éclair de baïonnette dans l'ombre, rien qui vint troubler le silence et l'ombre...

Alors Hassein redescendit le toit, frappa sur l'épaule d'Hadjia et lui souffla à l'oreille :

— Monte... je te suivrai... je te tiendrai par les poignets quand tu sauteras... Si tu n'es pas blessée, tu diras : Viens...

Bravement, Hadjia monta sur l'échelle, suivie d'Hassein, enjamba le faîte, présenta ses poignets au jeune homme.

Celui-ci assujettit ses pieds aux montants de l'échelle et dit à sa fiancée :

— Prends garde... et calcule bien ton élan...

Hadjia, s'aidant des pieds contre la paroi extérieure de la muraille, se suspendit aux poignets d'Hassein et s'apprêta à sauter...

Mais, à cette minute, un bruit de voix, un appel fit sursauter Hassein... Au même instant le bruit mat d'une balle qui venait frapper la muraille à quelques centimètres, la détonation d'un fusil, l'avertirent qu'il venait d'être vu par la sentinelle du campement des prisonnières et que le danger devenait pressant...

Il n'eut qu'un mot à Hadjia :

— Saute... et gagne la brousse droit devant toi... Je suis découvert... mais ne crains rien...

Il lâcha les poignets d'Hadjia et dès qu'il entendit la chute et le mot convenu qui lui disait que la jeune fille n'était pas blessée, il enjamba la crête à son tour et se laissa tomber...

Les cris se multipliaient maintenant sur la place et Hassein les percevait nettement :

— Aux armes !... Aux armes !...

Presque au même instant, il entendit cou-

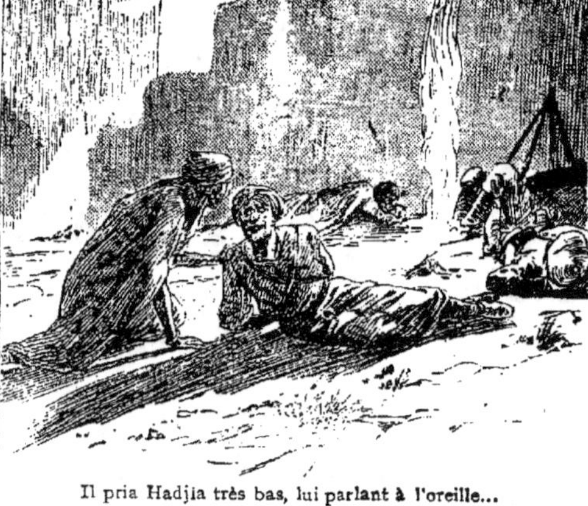

Il pria Hadjia très bas, lui parlant à l'oreille...

rir vers lui sur le chemin de ronde. La sentinelle extérieure, prévenue, accourait... Hassein se redressa d'un bond, se jeta en arrière et en quelques enjambées gagna la brousse après s'être assuré d'un regard qu'Hadjia était déjà disparue.

Il était temps... La sentinelle, la baïonnette haute, accourait vers lui et l'aperçut... Allait-elle le voir?

La nuit était trouée maintenant de lueurs blêmes : on ne savait trop si c'était le petit jour qui se levait ou la lune qui s'avançait de l'autre côté de la terre.

Hassein se mit à courir, cherchant à gagner du terrain...

Il entendit le tirailleur courir derrière lui, se jeta de côté, se tapit derrière un buisson et reprit sa marche quand il fut sûr que la sentinelle, ayant perdu sa piste, rentrait dans la ville...

Il était temps... Il ne lui restait plus qu'à rejoindre Hadjia... Il trouva la jeune fille blottie dans le creux d'un arbre à cent mètres à peine du mur d'enceinte, dans la direction que lui avait indiquée Hassein.

Ils tombèrent dans les bras l'un de l'autre, mais avant de se faire part mutuellement de leurs aventures, ils jugèrent prudent de se mettre en complète sûreté...

Le jour venait : il n'y avait pas un instant à perdre...

Prudemment, évitant les sentiers, ils se dirigèrent vers l'Occident, certains de recueillir bientôt des nouvelles des rabhistes en déroute...

Leurs prévisions se réalisèrent après deux heures de marche. Ils entendirent, venant d'un ravin proche, des bruits de voix, des piaffements de chevaux.

C'était un campement de l'arrière-garde de la bannière des cavaliers de Hite, celle qui s'était repliée la dernière...

Hassein et Hadjia se firent reconnaître et demandèrent aussitôt des nouvelles de Fad' el Allah :

— Il est en avant, à deux heures de

marche, leur dit-on... en route sur Deguemba pour se joindre aux troupes de Niébé...

Et le ouakil de s'étendre sur de très longs détails : c'était la défaite, la retraite désastreuse, rendant nécessaire, cette fois, la tactique de Niébé, la guerre des guerilleros...

Hassein eut un geste las, désespéré, presque vaincu...

Mais il reprit vite le dessus, aidé d'ailleurs par Hadjia, qui prit à cœur de lui montrer l'avenir sous le jour le plus riant. Le jeune capitaine décida de joindre au plus tôt Fad' el Allah, mais il était exténué par les émotions et les fatigues, la tension nerveuse des jours précédents. Il dut s'accorder du repos parmi ces traînards de l'arrière-garde, de façon à reprendre la marche forcée quand le soleil se ferait moins brûlant.

La chance aidant, il pouvait rejoindre Fad' el Allah dans la nuit.

Pendant ces quelques heures, il eut le loisir de causer avec Hadjia et son premier soin fut de lui demander par suite de quelles heureuses circonstances elle avait pu le secourir si à propos...

Hadjia lui fit part des événements dont nos lecteurs connaissent la plus grande partie : son enlèvement par Niébé quittant la ville, le départ des troupes la nuit, l'embuscade tendue par les infidèles et qui l'avait fait tomber saine et sauve dans les mains de ce « sergent » qui avait été si longtemps prisonnier de Rabah à Dikoa.

— Lui! fit Hassein rageur.

— Lui-même, dit Hadjia. Il ne m'a pas reconnue, mais moi je me suis souvenue tout de suite...

— Et il n'a pas cherché à te faire mal, à te tuer?

— Tu vois bien que non, fit Hadjia en souriant... Bien au contraire, il avait l'air fort malheureux de m'avoir faite prisonnière et j'ai cru comprendre que ce n'est pas moi qu'il s'attendait à trouver. J'ai cru deviner qu'il s'agissait de Marie, l'esclave noire...

— Oui... je sais, je sais... fit brusquement Hassein. Ensuite? fit-il un peu rudement...

— Eh bien, les infidèles sont revenus sur leurs pas et le lendemain matin m'ont envoyée à l'un de leurs chefs qui m'a placée avec d'autres prisonnières, en arrière...

« Dès la fin de l'assaut de la ville dont j'ai entendu tous les bruits, on nous a fait entrer, après avoir séparé les hommes et les femmes. Nous avons été placées où tu sais et je me résignais à prendre mon mal en patience, quand, vers la fin de la soirée, on est venu me chercher pour me conduire au chef blanc...

« Mes bijoux avaient dû attirer l'attention et on m'avait prise sans doute pour l'une des sultanes. Avouer mon identité, c'était placer en otage précieux entre les mains des infidèles, les inviter à me surveiller étroitement, diminuer les chances de l'évasion que je projetais déjà...

« Je répondis simplement que j'étais mariée à un ouakil, et sans insister autrement, celui qui paraissait être le chef des blancs donna l'ordre de me reconduire au campement...

« C'est en revenant que je t'aperçus prisonnier, sortant du palais de Rabah... Je vis qu'on te conduisait sur la place devant le palais et que les infidèles te laissaient asseoir près d'un feu comme pour y passer la nuit... Tu sais le reste...

Hassein buvait les paroles de sa fiancée...

— Ma fiancée fit-il... je te dois la vie... plus que cela: l'honneur... plus encore: la possibilité de reprendre la lutte...

Il l'embrassa tendrement.

Une heure passa. Le soleil était maintenant presque au zénith et les fugitifs se disposaient à faire une courte sieste, quand un cri poussé par la sentinelle placée au sommet du ravin les mit tous debout, dans l'affolement d'une surprise :

— Les Français !... Voilà les Français !...

(À suivre.)

RÉGIS HUARD.

LES MALICIEUX KETJES, par JO VALLE *(Suite)*

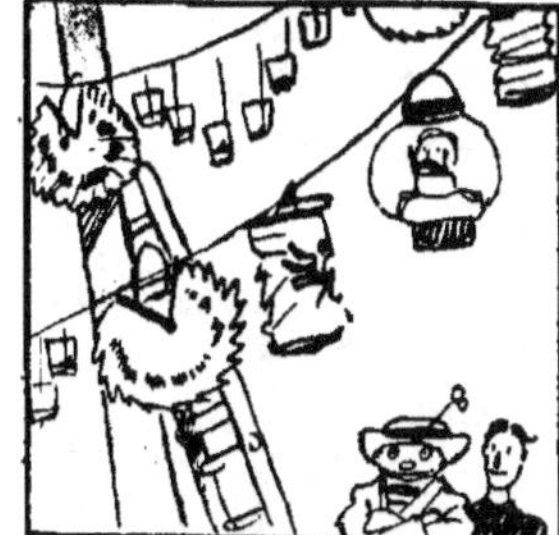

1. — Le lendemain, qui était un vendredi, Karl et Jef, en se promenant par les rues, constatèrent que les Allemands faisaient de grands préparatifs en vue d'une fête. On plantait des mâts dans les rues. Les commerçants boches pavoisaient leurs boutiques et, à...

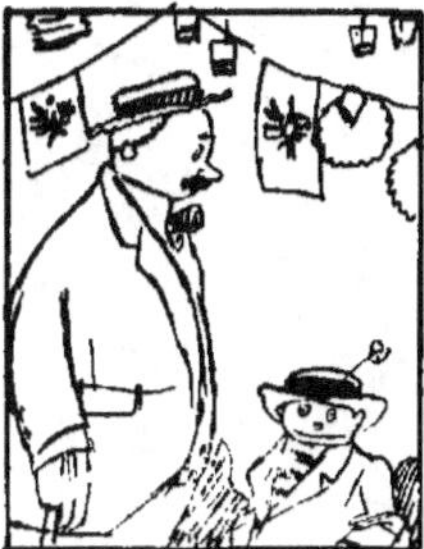

2. — ... l'entrée des principales voies, des arcs de triomphe étaient dressés, complétés par de guirlandes de lampions. Les deux ketjes voulurent savoir, bien entendu, en l'honneur de qui ces préparatifs étaient.

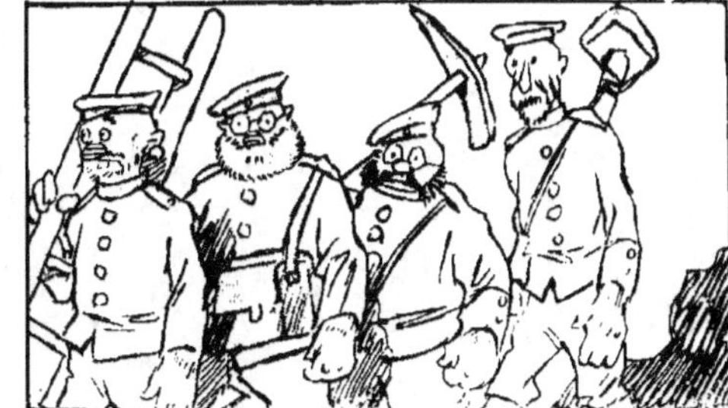

3. — ... Mais en questionnant un brave homme, ils apprirent que les Allemands voulaient fêter l'anniversaire du kaiser et décidèrent de participer aussitôt à cette réjouissance mais à leur manière. Pendant la journée, on les vit s'intéresser beaucoup aux préparatifs. Tandis que les soldats désignés pour la corvée de décoration rentraient à la caserne pour déjeuner, les deux amis profitant de ce qu'ils étaient seuls, se...

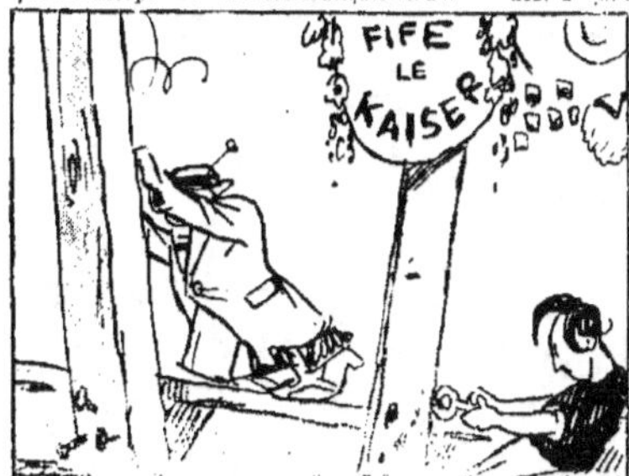

4. — ... hâtèrent de saboter l'arc de triomphe et les guirlandes de lampions à un endroit où la musique militaire, précédant la retraite aux flambeaux, devait s'arrêter pour donner un concert. Les poteaux servant de montants au portique avaient été en partie descellés et les fils de fer auquel étaient suspendus les lampions ne tenaient plus que par un miracle d'équilibre.

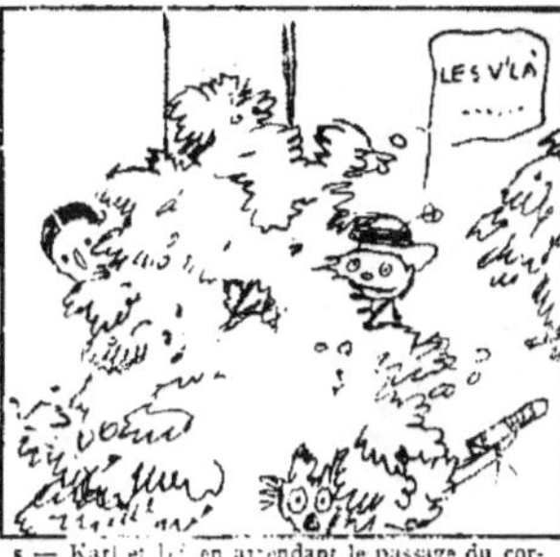

5. — Karl et Jef, en attendant le passage du cortège, s'étaient dissimulés dans les massifs de feuillage garnissant de chaque côté l'arc de triomphe et tenaient en laisse un chien dont la queue servait de tuteur à une fusée. Vers les huit heures du soir, les flons-flons d'une marche triomphale arrivèrent...

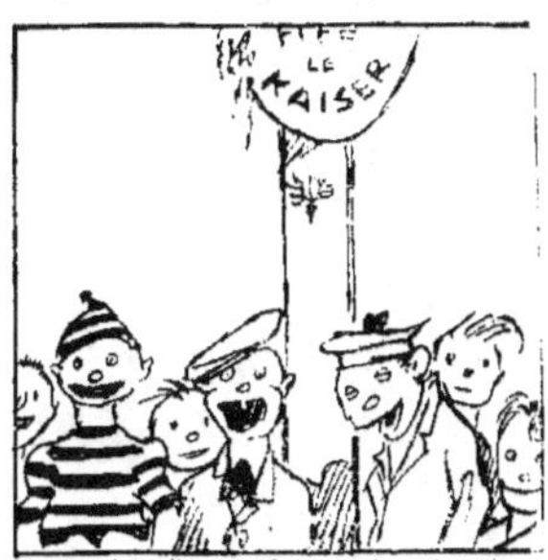

6. — ... jusqu'à eux. Attention ! se dirent-ils, la retraite aux flambeaux s'avance... Les musiciens ne doivent plus être loin... D'autres ketjes qui disséminés un peu partout...

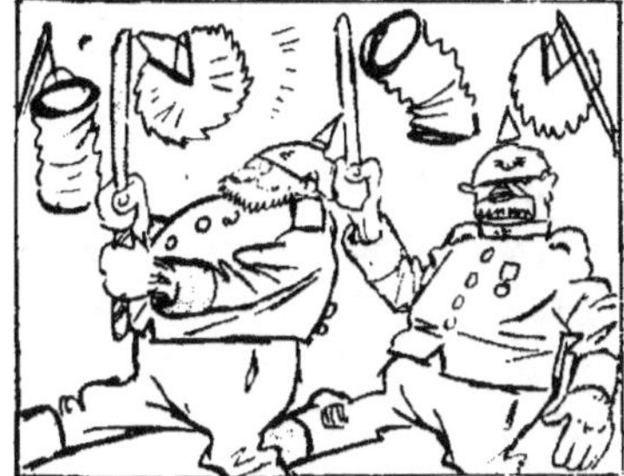

7. — Aux sons entraînants de la musique, les troupes allemandes d'occupation défilaient au pas cadencé par les rues de la ville. Chaque soldat portait au bout d'un bâton lampions ou lanterne vénitienne à l'effigie de Guillaume II. Alors qu'ils passaient sous l'arc de triomphe, ils furent accueillis par une bordée de sifflets...

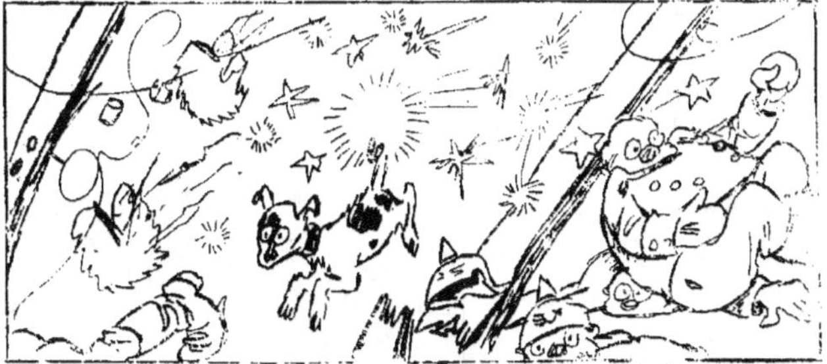

8. — ... qui les laissa interdits. Au même instant, les guirlandes de lampions, détachées par une brusque secousse, s'abattaient en prenant feu sur les musiciens qui se sauvaient de tous les côtés. Pour ajouter à la panique, Karl venait d'allumer la fusée attachée à la queue du chien et lui rendait la liberté. L'animal en profita pour se sauver en se frayant un passage parmi les soldats du cortège effrayés par la gerbe d'étincelles qu'il semait derrière lui. Tout à coup, un craquement de mauvais augure se fit entendre...

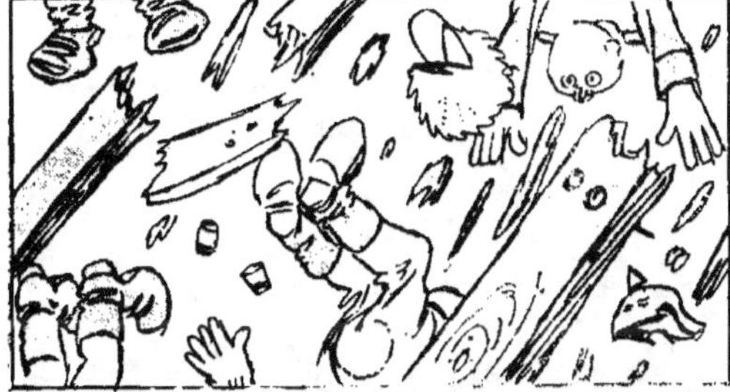

9. — ... par les boches affolés, venait de s'effondrer sur eux, mettant le comble à leur panique. Le cortège n'avait plus rien de triomphal. Les officiers vociféraient des imprécations sans parvenir à remettre de l'ordre parmi leurs troupes dispersées. Le chef de musique ne retrouvait plus ses musiciens. Tous les lampions s'étaient éteints. Et comme si les éléments avaient voulu collaborer à ce fiasco, une pluie diluvienne se mit à tomber.

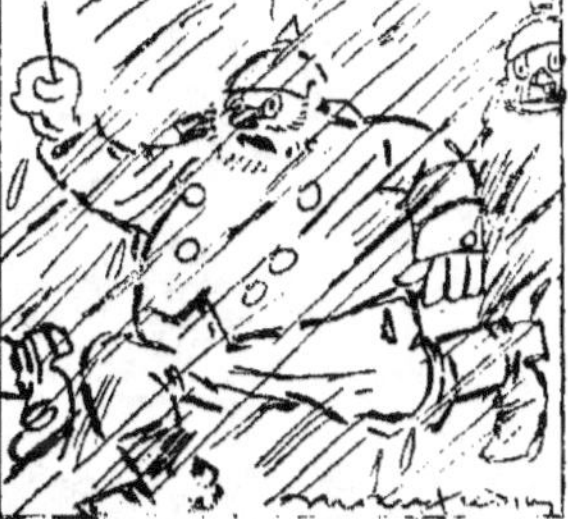

10. — La fête nocturne était manquée. Les troupes regagnaient piteusement leurs casernements. De leur côté, les habitants, heureux de voir la veste remportée par les organisateurs de cette réjouissance, rentraient chez eux et une bande de ketjes à la tête desquels se trouvaient Karl et Jef...

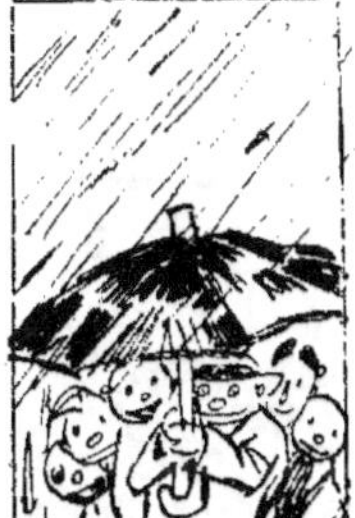

11. — ... parcouraient les rues de Bruxelles sans souci des gardes-ville et ripostaient aux airs nationaux boches en sifflant la *Brabançonne* à plein gosier.

RELIURE JEUNE FRANCE — Nous mettons à la disposition de nos lecteurs qui désirent conserver la collection de JEUNE FRANCE, une très jolie reliure noire, façon toile, avec lettres dorées pour le prix modique exceptionnel de 2 fr. 75, en mandat-poste. (Envoi franco gare contre 3 fr. 35.)
S'adresser à l'Administration de JEUNE FRANCE, 3 rue de Rocroy, Paris.

LA CAPTURE D'UN CANON DE 420

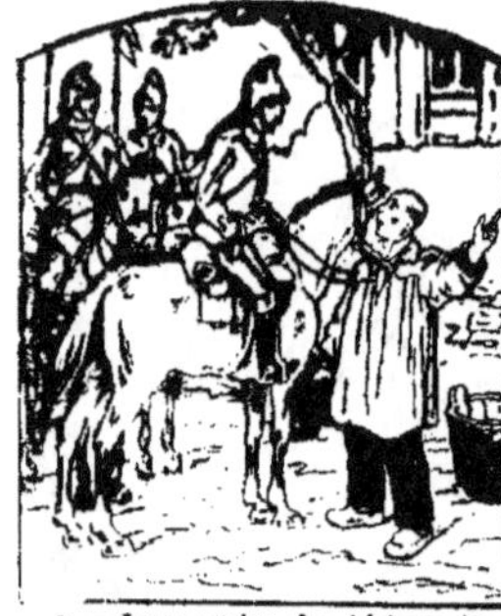
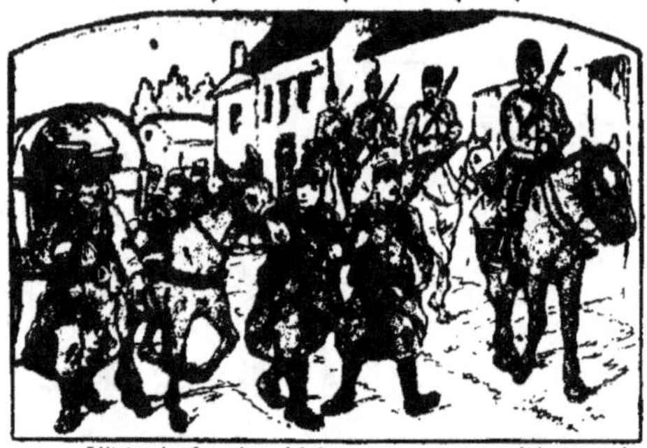
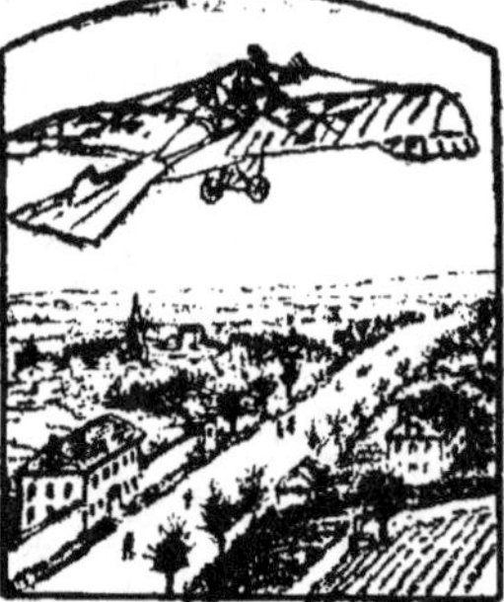

1. — Le 30 octobre, des éclaireurs français apprirent qu'une importante concentration de troupes de l'empereur des apaches s'effectuait entre Lens et Douai; des cyclistes de la garde prussienne furent également aperçus sur une ligne tenue seulement par la landwehr bavaroise.

2. — L'état-major français, avisé de ces mouvements, en déduisit que la horde boche se proposait d'effectuer l'une de ces *kolossales* attaques qui, jusqu'alors, lui avaient si mal réussi... et il résolut de tirer parti des circonstances pour étriller la horde, une fois de plus. En conséquence, l'ordre fut donné à nos poilus d'évacuer les villages au nord d'Arras; ordre fut donné aussi à la cavalerie, qui se trouvait en cantonnement dans les environs de se disperser... de manière à donner l'illusion que la ville avait été abandonnée.

3. — L'opération réussit à merveille !... Si bien que, le 31 octobre, un *taube* qui vint survoler la banlieue d'Arras n'y découvrit rien de suspect ; il put repartir pour regagner les lignes boches sans qu'aucun coup de fusil ait été tiré contre lui, sans avoir aperçu un seul pantalon rouge.

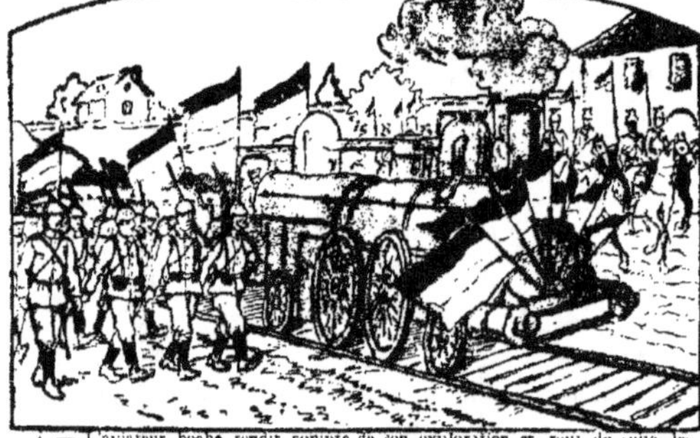
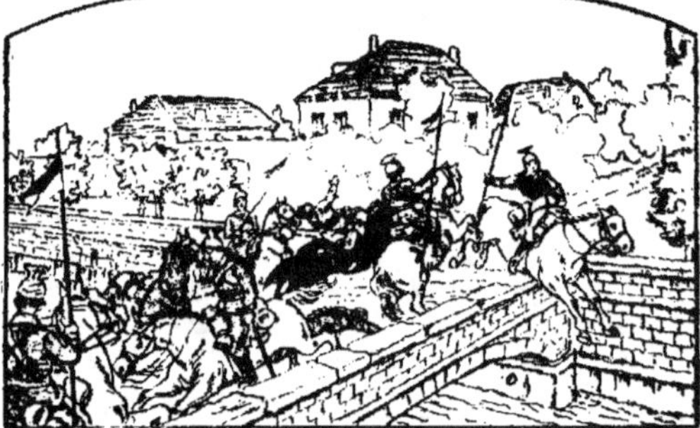

4. — L'aviateur boche rendit compte de son exploration et, tout de suite, les généraux apaches mirent en branle la horde. Les boches s'avancèrent donc en deux colonnes, l'une venant de Lens, la seconde de Douai. Ces deux colonnes opérèrent leur jonction à Bailleul. A peine arrivés dans cette ville, les boches envoyèrent en avant-garde un fort détachement de cavalerie. En même temps, un train pavoisé de pavois de drapeaux boches avançait lentement sur la ligne de chemin de fer venant de Vitry-en-Artois.

5. — A midi, les troupes boches, au nombre d'environ trente barbares, pénétraient dans la banlieue d'Arras. Elles marchaient triomphalement, croyant déjà la ville en leur pouvoir ! En tête venait la cavalerie, puis l'infanterie s'avançait au *pas de gymnastique*, tambours tapant et fifres claironnant. La horde de l'empereur des apaches, toujours processionnant, venait à peine de s'engager sur le pont jeté sur la Scarpe et d'entrer dans le faubourg Saint-Nicolas qu'elle était chaleureusement accueillie par une fusillade intense, partant des maisons voisines.

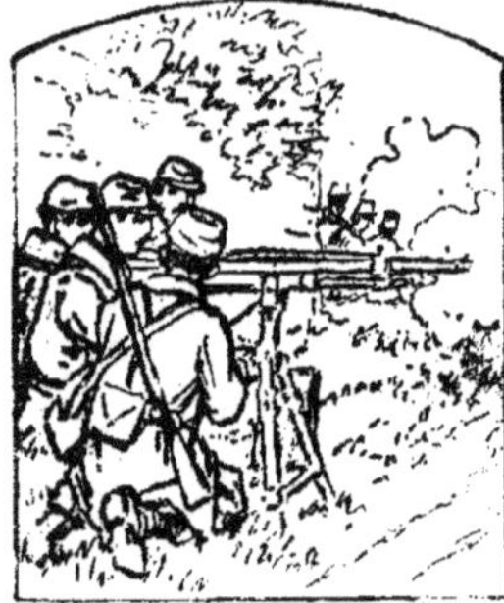
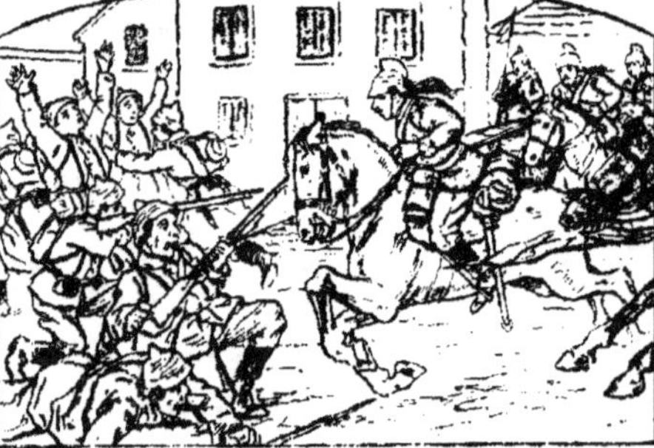
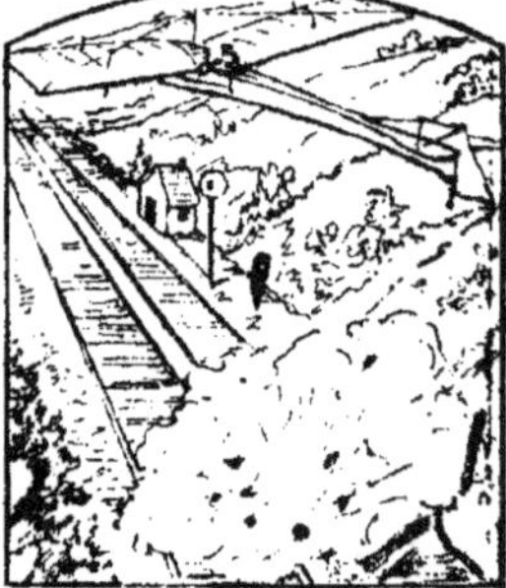

6. — En même temps, des mitrailleuses amenées rapidement par nos poilus sur des emplacements, et qui leur avaient été désignés à l'avance, entraient en action et, avant que la bocherie fût revenue de sa surprise, les flancs et l'arrière de ses colonnes étaient fauchés comme blé mûr. Un bataillon...

7. — ...d'un régiment de la garde boche se précipita en avant, dans l'espoir d'échapper à cette embuscade en gagnant le centre de la ville; mais, en cours de route, il se heurta à des dragons français qui chargèrent avec une telle furie que tout le bataillon leva les bras et se rendit. Ce qui restait de la horde boche et que les mitrailleuses et la fusillade n'avaient pas couché par terre, n'essaya pas de résister. Tous ces barbares tournèrent les talons, s'enfuyant à une vitesse *kolossale* et poursuivis par nos poilus qui leur firent une belle conduite !

8. — En même temps, un de nos avions avait survolé la région et il avait lancé ses bombes si judicieusement qu'elles avaient fait sauter la voie ferrée sur laquelle s'était engagé le train militaire boche, de sorte que, quand celui-ci voulut rentrer au bercail, il...

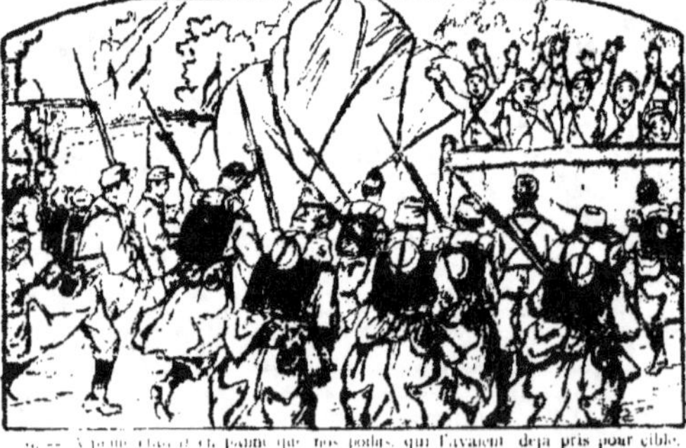
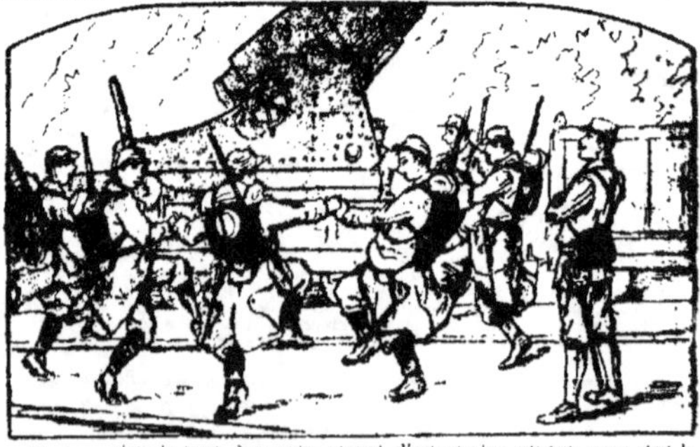

9. — ...A peine descendu et parmi que nos poilus, qui l'avaient déjà pris pour cible, couraient au pas gymnastique et l'entouraient, tandis que la cargaison vivante du train boche levait les bras en l'air, réclamant : « kamarades !... » La plupart des boches en question étaient des ingénieurs de la maison Krupp. Ils étaient là toute une équipe, chargés de surveiller le canon de 420 dont une pièce se trouvait...

10. — ...dans le train. Nos poilus étaient d'autant plus satisfaits que c'était le premier de ces monstres d'acier qu'il leur était donné de voir de près, depuis le début de la guerre. Le *kolossal* canon tenait de la place ! Pour lui tout seul il ne fallait pas moins de six trucs pour le transporter. Alors, dans leur joie, nos poilus s'offrirent le plaisir de danser la farandole autour du monstre !

LES RUSSES AUTOUR DE PRZEMYSL

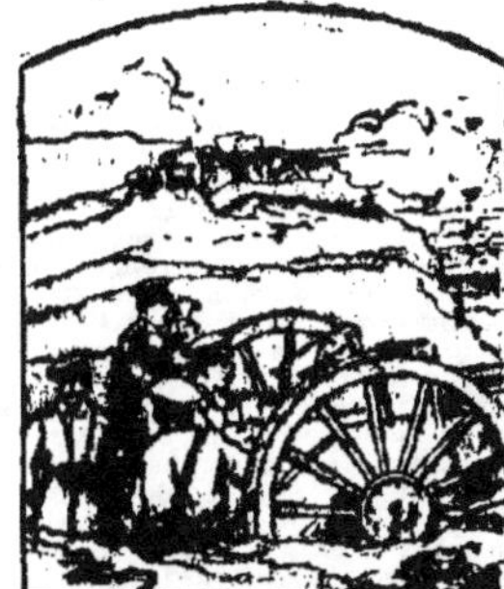 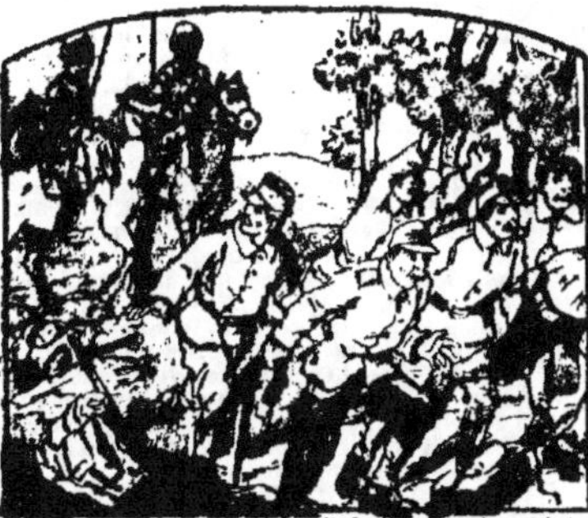 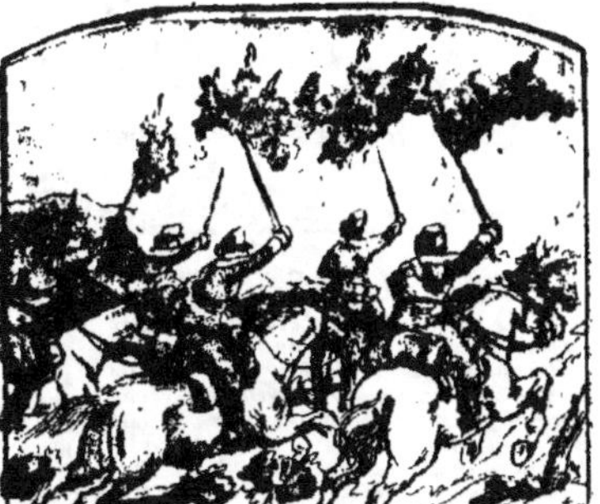

1. — A la fin de septembre, nos alliés russes ayant mis les austro-boches en pleine déroute, étaient arrivés devant la grande place forte de Przemysl, qu'ils investissaient complètement, l'entourant d'un infranchissable cercle de fer...

2. — ...et en commençant de suite le siège. Dans les combats qui se livrèrent autour de Przemysl la terreur inspirée aux Austro-Boches par les Cosaques fut cause de paniques folles. C'est ainsi qu'à leur seule vue un bataillon de Hongrois s'enfuit sans même tirer un coup de fusil, abandonnant mitrailleuses, voitures et munitions.

3. — ... Quelques jours après cette extraordinaire panique, trois régiments de hussards hongrois firent une charge courageuse et brillante contre des batteries russes installées dans un bois. Ils affrontaient les canons sans la moindre crainte et se précipitaient au-devant de leurs gueules...

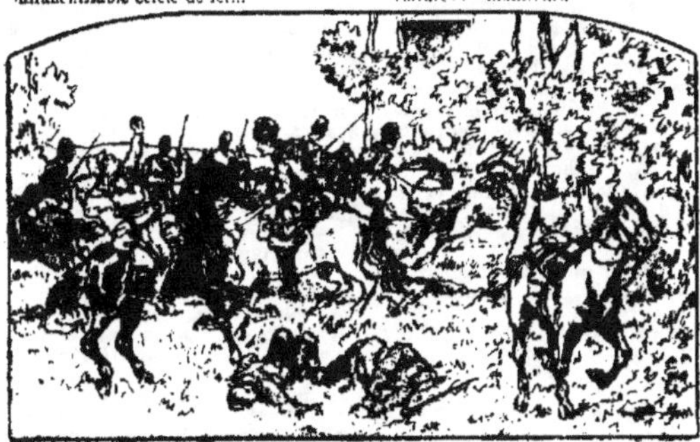 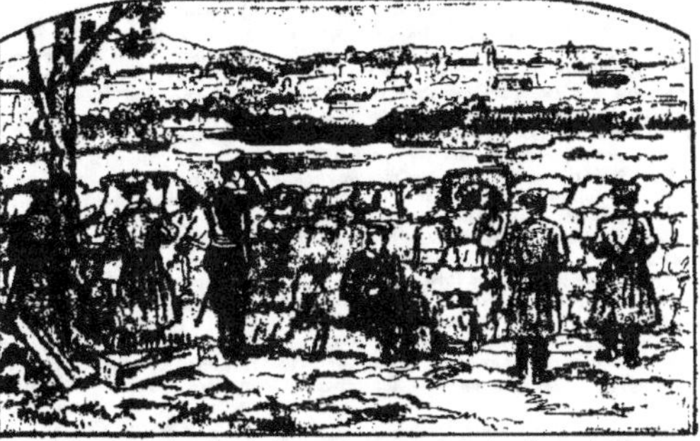

4. — ... quand, tout à coup, juste au moment où ils arrivaient proche des artilleurs russes, une masse de Cosaques surgit de la forêt. Alors, les Hongrois, qui venaient de faire preuve d'un beau courage, furent saisis d'une terreur si insurmontable, qu'ils tournèrent bride, de sorte qu'en moins d'un quart d'heure, sur près de deux kilomètres, les champs furent semés de cadavres.

5. — Cependant, le siège de Przemysl se poursuivait. Les Russes bombardaient la place avec une telle intensité que la démoralisation se mit dans les rangs de l'armée austro-boche, malgré cela, la place tenait bon ! Dans les premiers jours d'octobre les Austro-Boches tentèrent une sortie au nombre de 3.000. Un régiment russe s'aperçut du mouvement, laissa l'ennemi s'approcher et, lorsqu'il fut à bonne portée, ouvrit sur lui, à coups de mitrailleuses, un tel feu d'enfer que le régiment fut anéanti ou fait prisonnier.

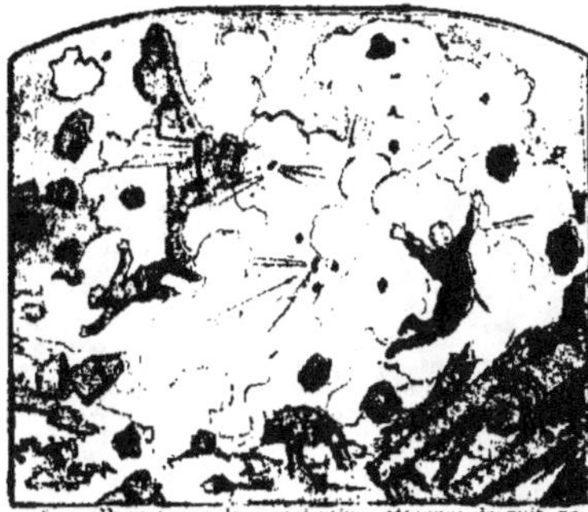 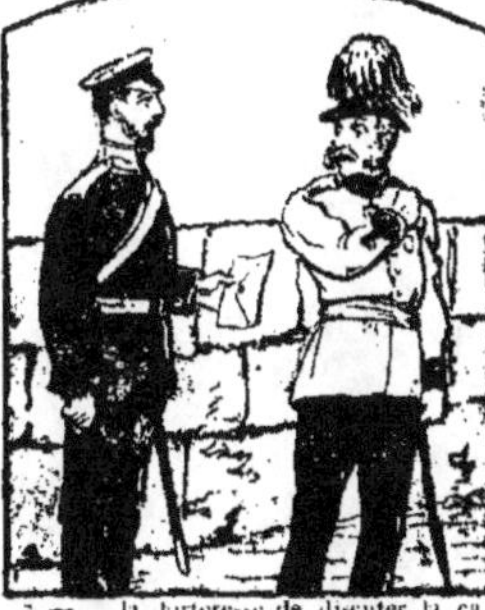 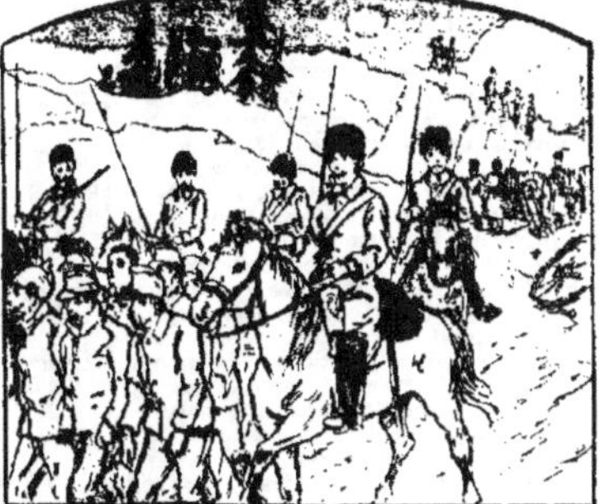

6. — Bientôt, par des consécutives attaques de nuit, nos alliés parvinrent à s'emparer de plusieurs des forts de Przemysl, ainsi que de divers ouvrages avancés. De sorte que, petit à petit, le cercle de fer qui enserrait la ville allait en se rapprochant. C'est alors que le général russe, Radko, qui commandait les troupes d'investissement proposa au commandant de...

7. — ... la forteresse de discuter la capitulation honorable de Przemysl. Ce que refusa catégoriquement le général austro-boche. Pendant ce temps, les Russes avaient poursuivi leur offensive et ils avaient franchi les Carpathes, au col d'Oujok, après avoir mis en fuite un...

8. — ... détachement d'Austro-Boches, s'être emparés de son artillerie et lui avoir fait de nombreux prisonniers. D'un autre côté, une importante colonne russe avait poussé une pointe vers Cracovie et, un moment, la situation de la ville sainte des Polonais sembla d'autant plus critique que nos alliés battaient à plates coutures les forces austro-boches qui leur étaient opposées.

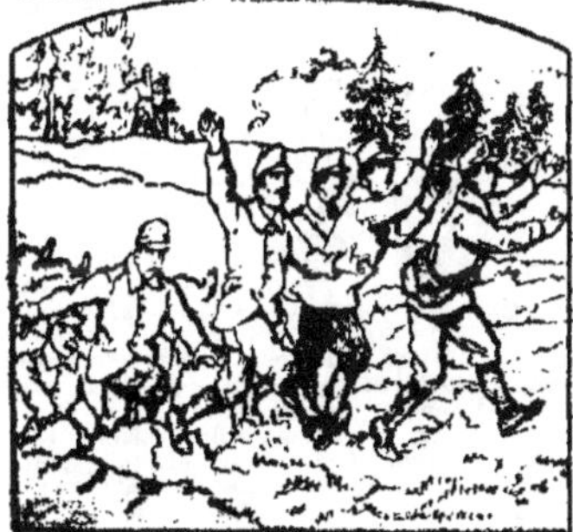 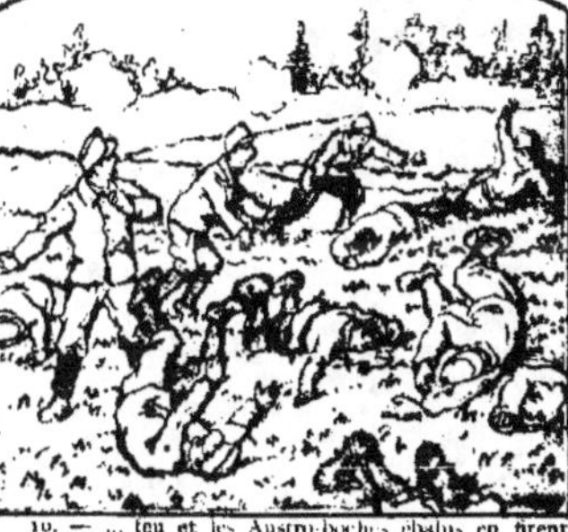 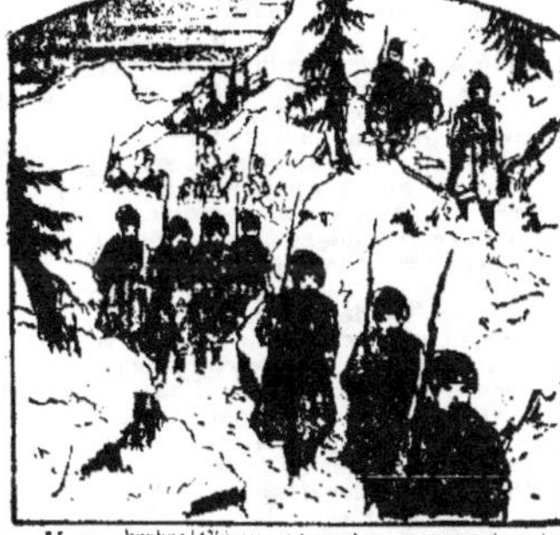

9. — Maintes fois même, il advint que l'armée austro-boche, formée d'éléments disparates, se refusa en partie à combattre. Cela se produisit en Galicie où, au plus fort d'une bataille, les Russes virent une multitude de soldats sortir sans armes des tranchées austro-boches et s'avancer vers leurs lignes en criant et en agitant les bras. Soudain, les Russes cessèrent le...

10. — ... feu et les Austro-boches ébahis en firent autant. Mais ceux-ci revinrent vite de leur stupéfaction !... Rageusement, ils se mirent à tirer dans le dos des fugitifs à coups de mitrailleuses. Les malheureux bondissaient, zigzaguaient, couraient comme des lièvres mais c'était en vain ! Pas un ne put parvenir jusqu'aux tranchées russes ! Tous tombèrent sous les balles austro-

11. — ... boches ! C'était un bataillon tchèque qui avait voulu se soustraire au joug de ses oppresseurs autrichiens. Cependant les Russes allaient abandonner le sommet des Carpathes, suspendre leur marche sur Cracovie, mettre un temps d'arrêt au siège de Przemysl et cela, afin de faire face à un formidable coup de boutoir qu'essayaient de leur porter les boches devant Varsovie.

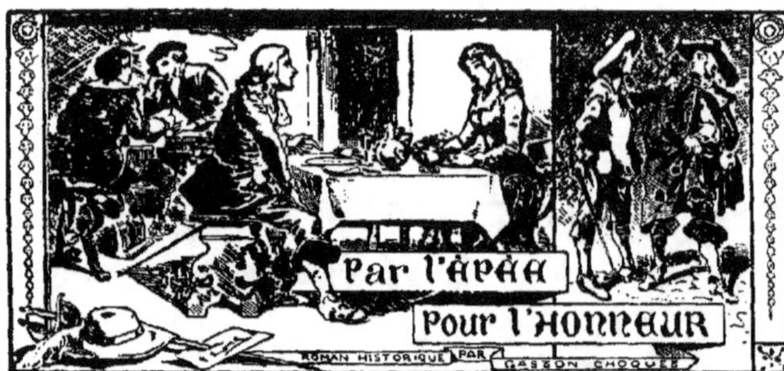

RÉSUMÉ DES CHAPITRES PRÉCÉDENTS

A la fin du XVII⁰ siècle, à Londres, le vieil apothicaire égyptien Ramsès reçoit la visite de la comtesse Mary de Treffanges, femme du comte français Hector. Il lui raconte qu'il a reçu la visite d'un homme — actuellement sous l'influence d'un narcotique dans la pièce voisine — qui lui a parlé de la mort mystérieuse de la comtesse Noémie, première femme du comte Hector, dont il se dit le fils disparu. Soudain l'homme paraît, réveillé par Nelly, fille adoptive de Ramsès, accuse Mary du meurtre de Noémie, puis disparaît soudain dans une trappe. Il est délivré par trois personnages entrés peu après dans la boutique : Claude Duval, Ned Cornil, célèbres brigands, et un jeune homme de 20 ans, Adalbert de Ranson : il leur raconte la mort de sa mère et expire dans leurs bras. Mais la boutique est envahie par des mousquetaires, envoyés par Mary qui s'est esquivée, et que conduit son affidé, le sinistre colonel Blodson. Adalbert et les deux autres s'esquivent, gagnent Whitefriars, où ils portent secours à trois gentilshommes attaqués par des malandrins; tous six se rendent dans une auberge où ils boivent; survient Blodson, qui est présenté comme le père d'Adalbert. Mais l'un des gentilshommes qui est reconnu comme étant Charles II, roi d'Angleterre, dont c'est l'habitude d'errer la nuit dans les bouges, ainsi des doutes sur cette paternité; Blodson s'emporte et tire sur le roi un coup de pistolet que fait dévier Adalbert. Le roi et ses deux compagnons s'éloignent, après que le premier a invité Adalbert à venir visiter à son palais de Whitehall, puis une scène violente a lieu entre le soi-disant père, et à la réputation méritée d'un spadassin fieffé, et son fils qu'il voit pour la première fois et qui le supplie de revenir au bien. Le colonel disparaît, furieux. Peu après retentit le son du cor, annonçant l'irruption de la force armée à Whitefriars, repaire de tous les bandits de la capitale.

CHAPITRE VII

NELLY

C'est en vain qu'il appela à haute voix : « Monsieur Rowpeison », le tumulte croissant couvrit ses paroles, et d'ailleurs, il fut presque aussitôt emporté par un torrent d'affolés jaillissant des ruelles voisines ; puis, tout à coup, pressé, bousculé, contraint à de multiples et répugnants contacts avec la foule haillonneuse, il se vit au bord du fleuve, noir et sinistre sous les ombres nocturnes. Des bateliers, réveillés en sursaut, se tenaient dans leurs embarcations, tout près du rivage, offrant des places à ceux qui pouvaient les payer une guinée, et repoussant impitoyablement les autres à grands coups de bâton, et même en les menaçant de leurs pistolets. De cette multitude — car, en peu de minutes, il y eut bien sur la rive plusieurs milliers de gueux — s'élevait une clameur forcenée, des lamentations, des injures, des blasphèmes, tout un concert qui fit frémir Adalbert d'horreur et de dégoût. C'est pourquoi, bien qu'il ne se figurât point, en dépit des événements qui s'étaient succédé chez Ramsès, avoir grand'chose à craindre des mousquetaires, il s'assit dans une barque après avoir versé le prix du passage ; presque immédiatement le canot démarra ; il était chargé à couler, et dans les ténèbres opaques, sur les eaux sinistres du fleuve, les conversations de ceux qui le montaient, étaient à l'unisson du spectacle et du vacarme qui se prolongeaient là-bas, parmi les déshérités qui, sachant toutes les issues gardées, attendaient la rafle.

Enfin, la barque toucha l'autre rive, et Adalbert, sautant à terre, s'éloigna à grands pas. Il déchiffra, non sans peine, les adresses que Claude Duval lui avait remises, et se fit indiquer le chemin de l'hôtellerie par un individu d'assez mauvaise mine qu'il croisa ; elle était située à Thames-street, et il finit, après de nombreux détours, par y parvenir : il était une heure du matin. Bien qu'accueilli avec méfiance par l'hôte rubicond et soupçonneux, il se concilia ses bonnes grâces en payant huit jours d'avance une chambre modeste, mais assez propre, et se mit au lit incontinent. Il était brisé de fatigue et d'émotion ; néanmoins, le sommeil fut lent à venir le visiter. Les incidents de cette soirée si bien remplie se pressaient dans son cerveau, au point de lui donner la fièvre, et ce n'était pas sans anxiété qu'il considérait l'avenir. Il délibéra longuement avec lui-même la question de savoir s'il ne serait point opportun de retourner en France, à Rouen, où, grâce aux bonnes relations qu'il y conservait, il trouverait aisément à gagner sa vie ; peut-être même, bien qu'il ne possédât aucune pièce prouvant son identité, ne lui serait-il pas trop difficile de se faire admettre dans un régiment comme cornette [1] ou enseigne. Mais l'énigme de ses origines, qui le tourmentait déjà depuis si longtemps, — depuis l'heure, à vrai dire, où il avait commencé à penser, — se posait sans cesse devant lui avec une acuité croissante. « Qui suis-je, quel est mon vrai nom ? Je ne puis croire que ce Blodson soit mon père, et son étrange attitude ne fait que consolider mes doutes ; mais comment dès lors expliquer le soin qu'il prit de mon enfance ? Comment aussi admettre cette hypothèse de Claude qu'il y aurait un lien entre les victimes de ce terrible drame de Curtissac et moi?... Pourtant, bien que je le connaisse peu, je tiens Claude pour un homme d'une vive intelligence, peu enclin à s'abandonner aux fantaisies d'une imagination déréglée... Quel prodigieux hasard, en outre, celui qui, au premier soir de mon séjour en Angleterre, me conduisit chez ce Ramsès pour y être témoin de la mort étrange de ce jeune homme

---

[1]. Autrefois officier porte-drapeau.

qui se donnait pour le fils du comte de Treffanges... un hasard... peut-être... qui sait si ce ne fut point avec une arrière-pensée que Claude me mena chez l'Égyptien?... »

Toutes ces réflexions, et bien d'autres, et la physionomie du roi, et celle de la comtesse Mary de Treffanges, se brouillaient dans son cerveau, jusqu'à ce qu'enfin il s'endormit d'un sommeil agité et peuplé de rêves bizarres ou effrayants.

Il employa la journée du lendemain à quelques achats dont la pénurie de sa garde-robe lui imposait l'obligation en vue de sa prochaine visite à Wihtehall, visite à laquelle il ne songeait point sans que sa timidité naturelle s'efforçât, mais à laquelle, néanmoins, il était décidé, car il comprenait bien que, s'il était résolu à rester en Angleterre au moins pour un certain temps, ce serait folie de ne point profiter des bonnes dispositions du roi à son égard : « Un roi, peste ! » comme avait ricané Blodson. Mais quand le crépuscule fut venu, il ne résista plus au désir qui le tenaillait depuis le matin d'aller revoir le lieu où la veille il s'était trouvé en présence de cette femme tragique dont Duval lui avait tant recommandé de se méfier ; ayant revêtu un costume différent de celui qu'il portait alors, afin d'être moins reconnaissable, il s'y dirigea, sans aucune intention d'ailleurs, et sans autre but que de satisfaire une curiosité un peu enfantine.

Comme il connaissait, bien entendu, fort mal la ville, il s'égara, et ses pas le portèrent à un terrain vague qu'il se rappela bientôt avoir traversé en compagnie de Claude et de Ned Cornil quelques instants avant de parvenir à la maison de l'apothicaire. Dans la pénombre, ce sol dénudé, couvert d'une herbe lépreuse et rare, où s'étalaient çà et là des tas d'immondices, n'avait rien de particulièrement séduisant, et il ne s'y engagea que la main sur la crosse de l'un de ses pistolets. À peine en avait-il parcouru la moitié qu'il distingua, à sa gauche, appuyée au tronc d'un platane rachitique, une silhouette féminine, à laquelle d'abord il ne prit point garde, mais qui, subitement, attira son attention, parce qu'il lui sembla qu'elle ne lui était pas inconnue. Bientôt, il ne garda plus de doutes : c'était la jeune fille qu'il avait vue chez Ramsès, et contre qui le vieillard avait proféré de cruelles menaces. Il obliqua vers elle ; mais, avec un geste d'effroi, elle fit mine de prendre la fuite.

« Ne craignez rien de moi, mademoiselle, dit-il à haute voix. Sans doute ne me reconnaissez-vous pas ; mais ramenez, je vous prie, vos souvenirs aux événements qui se déroulèrent hier soir chez l'Égyptien Ramsès, et vous reconnaîtrez en moi l'un des compagnons de Claude Du... de M. Rowpeison. »

Elle s'arrêta, puis, hésitante, s'avança lentement vers lui ; quand elle fut toute proche, il fut frappé de l'expression désespérée empreinte sur son doux et pur visage, et il remarqua que, sous son mauvais manteau rapiécé, elle grelottait.

« Je vous répète, mademoiselle, insista-t-il, que vous n'avez rien à redouter, bien au contraire, car si je puis vous être utile, mon plus cher désir sera comblé. »

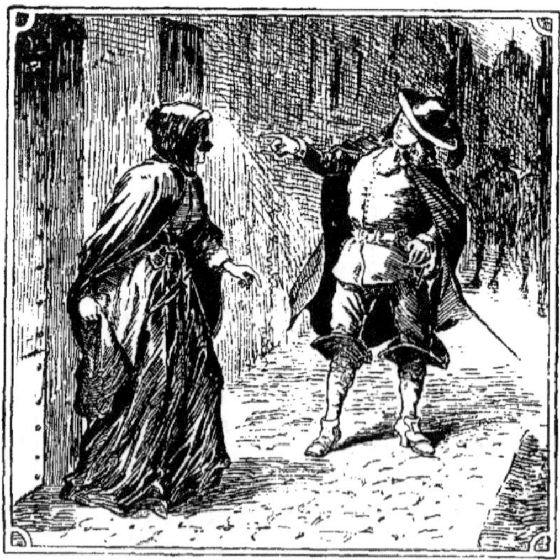
— Vous êtes la comtesse de Treffanges...

— Je vous remercie, monsieur, répondit-elle de sa voix harmonieuse, qui tremblait un peu, mais... je n'ai besoin du secours de personne.

— Vous ignorez qui je suis, et vous vous méfiez.

— Pourquoi n'ajouterais-je pas foi à vos paroles? Mais je vous assure...

— Il est inutile de feindre, mademoiselle. Vous êtes malheureuse ; vous souffrez moralement, et, sans doute aussi, physiquement : cela se lit si bien sur vos traits ! Je ne vous laisserai pas seule dans ce lieu désert et peu sûr, et je vous supplie de disposer de moi...

— Que pouvez-vous, hélas ! fit-elle amèrement. Qui donc peut quelque chose pour une pauvre fille de mon espèce ?

— Vous n'êtes pas à l'âge où l'on a le droit de ne plus nourrir aucun espoir. Quel qu'ait été le passé, quel que soit le présent, il reste l'avenir... Écoutez : voulez-vous que je vous expose ce que je devine, me référant à ce que j'ai entendu hier ? Craignant pour votre vie, vous vous êtes enfuie de chez votre pseudo-père, et maintenant, vous êtes là, sans abri, sans argent, sans amis... est-ce vrai ?

Elle baissa la tête sans répondre, mais son silence valait toutes les affirmations.

« Eh bien ! continua-t-il gaîment, à partir de maintenant, ce que je viens de dire n'est plus exact ; car vous avez un ami en ma personne et avec cet ami, le reste. Venez, vous êtes toute pâle, toute tremblante, vous vous soutenez à peine. Or, j'ai vu là, tout près une hôtellerie d'aspect assez convenable, où il vous sera loisible de vous restaurer ; ensuite, nous aviserons.

— Non, fit-elle. Vous ne me connaissez pas ; pourquoi vous intéresser à moi ?

— Parce que je vous vois malheureuse, parce qu'une sympathie irraisonnée peut-être, mais sincère, m'attire vers vous ; parce qu'il y a, entre votre situation et la mienne, d'intimes analogies : moi aussi, je suis seul sur la terre ; moi aussi, j'ai un père qui, sans doute, n'est pas mon père. »

Elle eut un geste de surprise, mais ne bougea pas. Alors, il la prit doucement par le bras, tout en lui parlant avec animation pour écarter ses tristes pensées, et elle se laissa emmener. Bientôt, ils pénétraient dans une espèce de taverne d'honnête apparence, où, sur la demande d'Adalbert, on les introduisit dans une petite salle où, seuls, deux consommateurs étaient installés, plongés dans de profonds calculs dont ils couvraient des feuilles de papier. Nelly se laissa choir sur un banc, s'abandonnant visiblement au destin et à l'aide qui lui était offerte si inopinément et elle ne prononça pas une syllabe, tandis qu'il commandait leur repas très simple, mais substantiel. A la dérobée, il l'examinait, et il s'effrayait de son teint blême, de ses yeux caves, de ses joues amaigries, où il y avait des cicatrices récentes pareilles à celles qu'eussent laissées les griffes d'un chat, et surtout de son air de lassitude infinie et de désespérance : comme il avait dit vrai, quand il avait affirmé qu'elle souffrait cruellement de l'âme et du corps !

Il constata pourtant avec joie qu'elle faisait honneur, timidement d'abord, puis avec l'appétit de la jeunesse, aux mets qu'une bonne grosse servante rebondie faisait défiler devant elle. Il s'attachait à la distraire, en évitant avec soin toute allusion aux récentes circonstances, en plaisantant avec cette verve inimitable qui, à l'étranger, fait envie, et quelquefois détester les Français. Elle répondait à peine : mais, de temps à autre, elle attachait sur lui le limpide regard de ses grands yeux noirs, et il y lisait si nettement une involontaire et muette invocation qu'il se sentait ému et troublé jusqu'au fond de l'être.

— Maintenant, fit-il, quand la fin du dîner approcha, il faut déterminer notre ligne de conduite. Il est évident que vous ne songez pas à retourner chez le vieux Ramsès?

— Non, non ! Je préfère mourir ! s'exclama-t-elle avec un frémissement d'épouvante.

— Voilà qui n'a rien à voir dans la question, rétorqua-t-il avec un rire cordial. Il s'agit de savoir comment nous allons vivre, non pas si nous allons mourir. Je vous l'ai dit, Nelly, vous avez maintenant un ami... que dis-je, un ami ! Un frère, un frère qui veillera sur vous, et se chargera d'écarter les ronces de votre chemin. Voyons, pourquoi ne serais-je pas votre frère, après tout ?

— D'après ce que j'ai compris, vous ignorez votre origine, moi de même : dites-moi quel motif s'oppose à ce que nous soyons frère et sœur ?

Elle sourit, et murmura que, certainement, il n'avait nul besoin qu'elle vînt aggraver ses soucis ; mais il fit mine de n'avoir point entendu, et n'eut pas grand peine à la persuader de s'en avenir à lui du soin de son avenir, tout au moins immédiat. Il apprit d'elle que l'hôtellerie du Vin Doré, où ils se trouvaient, jouissait d'une fort bonne réputation aux alentours, et qu'elle n'y était point connue.

Comme il ne voulait pas, par convenance, la conduire à celle où il gîtait lui-même, il décida d'autorité qu'elle habiterait là une modeste chambre, en attendant qu'il lui procurât une retraite plus sûre — celle-ci étant trop voisine, à son gré, de la demeure de Ramsès. — Il appela l'hôte, paya le loyer pour une semaine, et se leva pour prendre congé de la jeune fille qui, délicieusement ranimée par le repos et la douce chaleur, semblait peu à peu renaître à la vie.

« Monsieur, dit-elle à mi-voix, avec une émotion contenue, c'est mal que je fais là ; je ne devrais point accepter ce que votre cœur généreux vous suggère en ma faveur. Tout ce que je peux vous offrir en échange, c'est l'expression de ma reconnaissance.

— Et je me considère ainsi récompensé au centuple, conclut-il. Mais le temps passe, vous succombez à la fatigue, et l'hôtesse, avec un bon sourire, vous attend pour vous conduire au lieu du repos. Promettez-moi de ne point quitter votre logis que vous ne m'ayez revu, demain, je pense : il faut être prudente !

— Oh ! fit-elle avec un frisson ; cela, je vous le promets !... S'ils me retrouvaient, elle ou lui, ils me tueraient !

— Elle, questionna-t-il à voix basse, c'est madame de Treffanges n'est-ce pas ?

Elle fit, en pâlissant à ce nom, un signe affirmatif, et voulut ajouter quelques mots.

« Non, dit-il, pas ce soir. Demain, quand une nuit paisible vous aura rendu les forces et le calme, vous me direz ce que vous jugerez à propos de me confier.

— Soit. A demain, monsieur. »

Selon la mode de l'époque, il baisa respectueusement la main que, rougissante, elle lui tendait et elle s'éloigna sur les pas de l'hôtesse. L'entretint quelques minutes avec le mari de celle-ci, un bonhomme jovial et rougeaud, le priant de veiller à ce qu'il n'arrivât rien de fâcheux à sa sœur et glissa dans sa main une pièce d'or afin qu'il n'hésitât point à satisfaire ses exigences, si elle en manifestait ; puis il sortit, et, après quelques secondes de réflexion, reprit sa route vers le terrain vague où il fallait traverser pour arriver chez Ramsès.

Il marchait à une allure telle que, bientôt, il s'en étonna lui-même ; c'est qu'il n'avait guère conscience de ce qu'il faisait, ni de ce qui l'entourait : toute sa pensée allait à Nelly. Sa féconde imagination échafaudait déjà mille romans, tantôt dans le passé que dans le futur, dont elle était l'héroïne ; et parfois, il se surprenait à rire, ou bien à parler haut, ou bien à esquisser des gestes de furieuse menace à l'adresse des ennemis qu'il lui connaissait, comme de ceux qu'il lui supposait. Ses incertitudes, ses perplexités, ses appréhensions s'étaient évanouies et il n'était plus question, pour la minute, de retourner à Rouen ; il n'était plus question de rien, que de chercher comment il pourrait, au mieux, venir en aide à Nelly. Et qui donc blâmerait qu'il fût ainsi tout à cette infortunée et ravissante enfant, lui qui, dans cette grande ville, dans cette contrée étrangère, ne se connaissait point un être ni qui s'intéressât à lui, ni à qui il eût quelque raison de s'intéresser

Quelle plus grande douleur pour un cœur de vingt ans, que de se sentir seul sur la terre ?

Or, maintenant, Adalbert n'était plus seul ; Adalbert, oubliant tout ce qui n'était point la « sœur » qu'il venait de se découvrir, Adalbert était heureux. Un nouvel homme était né : tout à l'heure, presque découragé, en pleine détresse, osant à peine envisager l'avenir, il se sentait de taille, maintenant, à combattre des géants, à braver l'Angleterre entière, s'il fallait qu'il les combattît et les bravât pour faire éclore un sourire sur les lèvres de Nelly. Ô généreux enthousiasmes de la jeunesse, pourquoi faut-il que vous n'ayez qu'un temps !

Si absorbé était-il dans son rêve qu'il omettait totalement de regarder devant lui : c'est ainsi que, soudain, dans l'obscurité presque complète, il se heurta à quelqu'un qui, sortant d'une maison, venait de se glisser mystérieusement au dehors. Et du même coup, il s'aperçut qu'il avait depuis longtemps quitté le terrain vague, qu'il se trouvait dans une rue et devant une boutique qui étaient précisément celles de Ramsés ; enfin, que la personne qu'il venait ainsi de bousculer par mégarde, était une femme, enveloppée d'un grand manteau sombre ; et, comme, au choc, elle s'était retournée, ses regards, à lui, rencontrèrent, non un visage, mais un masque de velours violet. Il ne retint pas une exclamation.

« Eh bien ! monsieur, que vous prend-il ?

— A moi, madame, à moi ? balbutia Adalbert, tout étourdi de la coïncidence... Mais... rien, rien. »

Puis, tout aussitôt, son sang, comme on dit, ne fit qu'un tour : c'est qu'il venait de se rappeler... les paroles de Duval, l'engageant à se méfier de la comtesse de Treflanges, supposez-vous ? Non; celles de Nelly : Si elle me retrouvait, elle me tuerait... » Et il se mit à rire, si âprement, que la comtesse tressaillit et que, je vous le garantis, vous n'eussiez pas reconnu en lui le jeune homme réservé et un peu timide de la veille.

« Le hasard, la Providence ou le diable, madame, commença-t-il en baissant le ton lui aussi, font parfois bien les choses ! Croiriez-vous que je vous cherchais !

— Vous ! Qui donc êtes-vous ? fit-elle en reculant. Que me voulez-vous ? »

Cette question l'embarrassa : ce qu'il voulait, il n'en savait rien ; de même qu'il était faux qu'il fût venu là à son intention. Mais il se ressaisit vivement.

« Peu importe qui je suis, madame, répliqua-t-il. Vous êtes, vous, la comtesse de Treflanges...

— Moi ? vous êtes fou !

— ... La comtesse de Treflanges, femme du comte Hector. Dites-moi, madame, le gouffre de Curtissac est-il toujours insondable ? Non, sans doute, puisqu'on en sort...

Mais à quel bon en sortir, si c'est pour s'assommer dans une cave, une vulgaire cave de dix-huit pieds tout juste de profondeur ?

— Oh ! dit-elle, précipitamment, je vous reconnais maintenant, vous étiez avec Duval, hier, et vous avez entendu... »

Elle jeta autour d'elle un rapide regard, et à l'agitation des plis de son manteau, il devina qu'elle cherchait une arme. Mais quelques personnes passaient, les regardant curieusement, et elle s'abstint.

« Assez ! fit-elle. Que vous ayez ajouté foi aux racontars de l'homme que, paraît-il, vous avez tiré du caveau, cela m'est fort indifférent, mais écoutez un bon conseil : ces racontars, oubliez-les. Oubliez-les, entendez-vous ! J'ai brisé sur ma route bien des résistances, j'ai renversé bien des obstacles, et combien formidables... Demandez-vous donc ce que vous péseriez devant moi. Adieu, monsieur, et veuille votre étoile que je ne vous rencontre plus sur mes pas ! »

Elle lui tourna le dos et s'éloigna d'une allure rapide, mais il la suivit ; au bout de la rue, deux hommes de haute taille faisaient les cent pas, et quand elle passa près d'eux, il vit fort bien qu'elle leur chuchotait quelques mots. L'un d'eux aussitôt se dirigea vers lui.

« Allons, l'enfant, commanda-t-il brutalement en frappant du plat de la main la garde de son imposante rapière, filez, et vivement, sinon...

— Sinon ?

— Il vous en cuira.

— Vraiment, mon maître ? fit Adalbert qui se redressa, comme un jeune coq en colère. Et si je vous disais que votre ton me déplaît autant que votre mine ?

— Cela pourrait se vider tout près d'ici. Je connais un bon endroit. Mais dans quel temps vivons-nous ? Voilà que les moutards veulent se mettre à ferrailler, eux aussi !

— Et même, au besoin, à donner des leçons d'escrime aux spadassins de votre genre, fussent-ils aux gages d'une comtesse de sac et de corde.

— Par ma vie, gamin, voilà une phrase qui te coûtera la tienne ! »

Ils étaient arrivés en un carrefour désert, bordé presque de toutes parts de hauts murs sans issue ; Mme de Treflanges et son autre garde du corps avaient disparu. Brusquement, en homme coutumier de traîtrises, l'interlocuteur d'Adalbert tira son épée, et l'attaqua, sans avertissement, par un coup droit qui eût dû être foudroyant ; mais son fer rencontra celui du jeune homme, et ce fut le bretteur qui bondit en arrière, parce qu'il avait vu la pointe de son adversaire à trois pouces de son front. Ce recul ne tarda pas à être suivi d'un second, puis d'un autre ; sous la lumière de la lanterne urbaine qui éclairait le combat, Adalbert vit l'homme pâlir. Et de fait le pseudo-fils du colonel Blodson jouait avec lui comme le chat avec la souris ; la lame étincelante de son épée, animée et vivante, était partout à la fois, car elle visait en même temps, semblait-il, le visage et la poitrine, le bras, et le flanc ; et, insaisissable, plus rapide que le serpent qui se glisse et le fauve qui bondit, elle n'était nulle part : quand la main qui la guidait le voudrait, elle s'enfoncerait dans la chair vive.

Le bretteur le sentit.

« A moi, Will ! » cria-t-il.

Un bruit de pas précipités retentit, et Adalbert comprit que le second acolyte, et très probablement la comtesse elle-même, étaient restés non loin. L'épée en main, jurant comme un portefaix, un grand gaillard surgit de l'ombre.

« Ah ! ah ! railla Adalbert, en proie à une exaltation incroyable, pour mon premier duel, vous voulez faire largement les choses, messeigneurs ? Eh bien ! soit, deux contre un ! Je vais vous montrer quelques coups d'escrime française dont vous pourrez, par expérience, certifier l'incontestable valeur... »

Il achevait à peine que son premier agresseur lâchait sa lame et s'enfuyait en hurlant de douleur, la figure ensanglantée par une estafilade qui le rayait du front au menton. Vingt-cinq secondes plus tard, l'épée de son compagnon, arrachée de ses mains par un irrésistible « lement »,[1] s'envolait et retombait sur le sol, d'où Adalbert, la ramassant prestement, la jetait par-dessus le mur voisin.

« Mort et sang ! rugit l'homme, en tirant un pistolet de sa ceinture.

Mais il ne l'avait point encore armé qu'un terrible coup de revers sur le poignet l'obligeait à le laisser choir : il s'enfuit, tandis qu'Adalbert, fier comme Alexandre le soir de la bataille d'Arbelles, rengainait son arme victorieuse qui n'avait plus personne à pourfendre. Il fit quelques pas ; puis, soudain, s'arrêta et se croisa les bras :

« Moi, fit-il, si c'est bien moi ? Qu'est-ce donc qui m'a pris ? Je ne me savais pas si belliqueux, par ma foi ! »

Mais sa réflexion se termina en un sourire, peut-être parce qu'il venait d'apercevoir, par les yeux de l'imagination, une délicieuse tête blonde, et qu'il savait maintenant pourquoi l'Adalbert d'aujourd'hui n'était pas l'Adalbert d'hier...

(A suivre.)   GASTON CHOQUET.

1. Terme d'escrime.

LES NAVETS DE FILOCHARD

C'était un jeune apprenti ébéniste, l'enfant d'une de ces laborieuses familles qui ont planté leur tente dans les rues étroites et tortueuses du populeux faubourg Saint-Antoine et y continuent l'antique tradition de nos vieux Parisiens.

Il entrait dans sa dix-huitième année lorsque s'élevèrent ces menaces de guerre dont la mort de l'archiduc d'Autriche était le prétexte.

La mobilisation, qu'il avait pourtant prévue et même impatiemment attendue, avait eu pour ses nerfs surexcités, l'effet d'une décharge électrique. Cœur enthousiaste, tête ardente, comme tout le vrai peuple de Paris, il était toujours au premier rang, quand il s'agissait d'acclamer à la gare de l'Est ou du Nord, nos vaillants soldats en partance pour la lutte et pour la victoire.

Son tour vint aussi.

Arrivé trop tard pour prendre part à l'héroïque volte-face de la Marne et à la poursuite haletante qui força les envahisseurs, hors d'haleine, à gagner leurs repaires souterrains, il espère néanmoins jouer son bout de rôle, si modeste soit-il, dans l'hallali final qui célébrera le triomphe prochain et décisif.

A peine au front, il s'était bien vite fait remarquer par son intrépidité et son adresse. Grâce à lui, la *cagna* qu'occupait son escouade était la plus confortable de toute la tranchée ; que de fois la cuisine lui avait dû les « extras » qui corsaient le menu peu varié de l'ordinaire : tantôt, c'était un lièvre fourvoyé dans des collets savamment disposés, tantôt des légumes arrachés au péril de sa vie, à la faveur du brouillard dans un jardin qui séparait les deux tranchées.

Toujours volontaire pour les reconnaissances et les missions périlleuses, il est compté parmi les meilleurs patrouilleurs du bataillon, et c'est lui que l'on choisit de préférence pour éclairer une expédition nocturne ou reconnaître un point suspect. Aussi, son esprit d'initiative et son ingéniosité lui ont-ils valu de la part de ses chefs et de ses camarades, le sobriquet de « Filochard ».

Or, ce jour-là, Filochard paraissait soucieux. Fiévreusement, il arpentait la tranchée, semblant se livrer aux méditations les plus sérieuses. On était le 24 décembre, veille de Noël ; afin de fêter dignement cette solennité, l'escouade s'était procuré, par l'entremise d'un conducteur du ravitaillement, un magnifique canard et quelques autres comestibles destinés à figurer dans un festin pantagruélique. Mais, hélas ! on s'était aperçu trop tard d'une omission impardonnable ; non seulement on avait oublié les navets, accompagnement forcé du mets traditionnel, mais encore, le jardin abandonné qui fournissait habituellement ces messieurs en légumes, en était totalement dépourvu. Que faire dans ces conditions? L'escouade s'était divisée en deux camps sur cette grave question : les uns voulaient apprêter le canard sans navets, les autres parlaient d'attendre un jour de plus et de faire venir ces légumes par la même voie que le canard. Mais Filochard s'était juré de manger un canard aux navets le jour de Noël, et c'est ce qui faisait l'objet de ses réflexions.

Soudain il s'approcha d'un créneau et commença à étudier attentivement un amas de pierres qui se trouvait entre les deux lignes à proximité de la tranchée allemande. Ce tas de débris avait été une petite maison assez coquette jusqu'au jour où nos 75 avaient enseveli sous ses décombres une petit poste allemand qui y avait élu domicile. Et c'était dans le potager qui l'entourait, que notre ami avait résolu de se mettre en quête des précieux légumes.

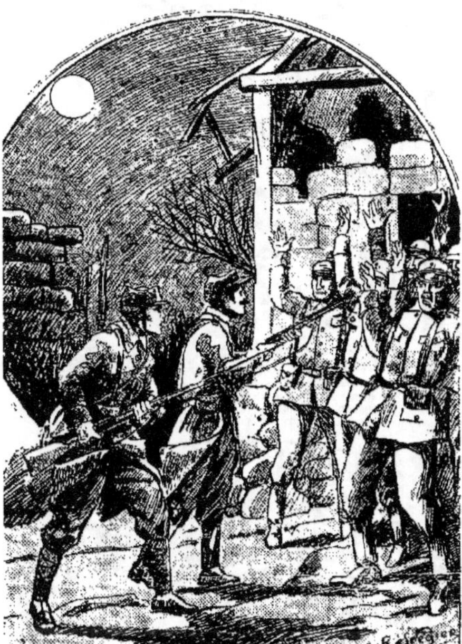

Ils comprirent qu'au premier appel ce serait une balle dans la peau.

⁂

La nuit règne maintenant sur les tranchées qui semblent endormies. Les sentinelles sont dissimulées dans les trous d'obus ou derrière les arbres découronnés et hachés par la mitraille. Parfois, un pas assourdi, un craquement de branches ou de feuilles sèches, leur font dresser l'oreille, écarquiller les yeux. Ce n'est rien : une ronde qui passe, ou quelque lièvre effrayé qui déserte son gîte.

Du boyau sombre et silencieux, quatre ombres ont surgi. On entend le bruit métallique des armes que l'on charge, puis, avec précaution, baïonnette au canon, les quatre « poilus », après s'être fait reconnaitre de la sentinelle, s'éloignent, courbés sur eux-mêmes, évitant soigneusement de se laisser surprendre par les rayons de la lune indiscrète. Et, lentement, rampant aux endroits trop découverts, ils laissent passer une patrouille boche qui n'a d'ailleurs nulle envie de rencontrer les Français. Enfin, ils voient s'estomper dans la pénombre la masure démolie, but de leur expédition. Car vous avez certainement reconnu Filochard. Filochard qui a su persuader le lieutenant, et obtenir l'autorisation de pousser une pointe jusque-là. Sans bruit, laissant à quelques pas derrière lui ses trois compagnons prêts à toute éventualité, notre héros se glisse jusqu'au mur du jardin et, là, il en scrute avec soin les coins et recoins.

Ses yeux fouillent, mais en vain, cette obscurité où l'on ne distingue que des formes incertaines; mais un cliquetis d'armes a frappé ses oreilles habituées à percevoir le moindre bruit, et peu à peu, il parvient à discerner des ombres de Boches qui l'ont devancé et qui s'emploient activement à une récolte assez fructueuse, semble-t-il. Ils se croient en sécurité, car ils ont appuyé leurs fusils contre la muraille, et, absorbés par leur travail, s'en éloignent peu à peu au fur et à mesure de leur cueillette. Cette particularité n'échappe pas à Filochard qui, toujours rampant, rejoint ses camarades et les met au courant de la situation. Une courte discussion à voix basse — conversation vraiment émouvante, là, à quelques pas de l'ennemi — s'engage entre les quatre hommes qui, d'un commun accord, sur les mains et les genoux se hâtent de gagner et d'enjamber la clôture. Tandis que deux d'entre eux se jettent sur les armes en moins de temps qu'il n'en faut pour l'écrire, Filochard et l'autre poilu s'élancent vers les Boches et, baïonnette croisée, les empêchent de s'enfuir. Toute résistance est impossible, et les Allemands, ignorant d'ailleurs la force de leurs adversaires, ont compris qu'au premier appel ce sera une balle dans la peau. Aussi se rendent-ils aux Français en implorant leur pitié.

Le retour fut plus rapide que l'aller, car Filochard craignait de se laisser surprendre par quelque patrouille et de perdre ses prisonniers. Après avoir mis les fusils des Boches en bandoulière, poussant devant eux les sept Poméraniens dont les gros yeux ronds exprimaient l'ahurissement le plus complet, nos amis se hâtaient de mettre de la distance entre eux et les lignes allemandes. Les nuages qui voilaient en ce moment la lune se faisaient leurs complices en couvrant leur retraite. Aussi, celle-ci se fit-elle sans encombre et bientôt toute la tranchée apprit l'exploit que venaient d'accomplir quatre de ses hôtes. Et seulement, alors, Filochard s'aperçut qu'il avait totalement oublié le but de son expédition ! Le canard fut mangé sans navets, mais notre héros, cité à l'ordre du jour pour son exploit, a reçu la croix de guerre et les poilus de la compagnie parleront encore longtemps des navets de Filochard.   GEORGES GROSS

DEMANDER   EN VENTE PARTOUT

L'ALMANACH
DE LA

JEUNE FRANCE
50 Centimes
Envoi franco contre 0 fr. 60.

Adresser commandes et mandats à la JEUNE FRANCE, 3, rue de Rocroy, Paris.

LES BOCHES PIRE QUE LES LOUPS

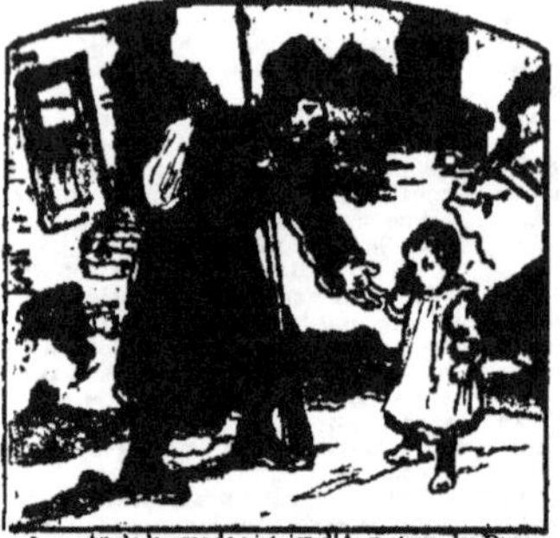

1. — Après la grande victoire d'Augustovo, les Russes poursuchassèrent l'armée boche et, à nouveau, ils entrèrent en Prusse orientale. La ville prussienne de Lyck fut, entre autres, réoccupée. Un soir de bataille, un soldat russe ayant trouvé, dans un village que l'ennemi avait incendié avant de l'évacuer, un bébé d'un an et demi,...

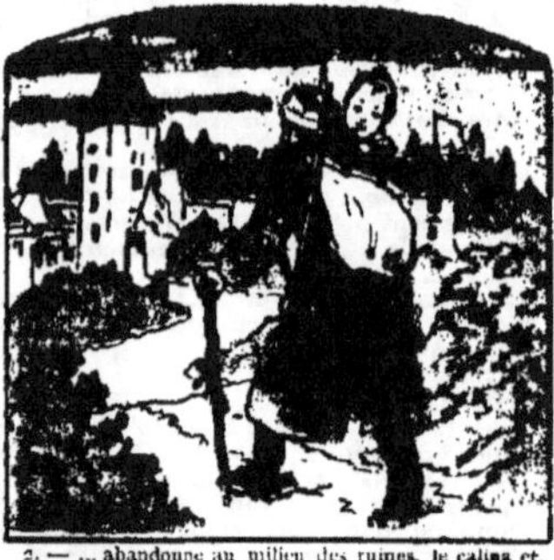

2. — ...abandonné au milieu des ruines, le calina et, pris de pitié pour le pauvret, l'emporta et, malgré tout l'imprévu des combats, il trouva le temps de le soigner. Mais, voici que ce bon soldat est blessé. N'importe ! sa souffrance ne lui fait pas oublier le petit Allemand qu'il a adopté et il l'emmène avec lui...

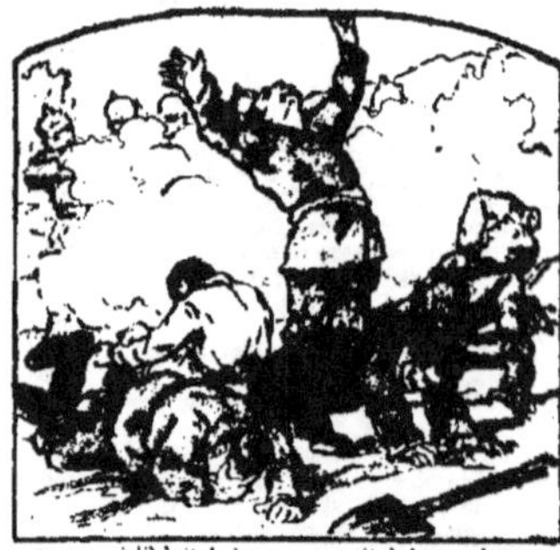

3. — ...à l'hôpital où on consentit à les garder tous deux. Cela, c'est la *manière* russe ! La *manière* boche, inspirée par la *kultur*, est bien différente ! A Kalish, les apaches du kaiser avaient forcé une quarantaine de moujiks à poser des fougasses souterraines; après quoi, de crainte que les paysans n'en indiquassent l'emplacement aux...

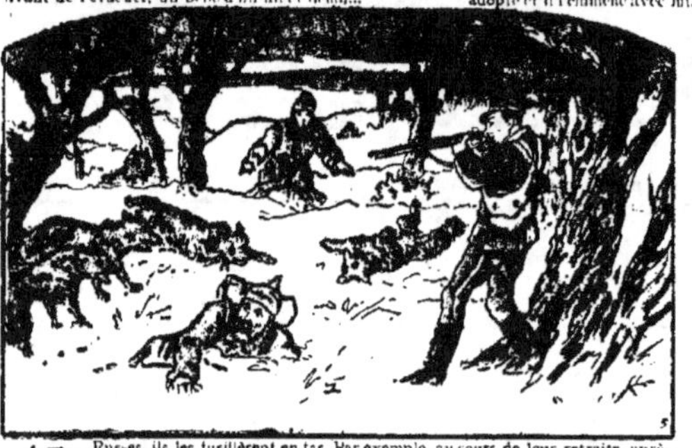

4. — ...Russes, ils les fusillèrent en tas. Par exemple, au cours de leur retraite, après la défaite d'Augustovo, les boches trouvèrent aussi féroces qu'eux !... Les loups leur firent concurrence en sauvagerie ; ils erraient autour des champs de bataille, se jetant indistinctement sur les morts et les blessés mais, si horrible que cela fût les loups avaient l'excuse de la faim !... Excuse que n'avait pas le chef d'escadron de cuirassiers boches von Modeiski (signalé par une note du ministère des Affaires étrangères...)

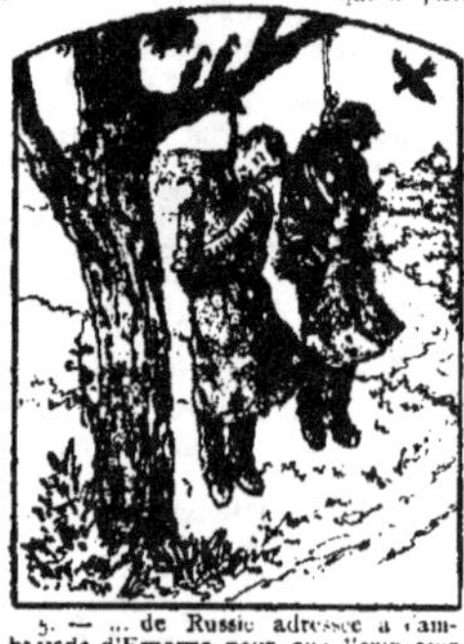

5. — ...de Russie adresse à l'ambassade d'Espagne pour que l'empereur des Apaches n'en ignore) qui prescrivit de pendre tous les cosaques faits prisonniers. En exécution de cet ordre, deux cosaques furent pendus à Lnipnai;

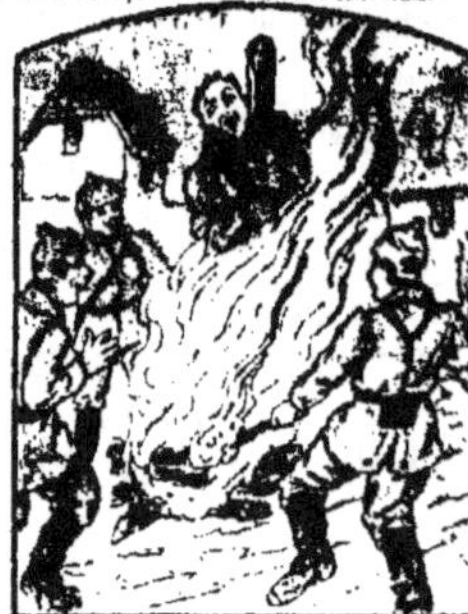

6. — ...un autre fut pendu près de Ratchki et, d'après des paysans polonais, un cosaque fut brûlé vif, le 1er octobre, dans le village de Saimki, dans le gouvernement de Suwalki.

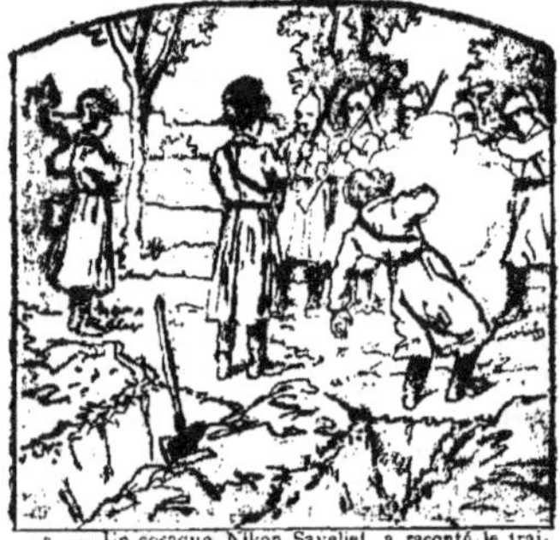

7. — Un cosaque, Nikon Savelief, a raconté le traitement que lui firent subir, à lui et à d'autres, une bande de boches qui, ayant entouré et fait prisonnier le restant de leur escadron, leur déchirèrent les vêtements de rage, puis leur jetant des pelles et braquant sur eux leurs fusils, leur dirent : « Allez, chiens, creusez vos tombes ! »... « Puis, continue Savelief,

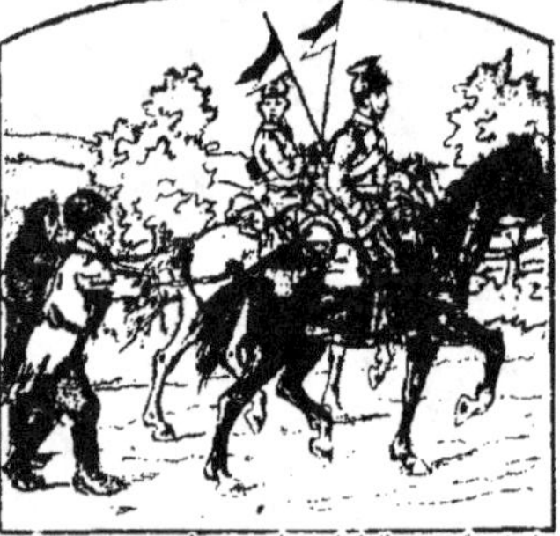

8. — « ...quand nous eûmes fini, ils nous firent placer chacun devant notre propre tombe et les prisonniers furent exécutés l'un après l'autre. Quand nous ne fûmes plus que quatre, l'exécution cessa, je ne sais pourquoi. Attachés à la queue des chevaux, nous fûmes traînés dans un village où nous restâmes plusieurs jours sans manger ni boire.

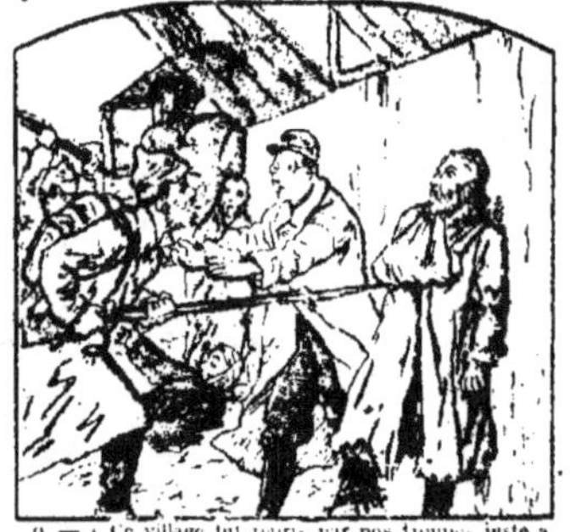

9. — « Ce village fut repris par nos troupes juste à temps pour nous sauver de la mort. » Voici plus horrible, encore ! C'est le correspondant de guerre du *Journal*, Ludovic Naudeau, qui écrit : « A Jeimoni, les Allemands trouvent dans la gare un certain nombre de blessés russes que des infirmiers pansaient. Ils les piquent de leur baïonnette, les assomment à coups de crosse,

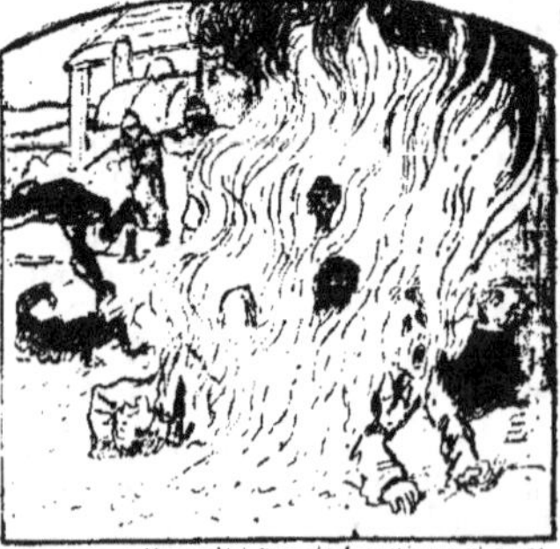

10. — Ce a dénote déjà plus de férocité que n'en ont les loups ! Mais il y a pire : « Les boches versent sur eux de la benzine et de l'esprit-de-vin, puis enflamment leurs vêtements. Les cris, les supplications des victimes les laissent insensibles ; ils tuent aux portes de la gare ceux qui essaient de s'enfuir. » Dans une propriété de Piednoise, raconte encore M. Naudeau, des officiers apaches exigent qu'on leur remette les...

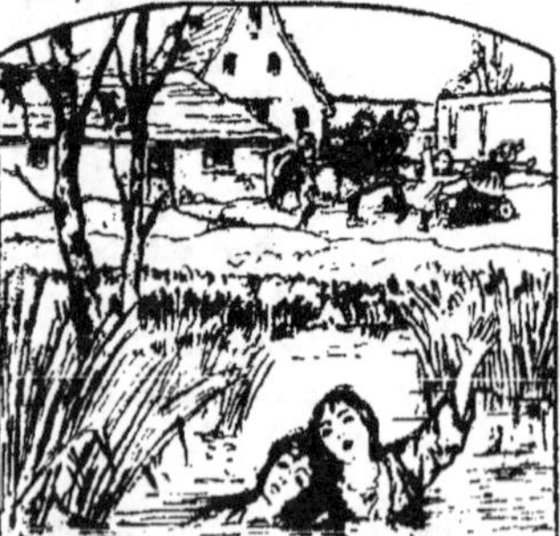

11. — ...clés de toutes les armoires et comme les maîtres du logis hésitent, on les tue ; leurs plus jeunes enfants sont lardés de coups de baïonnette et leurs deux filles, poursuivies, vont se cacher dans un marais et s'y noient. A Rossien, un lieutenant et quatorze soldats de l'empereur des apaches exigent d'un fermier une forte somme d'argent. Il répond qu'il ne possède rien ; alors, on l'attache à un arbre, et on le roue de coups...

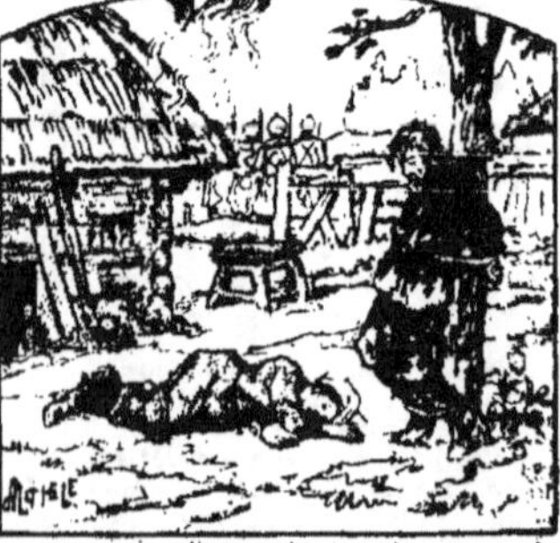

12. — ...jusqu'à ce qu'il ait perdu connaissance, puis, les monstres ayant découvert, cachée dans la cave la fille du fermier, âgée de 16 ans, ils la traînent devant son père, la martyrisent devant lui et, ensuite, incendient la ferme... Eh bien, n'est-il pas vrai que les loups qui dévorent les blessés parce qu'ils ont faim, sont moins sanguinaire que ceux-là ?...

www.ingramcontent.com/pod-product-compliance
Lightning Source LLC
LaVergne TN
LVHW082240170726
843503LV00011B/4494